Kurshefte Geschichte

Die Amerikanische Revolution

Erarbeitet von

Dr. Silke Möller

 ONLINE-Angebot – Die Webcodes zum Lehrwerk geben Sie auf **www.cornelsen.de/webcodes** ein.

Cornelsen

Kurshefte Geschichte
Die Amerikanische Revolution

Das Lehrwerk wurde erarbeitet von Dr. Silke Möller (Erlangen)

mit Beiträgen von
Martin Grohmann (Stuttgart), Dr. Wolfgang Jäger (Berlin), Robert Quast (Bittendorf),
Robert Rauh (Berlin), Dr. Beate Sommersberg (Oldenburg) und Ursula Vogel (Kreuzau)

Die Probeklausur und deren Lösungshinweise wurden konzipiert von
Joachim Biermann (Bersenbrück), Daniela Brüsse-Haustein (Haren)

Redaktion: Dr. Silke Möller, Erlangen
Karten: Carlos Borrell, Berlin
Bildassistenz: Anne Dombrowsky
Umschlaggestaltung: Ungermeyer, grafische Angelegenheiten, Berlin
Umschlagbild: Mount Rushmore National Memorial mit den vier amerikanischen Präsiden-
tenköpfen in South Dakota, USA/action press/ZUMA PRESS, INC.
Layout und technische Umsetzung: tiff.any GmbH, Berlin/Uwe Rogal

www.cornelsen.de

1. Auflage, 4. Druck 2021

Alle Drucke dieser Auflage sind inhaltlich unverändert
und können im Unterricht nebeneinander verwendet werden.

© 2019 Cornelsen Verlag GmbH, Berlin

Druck und Bindung: Livonia Print, Riga

ISBN: 978-3-06-065636-3 (Schülerbuch)
ISBN: 978-3-06-065637-0 (E-Book)

PEFC zertifiziert
Dieses Produkt stammt aus nachhaltig
bewirtschafteten Wäldern und kontrollierten
Quellen.
www.pefc.de

PEFC/12-31-006

Inhaltsverzeichnis

Zur Arbeit mit diesem Kursheft

Vorwissen aus SEK I oder Alltagswissen aktivieren

Die **Schauplatz**-Seiten aktivieren Ihr Vorwissen mithilfe spielerischer, quizähnlicher Aufgaben.

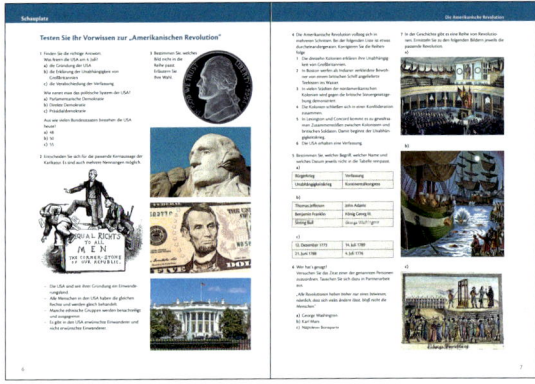

Sich orientieren und eigene Fragen und Hypothesen formulieren

Jedes Kapitel beginnt mit der **Auftaktseite**. Interessante Bilder bieten erste Gesprächsanlässe. Ein kurzer Text führt in das Kapitelthema ein. Arbeitsaufträge regen Sie zur Formulierung von Fragen und Hypothesen an. Ein Zeitstrahl ermöglicht die zeitliche Orientierung.

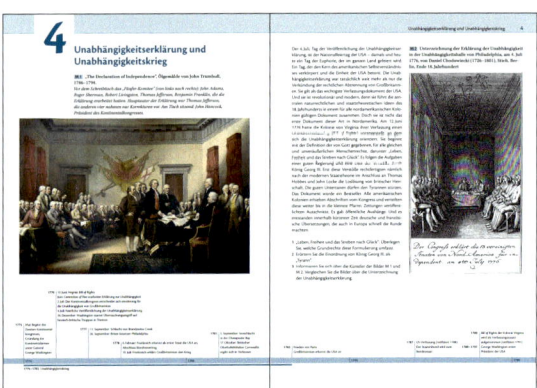

Ein Thema untersuchen

Am Anfang der **Themeneinheit** orientiert Sie ein Hinweiskasten über die zentralen Inhalte des Kapitels. Der **Darstellungstext** erläutert das Thema. In der Randspalte finden Sie Porträtbilder mit biografischen Informationen, Begriffserläuterungen, Verweise auf die Materialien sowie Webcodes.

Der anschließende **Materialteil** bietet Quellen, Darstellungen, Abbildungen, Karten und statistische Materialien zur eigenständigen Bearbeitung. Ein einführender Kasten gibt Ihnen „Hinweise zur Arbeit mit den Materialien". Die Arbeitsaufträge regen immer wieder zu Partner- oder Gruppenarbeit, Präsentationen und kreativen Lernarrangements an. Tipps geben Ihnen Hilfestellung. Bei Wahlaufgaben können Sie unter verschiedenen Zugängen und/oder Materialien zum Thema auswählen. Vertiefungsangebote ermöglichen Ihnen eine weitergehende Beschäftigung mit dem Thema.

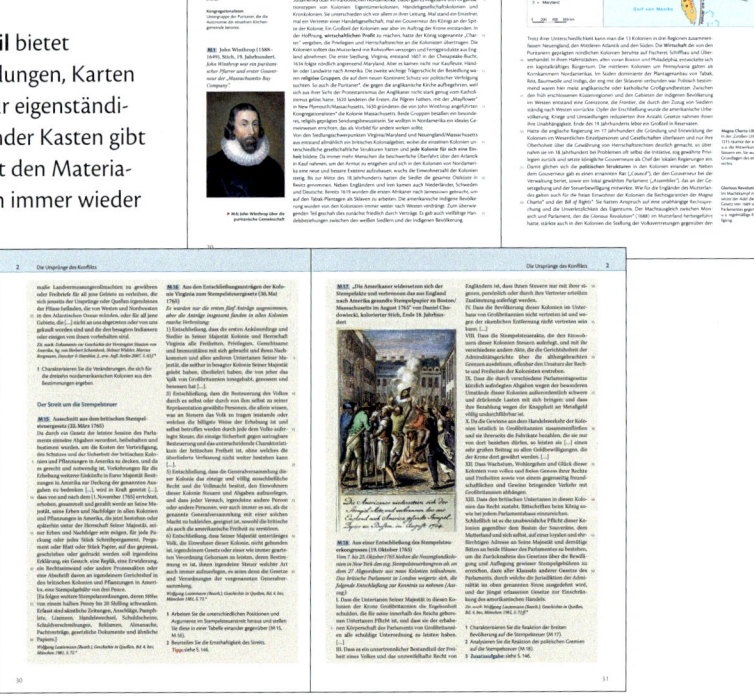

Methodisch arbeiten

Die **Methodenseiten** sind exemplarisch ins Kapitel integriert und trainieren Ihre Kompetenzen im Umgang mit Quellen, Darstellungen und anderen Materialien. Arbeitsschritte bieten Ihnen eine Anleitung für die Bearbeitung eines Übungsbeispiels. Mithilfe der Lösungshilfen im Anhang können Sie sich selbst überprüfen.

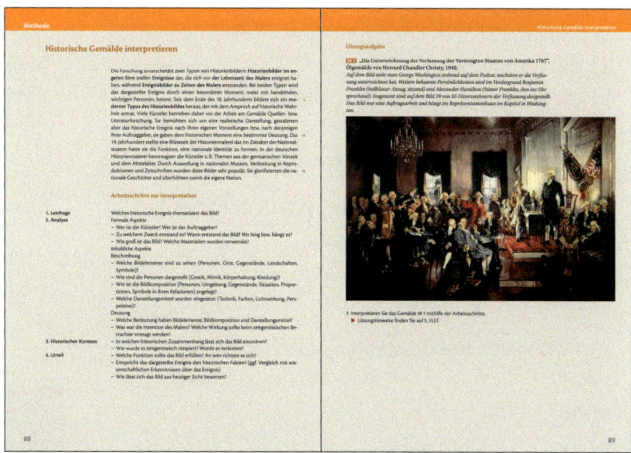

Mehr Sicherheit

Jedes Kapitel schließt mit der **„Anwenden und wiederholen"**-Seite. Ein **Anwendungsbeispiel** trainiert Ihre Kompetenz in der schriftlichen Klausur bzw. Abiturprüfung. Arbeitsaufträge mit Wahl- und Vertiefungsmöglichkeiten, Formulierungshilfen sowie zentrale Begriffe ermöglichen Ihnen das **Wiederholen** zentraler Kapitelinhalte.

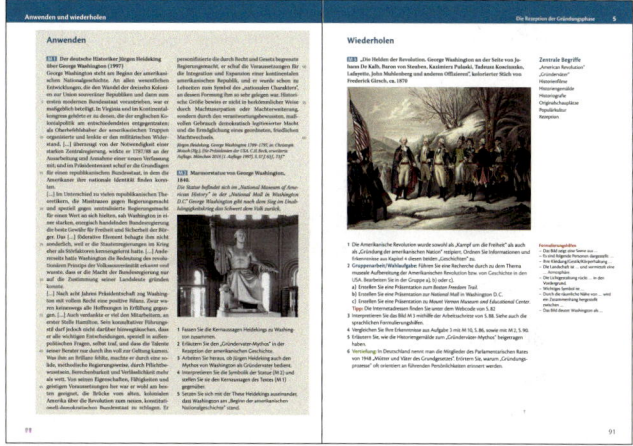

Kernmodul und Wahlmodule

Ein eigenes Kapitel zum **Kernmodul** bietet theoretische Texte und verknüpft sie durch Arbeitsaufträge und Verweise mit den anderen Kapiteln.

Zwei **Vertiefungskapitel** bereiten weitere Wahlmodulthemen als Themeneinheit auf. Die Arbeitsaufträge fordern immer wieder zum Vergleich mit den anderen Wahlmodulthemen auf.

Hilfen im Anhang

Der Anhang unterstützt Sie bei der Arbeit mit dem Buch. Hier finden Sie:

– Hinweise zu den Operatoren,
– Formulierungshilfen für die Arbeit mit Quellen und Darstellungen,
– Zusatzaufgaben und inhaltliche Tipps,
– eine Probeklausur mit Lösungshinweisen,
– Lösungshilfen zu den Methodenseiten,
– eine Übersicht der eingeführten Unterrichts- und Fachmethoden,
– Lexika und Register.

Testen Sie Ihr Vorwissen zur „Amerikanischen Revolution"

1 Finden Sie die richtige Antwort.
Was feiern die USA am 4. Juli?
a) die Gründung der USA
b) die Erklärung der Unabhängigkeit von Großbritannien
c) die Verabschiedung der Verfassung

Wie nennt man das politische System der USA?
a) Parlamentarische Demokratie
b) Direkte Demokratie
c) Präsidialdemokratie

Aus wie vielen Bundesstaaten bestehen die USA heute?
a) 48
b) 50
c) 55

2 Entscheiden Sie sich für die passende Kernaussage der Karikatur. Es sind auch mehrere Nennungen möglich.

3 Bestimmen Sie, welches Bild nicht in die Reihe passt. Erläutern Sie Ihre Wahl.

– Die USA sind seit ihrer Gründung ein Einwanderungsland.
– Alle Menschen in den USA haben die gleichen Rechte und werden gleich behandelt.
– Manche ethnische Gruppen werden benachteiligt und ausgegrenzt.
– Es gibt in den USA erwünschte Einwanderer und nicht erwünschte Einwanderer.

4 Die Amerikanische Revolution vollzog sich in mehreren Schritten. Bei der folgenden Liste ist etwas durcheinandergeraten. Korrigieren Sie die Reihenfolge.

  1 Die dreizehn Kolonien erklären ihre Unabhängigkeit von Großbritannien.

  2 In Boston werfen als Indianer verkleidete Bewohner von einem britischen Schiff angelieferte Teekisten ins Wasser.

  3 In vielen Städten der nordamerikanischen Kolonien wird gegen die britische Steuergesetzgebung demonstriert.

  4 Die Kolonien schließen sich in einer Konföderation zusammen.

  5 In Lexington und Concord kommt es zu gewaltsamen Zusammenstößen zwischen Kolonisten und britischen Soldaten. Damit beginnt der Unabhängigkeitskrieg.

  6 Die USA erhalten eine Verfassung.

5 Bestimmen Sie, welcher Begriff, welcher Name und welches Datum jeweils nicht in die Tabelle reinpasst.

a)

Bürgerkrieg	Verfassung
Unabhängigkeitskrieg	Kontinentalkongress

b)

Thomas Jefferson	John Adams
Benjamin Franklin	König Georg III.
Sitting Bull	George Washington

c)

12. Dezember 1773	14. Juli 1789
21. Juni 1788	4. Juli 1776

6 Wer hat's gesagt?
Versuchen Sie das Zitat einer der genannten Personen zuzuordnen. Tauschen Sie sich dazu in Partnerarbeit aus.

„Alle Revolutionen haben bisher nur eines bewiesen, nämlich, dass sich vieles ändern lässt, bloß nicht die Menschen."

a) George Washington
b) Karl Marx
c) Napoleon Bonaparte

7 In der Geschichte gibt es eine Reihe von Revolutionen. Ermitteln Sie zu den folgenden Bildern jeweils die passende Revolution.

a)

b)

c)

1

Einführung: Krisen, Umbrüche und Revolutionen

In diesem Kapitel geht es um
- *Definition und Anwendung der Begriffe Krise, Umbruch und Revolution zur Charakterisierung von historischem Wandel,*
- *ausgewählte Theorien zu Revolutionen,*
- *ausgewählte Theorien zur Modernisierung,*
- *die Amerikanische Revolution im Vergleich zur Französischen und zur Russischen Revolution,*
- *die Bedeutung der Amerikanischen Revolution für das heutige Selbstverständnis der USA.*

Krisen, Umbrüche und Revolutionen als Formen des historischen Wandels

Historische Entwicklungen verlaufen nicht immer in Kontinuität nach „vorne", auf ein Ziel hin, sondern unterliegen gleichzeitig mehr oder weniger starkem Wandel. Krisen, Umbrüche und Revolutionen sind besonders **verdichtete Formen des Wandels**. Hier laufen beschleunigte Veränderungsprozesse ab. Bestimmte Ereignisse und ihre besonderen Dynamiken führen zu Entscheidungssituationen, in denen die Entwicklung in die 5 eine oder andere Richtung gehen kann, d. h., es kann zu Veränderungen kommen oder die Verhältnisse stabilisieren sich nach einer Weile wieder. Die Veränderungen können in Form eines teilweisen Bruches, aber auch in Form einer umfassenden Zäsur auftreten.

▶ **M 3: Rudolf Vierhaus über den Begriff der Krise**

Die Begriffe Krise, Umbruch und Revolution werden in der Alltagssprache oft ähnlich verwendet, doch in der Geschichtswissenschaft wird genauer unterschieden, und zwar 10 nach dem **Grad der Veränderungen**, die geschichtliche Ereignisse nach sich ziehen. Revolution ist die umfassendste und am stärksten verdichtete der Veränderungen, darin

▶ **M 4: Peter Wende über den Begriff der Revolution**

sind sich alle Wissenschaftler einig. Es ist jedoch oft schwierig, genaue Grenzen zu ziehen. Nicht jeder politische oder gesellschaftliche Umbruch muss eine Revolution sein. Und auch der Begriff „Revolution" selbst wird in der Wissenschaft oft unterschiedlich 15 verwendet. „Industrielle Revolution" bezeichnet beispielsweise eine Entwicklung, die sich über mehr als 50 Jahre erstreckte und in verschiedenen Ländern zu unterschiedlichen Zeiten die wirtschaftlichen, sozialen und kulturellen Strukturen eines Staates, einer Gesellschaft schrittweise veränderte. Die „Russische Revolution" umfasst dagegen weniger als ein Jahr und besteht aus zwei Teilrevolutionen, wobei der zweite Teil, die 20

M 1 Kurstafel des DAX im Handelssaal der Frankfurter Wertpapierbörse, Fotografie, 2009.
Besonders oft wird der Begriff Krise heute im Bereich der Wirtschaft verwendet: Finanzkrise, Bankenkrise oder Eurokrise.

M2 „Die Freiheit führt das Volk an", Ölgemälde von Eugène Delacroix, 1830

Oktoberrevolution, aufgrund ihres geplanten Ablaufes von Historikern meistens als „Putsch" eingeordnet wird. Und schließlich gibt es noch die Begriffe „Revolte" oder „Staatsstreich". Sind sie deckungsgleich mit Revolutionen?

Zu einer Klärung von Begriffen und historischen Entwicklungen können **Theorien und**
25 **Modelle** beitragen. Diese entstehen, indem Wissenschaftler zum Beispiel verschiedene Revolutionen wie die Amerikanische Revolution oder die Französische Revolution genauer untersuchen und miteinander vergleichen. Am Ende stehen Definitionen, Ablaufschemata oder Kriterienkataloge, die als allgemeingültig beispielsweise für eine Revolution erklärt werden. Bei der Deutung von historischen Umbruchsituationen kann
30 man sich ihrer bedienen und so zu einer begründeten eigenen Einschätzung kommen.

Theorien zu Revolutionen

Bei allem Bemühen um die Herausarbeitung **grundlegender Kriterien von Revolutionen*** enthalten aber auch Theorien und Modelle perspektivisch gebundene Bewertungen eines Sachverhaltes. Die Analyse der Amerikanischen und der Französischen Revolution von der jüdischen deutsch-amerikanischen Wissenschaftlerin **Hannah Arendt**
5 von 1963 kreist immer auch um die Frage, wie eine Demokratie gestaltet sein muss, um dem Totalitarismus zu widerstehen. **Alexis de Tocqueville** (1805–1859) ordnet die Französische Revolution ganz anders ein als der US-amerikanische Historiker Crane Brinton im 20. Jahrhundert. Tocqueville hebt vor allem die gesellschaftliche Entmachtung von Adel und Kirche in Frankreich hervor, also die soziale Revolution. **Crane Brin-**
10 **ton** entwickelt auf der Basis von vier Revolutionen (englische „Glorious Revolution" 1688; Amerikanische Revolution 1776; Französische Revolution 1789; Russische Revolution 1917) einen Grundtypus, der Ursachen, Verlauf, Akteure und Ideen umfasst. Ein sehr anschauliches, aber auch sehr vereinfachtes Modell stellt der amerikanische Soziologe **James C. Davies** zur Diskussion: Seine „J-Kurve" soll zeigen, dass Revolutionen aus-
15 brechen, wenn die Erwartungen der Bevölkerung und ihre tatsächlichen Lebensumstände zu weit auseinander gehen. Und schließlich gibt es noch die marxistischen

Grundlegende Kriterien von Revolutionen:
– nachhaltige und tiefgreifende Veränderungen
– die Veränderungen umfassen die sozialen und politischen Strukturen, gegebenenfalls auch die kulturellen und wirtschaftlichen Strukturen
– die Geschwindigkeit der Ereignisse kann unterschiedlich sein
– Gewalt bis hin zu Kriegen geht oft mit einer Revolution einher, ist aber kein notwendiges Merkmal

▶ Kap. 6: Kernmodul (S. 93 bis 97)

Revolution

cornelsen.de/Webcodes
Code: qejiji

Theorien von **Karl Marx, Friedrich Engels und Wladimir I. Lenin**, die den Einfluss der materiellen Lebensbedingungen auf die Geschichte betonen und daraus abgeleitet eine Zwangsläufigkeit von Revolutionen beim Übergang von einer Gesellschaftsform in die andere feststellen. 20

Theorien zur Modernisierung

Grundlegende Kriterien von Modernisierung:
– Prozess der Auflösung von traditionalen Gesellschaften und Übergang in moderne Gesellschaften
– umfasst Politik, Wirtschaft, Gesellschaft und Kultur
– erstreckt sich über mehrere Jahrhunderte
– kein einförmiger, unumkehrbarer Fortschrittsprozess, sondern Phasen der beschleunigten Entwicklung wechseln sich ab mit Phasen des Stillstandes und des Rückschrittes

Mit einer anderen Form des Wandels befassen sich Modernisierungstheorien. Hier geht es nicht wie bei den Revolutionen um die Analyse kurzer, verdichteter Veränderungsprozesse, sondern um langfristige Entwicklungen, die aber ebenso umfassende Veränderungen der Strukturen mit sich bringen. Modernisierungstheorien setzen sich dabei mit Formen der „**Moderne**" auseinander, deren Beginn im 18./19. Jahrhundert angesetzt und von der Amerikanischen, der Französischen und der Industriellen Revolution eingeleitet wird. Manche sehen die Wurzeln der Moderne auch schon im 15./16. Jahrhundert angelegt, als mit der Renaissance ein neues Menschenbild, neue Staats- und Wirtschaftsformen entstanden. Obwohl man sich weitgehend einig ist bezüglich der **grundlegenden Kriterien von Modernisierung***, sind die Inhalte und die Anwendung 10 in der Geschichtswissenschaft umstritten. 5

In den Geschichts- und Sozialwissenschaften spielen Modernisierungstheorien seit den 1950er- und 1960er-Jahren eine wichtige Rolle. Grundlegend für die Geschichtswissenschaft waren die Arbeiten des Soziologen **Max Weber** zur westlichen Moderne. Eine zentrale Funktion hat für ihn das sich verändernde religiöse Weltbild, das Prozesse der 15 Säkularisierung und der Rationalisierung durchmacht, die auch auf Staat, Wirtschaft und Gesellschaft wirken. Der Historiker **Hans-Ulrich Wehler** entwickelte diese Konzepte weiter. Beide Wissenschaftler orientieren sich dabei an der europäischen Geschichte. Der israelische Soziologe **Shmuel Eisenstadt** entwickelte dagegen das Konzept „multipler Modernen". Indem er mit dem Begriff der „Achsenzeit" ein kriteriengebundenes 20 Konzept einführt, kann er „Modernen" in unterschiedlichen Kulturen zu unterschiedlichen Zeiten feststellen.

▶ Kap. 6: Kernmodul (S. 97 bis 99)

Modernisierung

cornelsen.de/Webcodes
Code: toduhu

Amerikanische Revolution im Vergleich

▶ Kap. 7: Französische Revolution

Mit der Amerikanischen Revolution steht in diesem Kursheft die erste große Revolution der Neuzeit im Zentrum, die vor allem mit ihren politischen Ideen und Verfassungsdokumenten die **Grundlagen für alle westlichen Demokratien** schuf. Sie wird auch als **Verfassungsrevolution** bezeichnet, da sie auf gesellschaftlicher Ebene keine wesentlichen Veränderungen brachte. Schon in der gut zehn Jahre später einsetzenden Französischen Revolution wirkte sie nach. Die **Französische Revolution** gilt heute als klassische Revolution, da sie als **Totalrevolution** tiefgreifende Veränderungen auf sozialer, politischer, wirtschaftlicher und kultureller Ebene mit sich brachte. Auf politischer Ebene erlebte Frankreich anschließend viele Veränderungen, von Napoleon bis hin zur heutigen Fünften Republik. Die in Folge der Unabhängigkeitserklärung entstandenen Vereinigten Staaten von Amerika zeichnen sich dagegen durch eine hohe staatlich-politische Stabilität aus, obwohl in den ersten Jahren noch die eine starke Zentralmacht befürwortenden „Föderalisten" gegen die „Republikaner" kämpften, die eine weitgehende Eigenständigkeit der Einzelstaaten wollten. Beide Gruppen hatten ihre Wurzeln in der Revolution und zogen dort im Kampf gegen die britische Kolonialmacht an einem Strang. 15 Der Slogan „Freiheit oder der Tod" hob das ursprüngliche konkrete politische Anliegen von „Keine Steuern ohne Repräsentation" auf eine höhere ideelle Ebene. Die Ideen der Aufklärung spielten ebenso wie in Frankreich eine wichtige Rolle. Mit der Amerikanischen Revolution begann die Herausbildung eines modernen Staatswesens und einer amerikanischen Identität zugleich. Der Kampf für „Recht" und „Freiheit" trug auch zum 20 wachsenden amerikanischen Sendungsbewusstsein im 19. Jahrhundert und seiner Rolle 5 10

als Supermacht im 20. und 21. Jahrhundert bei. Noch heute werden mit dem Nationalfeiertag am 4. Juli die Unabhängigkeitserklärung von 1776 als nationales Schlüsselereignis gefeiert und den „Gründervätern" wie George Washington, Thomas Jefferson und
25 Benjamin Franklin vielfältige Denkmäler gesetzt.
Frankreich bildete zwar schon vor der Revolution eine Nation, doch auch hier ist das
heutige nationale Selbstverständnis eng mit der Revolution verknüpft, vor allem mit
der ersten Phase, denn auch in Frankreich geht der Nationalfeiertag am 14. Juli auf ein
revolutionäres Ereignis zurück, den Sturm auf die Bastille.
30 Die **Russische Revolution** ist in verschiedener Hinsicht ein Sonderfall. Getragen von   ▶ **Kap. 8: Russische Revolution**
unzufriedenen Bauern und Arbeitern brachte die Februarrevolution ein Ende des Za-
renreichs und mit den Arbeiter- und Soldatenräten ein neues politisches Gremium.
Doch mit der Duma, dem russischen Parlament, und ihren vor allem liberalen Mitgliedern der Mittel- und Oberschicht gab es keinen völligen politischen und sozialen Bruch.
35 Dieser erfolgte erst in der Oktoberrevolution durch die kommunistischen Bolschewisten unter Führung von Wladimir I. Lenin. In den Folgemonaten wurde die Sowjetrepublik gegen den Willen der Mehrheit der Bevölkerung mit diktatorischen Mitteln und
Gewalt durchgesetzt. Für das Selbstverständnis der Sowjetunion spielte die Revolution
eine ebenso zentrale Rolle wie für die USA und Frankreich, doch mit dem erneuten
40 Systembruch in den 1990er-Jahren hat sie an Bedeutung verloren.

1 Arbeiten Sie auf der Basis des Darstellungstextes zentrale Begriffe heraus, die den
   Verlauf von Geschichte charakterisieren. Formulieren Sie zu jedem Begriff eine
   Definition in Ihren eigenen Worten.
2 Erklären Sie auf Basis der Darstellung die Begriffe Verfassungsrevolution und
   Totalrevolution. Ordnen Sie Ihnen bekannte Revolutionsbeispiele diesen Begriffen
   zu.
   Tipp: siehe S. 145.
3 Erläutern Sie den Zusammenhang zwischen Revolution und Modernisierung.
4 In Deutschland ist der 3. Oktober der einzige „gesetzliche Feiertag" des Bundes und
   wird als „Tag der deutschen Einheit" bezeichnet. Er bezieht sich auf den Beitritt der
   DDR zum „Geltungsbereich des Grundgesetzes".
   Gruppenarbeit/Präsentation: Untersuchen Sie arbeitsteilig die Rolle und Gestal-
   tung von Nationalfeiertagen bzw. nationalen Feiertagen und stellen Sie eine kleine
   Präsentation zusammen:
   – USA: 4. Juli
   – Frankreich: 14. Juli
   – Deutschland: 3. Oktober
   – Israel: Unabhängigkeitstag, wechselnde Daten
   – Russland: 4. November
5 **Vertiefung:** Diskutieren Sie Unterschiede und Gemeinsamkeit.
6 **Zusatzaufgabe:** siehe S. 145.

Hinweise zur Arbeit mit den Materialien
Am Anfang stehen die Begriffsanalysen zu Krise und
Revolution durch die Historiker Rudolf Vierhaus (M 3)
und Peter Wende (M 4). Letzterer liefert einen
direkten Zugang zum historischen Gegenstand
Revolution als die Revolutionstheorien, die stärker
verallgemeinern und abstrahieren, und bildet deshalb
eine nützliche Einführung in die Thematik. Die
Materialien M 5 bis M 7 ermöglichen die Erarbeitung
des Bezugs der Amerikanischen Revolution zum
heutigen Selbstverständnis der USA. M 8 und M 9
nennen aktuelle Beispiele, die den amerikanischen
„Nationspathos" von Präsident Trumps „America
first"-Konzept mit der Kritik von afroamerikanischen
Football-Spielern an Diskriminierung und Rassismus
im Land kontrastieren.

Zur Vernetzung mit dem Kernmodul
Vor allem M 4 bietet Anschlussmöglichkeiten an das
Kernmodul, beispielsweise an die Theorien von
Hannah Arendt (M 6, S. 96 f.) sowie von Crane Brinton
(M 2, S. 93 f.), die sich beide mit der Rolle von Gewalt
sowie mit dem Umfang und Ebenen von revolutionä-
ren Veränderungen auseinandersetzen.

Krisen, Umbrüche und Revolutionen

M 3 **Der Historiker Rudolf Vierhaus definiert in einem Lexikonartikel den Begriff „Krisen" (2002)**
K. [= Krisen] sind Prozesse, deren Anfänge, Höhe-
punkte, Ende prinzipiell datierbar sind. Nieder-
gangs-, Auflösungs-, Verfallsprozesse sind keine K.,
wohl aber können ihnen sich steigernde K. vorange-
5 gangen sein. K. sind prinzipiell offene Prozesse; ihre
Geschwindigkeit, ihr Ausgang nicht zwangsläufig, ihr
Ablauf und ihr Wendepunkt selten so deutlich erkennbar wie in einem Krankheitsprozess. [...] Von K.
kann gesprochen werden, wenn zuvor bestehende
10 stabile und funktionierende Zustände sich aufzulösen beginnen [...] und die eingetretenen Störungen
nicht mit hergebrachten Mitteln überwunden werden können, sondern eine *renovatio*, eine Reform,
eine Revolution, erforderlich wird und erfolgt; ge-
15 schieht dies nicht, handelt es sich nicht (mehr) nur
um eine K. Kennzeichen von K. ist, dass es in ihrem
Prozess Alternativen gibt, Phasen und Konstellationen, in denen sich entscheidet, ob sie überwunden
werden können. K. sind keine Naturprozesse, wohl
20 aber können z. B. Erdbeben, Flutkatastrophen, Dür-
reperioden K. auslösen: Hunger-K., aber auch K. des
Vertrauens in die Fähigkeit von Regierung und Ver-

waltung, mit ihnen fertigzuwerden. [...] K. müssen,
um als solche bezeichnet werden zu können, objekti-
ven Charakter haben, also nicht nur herbeigeredet 25
sein, indem vorübergehenden und vereinzelten kri-
senhaft erscheinenden Symptomen von Veränderung
aus Sorge übertriebene Bedeutung zugeschrieben
wird. Sehr unterschiedliche Prozesse sind in der Geschichte als K. erfahren und unterschiedlich gedeutet 30
worden. Als K. wurden sowohl zeitlich und räumlich
begrenzte als auch globale Prozesse bezeichnet; es
wird von Funktions-K. eines politischen Systems wie
von langfristigen Kultur-K. gesprochen. [...] Vor allem die großen Veränderungsprozesse in der Mensch- 35
heitsgeschichte haben zu immer neuen Versuchen
geführt, sie in ihrem Verlauf zu beschreiben, zu verstehen und zu erklären. [...] Nur in seltenen Fällen
sind K. auf bestimmte Ursachen zurückzuführen;
mehrere und verschiedenartige Umstände und Kons- 40
tellationen haben in ihrem Zusammen- und Gegenei-
nanderwirken Prozesse in Gang gebracht und vorangetrieben, die sich zu ernsthaften K. entwickelten.
Die 1788 zur Versammlung der Generalstaaten in
Versailles zusammentretenden Deputierten wollten 45
keine Revolution machen, nicht die Monarchie ab-
schaffen, nicht eine Herrschaft des Schreckens errichten. Intensive Forschung hat die Vielfalt der elementaren Vorbedingungen wie der eher zufälligen
und momentanen Antriebe der Revolution gezeigt: 50
das vielleicht eindrucksvollste Beispiel einer „großen" K., die sich zu revolutionärem Umbruch steiger-
te, der selbst wieder in die K. geriet, weitere K. nach
sich zog, aber im Ergebnis entscheidende Bedeutung
für die Entwicklung der europ. Kultur gehabt hat. K. 55
bewirken nicht notwendig Kontinuitätsbrüche; aus
ihnen können neue Konstellationen hervorgehen,
die die erfolgreiche Überwindung der K. ermöglichen. Ist dies nicht der Fall, wird die K. zum Prozess
des Zerfalls und der Auflösung der vorher bestehen- 60
den Verhältnisse. Solche Prozesse können sich lange
hinziehen und Phasen vorübergehender Stabilisie-
rung durchlaufen.

Rudolf Vierhaus, Artikel „Krisen", in: Stefan Jordan (Hg.), Lexikon
Geschichtswissenschaft. Hundert Grundbegriffe, Reclam,
Stuttgart 2002, S. 193–195.*

1 Fassen Sie die Begriffserläuterungen von Rudolf
  Vierhaus thesenartig zusammen.
2 Nennen Sie Beispiele historischer Krisen und
  überprüfen Sie daran die Definition des Autors.
  Tipp: siehe S. 145.

M4 Der Historiker Peter Wende analysiert den Begriff „Revolution" (2000)

Vor diesem Hintergrund lässt sich [...] in Anlehnung an Theodor Schieder Revolution als „besondere Form des historischen Wandels" definieren. [...] Und es gilt bei dieser Definition natürlich, die Kriterien für
5 die ‚besondere Form' der Veränderung zu fixieren, d. h. zu fragen, was mit welchen Mitteln wie rasch und wie gründlich verändert werden muss, damit von einer Revolution die Rede sein kann:

1. *Das Objekt des revolutionären Wandels* ist die poli-
10 tisch organisierte und in bestimmter Form verfasste Gesellschaft: Die Revolution setzt den Staat als politische Einheit, als Konzentration politischer Macht und Legitimität voraus, andernfalls bedarf sie einschränkender Qualifikation und muss beispielsweise
15 als soziale, ökonomische oder kulturelle Revolution näher bezeichnet werden. Dabei lassen sich in dem Bereich von Staat und Gesellschaft vier mögliche Ebenen revolutionären Wandels unterscheiden. Dieser wird in der Regel die personelle Zusammenset-
20 zung der Regierung betreffen; die Revolution stürzt die alten und legitimiert neue Machthaber. Allerdings darf sie sich nicht auf den bloßen Austausch von politischen Eliten bzw. Führungspersonen beschränken. Denn wenn lediglich die Ausschaltung
25 bzw. der Wechsel der bestehenden Regierungsführung zu registrieren ist, sollte eher von Palastrevolution, von Staatsstreich bzw. Putsch die Rede sein. Auch wenn, besonders im 20. Jahrhundert, das Wort „Revolution" als Legitimationstitel für gewaltsame
30 politische Veränderungen positiv besetzt ist und daher immer wieder das Auswechseln herrschender Oligarchien, die Machtergreifung von Militärjuntas gerade auch von den involvierten Akteuren als Revolution bezeichnet wird, sollte der Historiker hier
35 nicht dem Sprachgebrauch der Herrschenden folgen. [...]

Anders jedoch, wenn der erzwungene Wandel nicht nur die Regierung, sondern zugleich auch die politische Organisationsform der Gesellschaft betrifft. Wo
40 ein radikaler Umbruch im Bereich der staatlichen Institutionen stattfindet, eine neue Verfassung entworfen, verkündet und durchgesetzt wird, lässt sich eher schon von Revolution, zumindest von politischer Revolution sprechen. Und dies gilt erst recht, wenn ra-
45 dikale Veränderung nicht vor bestehenden Eigentumsverhältnissen haltmacht, sondern auch die sozialen Strukturen erfasst, sodass die Revolution als Totalumwälzung einer bestehenden Gesellschaft definiert werden kann. Sie schließt dann auch schließ-
50 lich als vierte Ebene der Veränderung die der sozia-

len und politischen Legitimationsideologie ein, auf der ein neues Denken sich durchsetzt und neue Normen und Ideale als die geistigen Grundlagen einer neuen gesellschaftlichen und politischen Ordnung
55 verkündet werden.

2. Die Revolution ist gleichermaßen definiert durch die *Art und Weise*, in der sie Veränderung durchsetzt. Denn Revolution impliziert Gewalt, genauer: als unrechtmäßig verstandene Gewaltanwendung zwi-
60 schen rechtlich nicht gleichgestellten Parteien. Dies meint in der Regel Gewalt „von unten", Gewalt des Volkes gegen die Herrschenden. So betrachtet impliziert Revolution auch stets Elemente von Aufstand und Rebellion, die für sich genommen allerdings an-
65 dere, nämlich begrenztere Zielsetzungen verfolgen. Solche Revolten sind gemeinhin Ausdruck verletzten Rechtsempfindens und [...] Akte der sozialen Chirurgie, Operationen der Renovation. Das klassische Beispiel sind etwa Unruhen aus Anlass überhöhter Brot-
70 preise; aber auch die Rebellion des englischen Parlaments gegen den König 1640 diente zunächst dem Ziel, die alte Verfassung wiederherzustellen. Solcher Aufruhr kann durchaus am Beginn einer Revolution stehen, wenn aus dem Widerstand schließ-
75 lich das Programm für eine neue, eine andere politische Verfassung erwächst. Dabei kann an die Stelle von spontanen Gewaltakten schließlich der Bürgerkrieg als die höchste Stufe innerstaatlicher gewaltsamer Auseinandersetzung treten, als der bewaffnete
80 Konflikt zwischen den Repräsentanten der alten und den Vorkämpfern einer neuen Ordnung. In dem Maße, wie Revolution Gewalt, besonders Gewalt von unten impliziert, unterscheidet sie sich von der Reform, die ebenfalls Wandel, nicht selten radikalen
85 Wandel bewirken kann, jedoch im Rahmen der bestehenden Ordnung stattfindet bzw. zumindest initiiert wird. Das Subjekt der Aktion ist dabei in der Regel die bestehende Regierung, d. h. reformiert wird „von oben" in einem gesteuerten, an den Normen der
90 bestehenden Verfassung orientierten Prozess.

Die Art und Weise der Veränderung definiert Revolution auch insofern, als dieser Wandel rasch vollzogen werden muss. Zwar hat es sich durchaus eingebürgert, auch langfristige historische Prozesse, beson-
95 ders im Bereich der ökonomischen Entwicklung, mit dem Begriff der Revolution zu belegen, und so spricht man nicht nur von der Industriellen Revolution, sondern auch von der Neolithischen Revolution, um den Übergang von der Kultur nomadisierender Jäger und
100 Sammler zu der sesshafter Ackerbauern zu bezeichnen. Doch diese Variante des modernen Revolutionsbegriffes [...] soll uns hier nicht beschäftigen.

3. In dem Maße, wie Revolution als besondere Form des historischen Wandels definiert ist, muss sie *Fol-*
105 *gen* zeitigen. Wohl gibt es kaum eine Revolution, an deren Ende nicht in der einen oder anderen Form eine Restauration, eine zumindest partielle Rückkehr zu vorrevolutionären Zuständen zu verzeichnen ist. Dennoch, wo keinerlei Veränderung registriert wer-
110 den kann, lässt sich, auch angesichts des ungeheuren Ausmaßes innerstaatlicher Gewalt, nicht von Revolution sprechen. Vielmehr schließt die Frage nach der Revolution auch immer die Frage nach dem Umfang und der Dauer des Neuen ein. Doch es genügt nicht,
115 die Revolution als Phänomen durch die Besonderheiten ihrer Erscheinungsformen zu definieren, etwa als „in kurzer Zeit gewaltsam und illegal bewirkter radikaler Umbruch im Bereich der Institutionen, der Sozialstruktur, der Ideologie, Eigentumsverhältnisse
120 und der Elitenzusammensetzung einer gegebenen Gesellschaft" (H. Wassmund, [...]). Um von Revolution zu sprechen, bedarf es des subjektiven Willens der Handelnden zur Veränderung. Die Zielsetzungen der Revolutionäre sind konstitutives Element von Revo-
125 lution und diese müssen auf die Realisierung von Freiheit ausgerichtet sein. Seit der Amerikanischen und besonders seit der Französischen Revolution, die hier musterbildend gewirkt hat, schließt die Revolution den Entschluss zur Gestaltung der Zukunft
130 ein. [...] Wenn man somit eine auf die Realisierung von Freiheit hin orientierte Sinngebung revolutionären Handelns als konstitutives Element des Revolutionsbegriffs begreift, erhält dadurch [...] jene Phase allgemeiner Modernisierung, welche mit der Ameri-
135 kanischen Revolution einsetzte und mit der großen Französischen Revolution ihren Höhepunkt erreichte, eine Schlüsselstellung. So gesehen markieren von nun an Revolutionen Wendepunkte der Geschichte des 19. und 20. Jahrhunderts; und zwar in erster Linie
140 der europäischen Geschichte bzw. der Geschichte einer Welt, die im Zeichen der Ausbreitung Europas steht, bis sie sich schließlich von dessen Hegemonie befreit, nicht zuletzt auf dem Wege der Revolution.

Peter Wende, Einleitung, in: ders. (Hg.), Große Revolutionen der
Geschichte. Von der Frühzeit bis zur Gegenwart, C. H. Beck,
München 2000, S. 11–14.*

1 Erstellen Sie eine Kriterien-Liste zur Bestimmung von Revolutionen.
2 Diskutieren Sie die These des Autors, dass „von nun an Revolutionen die Wendepunkte der Geschichte" markieren (Z. 137 f.).
3 **Zusatzaufgabe:** siehe S. 145.

Deutungen der Amerikanischen Revolution

M 5 **Die Freiheitsstatue vor New York, Fotografie, 2008.**
Die von Frédéric-Auguste Bartholdi 1875 entworfene Statue ist ein Geschenk Frankreichs an die USA. In der linken Hand hält die Göttin der Freiheit eine Tafel mit dem Datum der Unabhängigkeitserklärung.

1 Interpretieren Sie Symbolik und Gestik der Statue.
2 Nehmen Sie Stellung zur Gesamtdeutung des Denkmals.

M6 Der Historiker Volker Depkat über die Rolle der Amerikanischen Revolution in der Geschichte der USA (2016)

So facettenreich und vielschichtig die Geschichte der USA auch ist, sie lässt sich durchaus auf bestimmte Grundlinien und Hauptthemen zurückführen. Da ist zunächst das Thema von den USA als revolutionär
5 begründetes und bis heute nicht abgeschlossenes Experiment in Sachen Demokratie. Dieses markierte im ausgehenden 18. Jahrhundert den Beginn einer möglichen, durch Grundrechtsliberalismus, Konstitutionalismus und Volkssouveränität definierten po-
10 litischen Moderne. Für die Durchführung ihres Demokratieexperiments konnten die Amerikaner nur sehr bedingt auf europäische Vorbilder zurückgreifen. Sie mussten deshalb ihren Weg buchstäblich im Gehen finden, und dieser Weg war steinig. Die Etab-
15 lierung, die Ausgestaltung und der wiederholte Umbau einer freiheitlich-liberalen, parlamentarischen Demokratie in einem föderal organisierten Flächenstaat war ein von scharfen Konflikten strukturierter Prozess, in dem *Krise* und *Transformation* eng inein-
20 ander verschlungen waren. Diese spannungsgeladene Konstellation formierte einerseits eine Vielzahl von Reformbewegungen, die die fortlaufende Ausweitung demokratischer Selbstbestimmungsrechte im Lichte des revolutionären Ideals von *„Life, Liberty,*
25 *and the Pursuit of Happiness"* vorantrieben. Andererseits jedoch entfaltete der Grundsatzstreit über die Ausgestaltung der auf universalen Grundwerten beruhenden Demokratie mit dem Amerikanischen Bürgerkrieg (1861–1865) ein selbstzerstörerisches Po-
30 tenzial, das das mit großen Hoffnungen gestartete Experiment in Sachen Demokratie fast beendet hätte.

Volker Depkat, Geschichte der USA, Kohlhammer, Stuttgart 2016, S. 9f.

1 Beschreiben Sie die Bedeutung der Amerikanischen Revolution für die Entwicklung der USA.

M7 Der Amerikahistoriker Michael Hochgeschwender über die Amerikanische Revolution als Gründungsmythos (2016)

Die Amerikanische Revolution war ein komplexes, mitunter widersprüchliches historisches Ereignis, genauer: eine epochale Kette von Ereignissen, ein Prozess, der lange vor dem Ausbruch der Gewalttä-
5 tigkeit 1774 begann und erst Jahrzehnte nach dem Frieden von Paris 1783, der den USA die Unabhängigkeit brachte, allmählich zu einem Ende kam. Histori-

sche Ereignisse aber sind beständig interpretationsbedürftig. Und nicht umsonst haben sich Historiker, Politikwissenschaftler und Publizisten seit den 10 1780er-Jahren über den Charakter der Amerikanischen Revolution gestritten. Dabei leisteten sie immer wieder auch Mythen Vorschub. Für Leopold von Ranke[1] etwa stellte der amerikanische Unabhängigkeitskampf aus der Sicht des Jahres 1854 die größte 15 Revolution der Weltgeschichte dar, da just hier der kühne Weg zu liberalen Fortschritts- und Freiheitsidealen beschritten worden sei. [...] R. R. Palmer[2] beispielsweise sprach von einem Virus der Freiheit, der von Amerika ausgegangen sei und einerseits die Be- 20 sonderheit [...] der Vereinigten Staaten begründet, sich andererseits aber im gesamten transatlantischen Raum als wirksam erwiesen habe. Die Revolution in Frankreich sei ohne das amerikanische Vorbild kaum denkbar. Ähnliches gelte für die 25 Unabhängigkeitsbewegungen in Lateinamerika oder die fortschrittlichen liberalen Bewegungen im Rest Europas. In dieser Sichtweise [...] stand die Amerikanische Revolution ohne jede Ambivalenz für einen idealistischen Durchbruch in die Moderne. Gerade 30 für Amerikaner war das unter Gesichtspunkten der nationalen Identität zentral, denn diese Interpretation erleichterte es, aus den Ereignissen von 1776 einen Gründungsmythos zu konstruieren, der gleichzeitig nach innen – im Zuge nationaler Integration – 35 und nach außen – hegemonial – nutzbar war. Die USA befanden sich im eigenen Selbstverständnis von Beginn an auf der richtigen Seite der Geschichte, nicht nur weil sie den Unabhängigkeitskrieg gegen Großbritannien gewonnen hatten, sondern vor allem 40 weil sie in einzigartiger Weise für die Idee von Freiheit, Fortschritt, Demokratie, Modernität und Eigentum eintraten. Die Revolution hatte ihnen eine exzeptionelle Mission mit auf den Weg gegeben, die es weltweit durchzusetzen galt. 45

Michael Hochgeschwender, Die Amerikanische Revolution. Geburt einer Nation 1763–1815, C. H. Beck, München 2016, S. 9f.*

1 *Leopold von Ranke:* deutscher Historiker (1795–1886)
2 *Robert Roswell Palmer:* amerikanischer Historiker (1909–2002)

1 Erläutern Sie Hochgeschwenders Charakterisierung der Amerikanischen Revolution und ihrer Folgen.
2 Skizzieren Sie den Zusammenhang zwischen Revolution und „exzeptioneller Mission" (Z. 43 f.).

USA im 21. Jahrhundert

M8 US-Präsident Donald Trump in seiner Rede zum Amtsantritt (2017)

Wir, die Bürger von Amerika, werden jetzt gemeinsam in einer nationalen Anstrengung unser Land wieder aufbauen und seine Versprechen für alle Menschen erneuern. [...] Worauf es wirklich ankommt, ist
5 nicht, welche Partei unsere Regierung führt, sondern ob unsere Regierung vom Volk geführt wird. Der 20. Januar 2017 wird als der Tag in der Erinnerung bleiben, an dem das Volk wieder zu den Herrschern dieser Nation wurde. Die vergessenen Männer und
10 Frauen unseres Landes werden nicht mehr vergessen sein. Alle hören jetzt auf euch. Ihr seid zu Millionen gekommen, um Teil einer Bewegung zu werden, wie sie die Welt noch nie zuvor gesehen hat.

Im Zentrum dieser Bewegung steht die entscheiden-
15 de Überzeugung, dass die Nation ihren Bürgern dienen muss. Amerikaner wollen tolle Schulen für ihre Kinder, sichere Wohngegenden für ihre Familien und gute Jobs für sich selbst. Dies sind gerechtfertigte und vernünftige Forderungen von rechtschaffenen Men-
20 schen und einer rechtschaffenen Öffentlichkeit.

[...] Wir sind heute hier zusammengekommen, um ein neues Dekret zu erlassen, das man in jeder Stadt, in jeder ausländischen Hauptstadt und in jedem Machtzentrum hören soll. Vom heutigen Tag an wird
25 eine neue Vision unser Land regieren. Vom heutigen Tag an wird es nur noch Amerika zuerst heißen, Amerika zuerst [*America First*].

Jede Entscheidung zum Handel, zur Besteuerung, zur Einwanderung, zur Außenpolitik wird sich am Wohl
30 der amerikanischen Arbeiter und amerikanischen Familien orientieren. Wir müssen unsere Grenzen vor der Verwüstung schützen, die andere Länder anrichten, die unsere Produkte herstellen, unsere Unternehmen stehlen und unsere Arbeitsplätze zerstö-
35 ren.

[...] Wir werden uns bei den Nationen der Welt um Freundschaft und Wohlwollen bemühen, aber wir tun dies in dem Verständnis, dass es das Recht aller Nationen ist, ihre eigenen Interessen vorneanzustel-
40 len. Wir wollen niemandem unsere Lebensweise aufzwingen, sondern wir wollen sie als Beispiel leuchten lassen. Wir werden leuchten, damit uns alle folgen.

Wir werden unsere alten Allianzen verstärken und neue bilden und die zivilisierte Welt gegen radikal-
45 islamischen Terrorismus vereinen, den wir auslöschen werden. Die Grundlage unserer Politik wird die absolute Loyalität zu den Vereinigten Staaten von Amerika sein, und durch unsere Loyalität zu unse-

rem Land werden wir die Loyalität zueinander wie-
50 derentdecken. Wenn ihr euer Herz dem Patriotismus öffnet, dann gibt es keinen Platz für Vorurteile.

[...] Die Bibel sagt uns, „wie gut und angenehm es ist, wenn die Völker Gottes zusammen in Einheit leben". Wir müssen unsere Gedanken offen aussprechen, un-
55 sere Meinungsverschiedenheiten offen diskutieren, aber immer Solidarität anstreben. Wenn Amerika geeint ist, dann ist Amerika unaufhaltsam.

Keiner sollte Angst haben. Wir sind beschützt und wir werden immer beschützt sein. Wir werden von
60 den großartigen Männern und Frauen unseres Militärs und der Sicherheitskräfte beschützt. Und, was am wichtigsten ist, wir werden von Gott beschützt.

Ein neuer nationaler Stolz wird unsere Seelen wachrütteln, unsere Blicke heben und unsere Spaltungen
65 heilen. Es ist Zeit, sich an die alte Weisheit zu erinnern, die unsere Soldaten niemals vergessen werden – dass, egal ob wir schwarz, oder braun oder weiß sind, in unseren Adern dasselbe, rote Blut von Patrioten fließt. Wir alle genießen dieselben glorreichen
70 Freiheiten und wir alle salutieren der gleichen, großartigen amerikanischen Flagge.

[...] Gemeinsam werden wir Amerika wieder stark machen. Wir werden Amerika wieder wohlhabend machen. Wir werden Amerika wieder stolz machen.
75 Wir werden Amerika wieder sicher machen. Und ja, gemeinsam werden wir Amerika wieder großartig machen.

Danke. Gott segne euch. Und Gott segne Amerika. Danke. Gott segne Amerika.
80

https://www.whitehouse.gov/briefings-statements/the-inaugural-address/ (Download vom 8.10.2018).* Übersetzt von Silke Möller.

1 Arbeiten Sie Begriffe, Ideen und Emotionen heraus, mit denen Donald Trump Bezug auf die Amerikanische Revolution nimmt.

2 Diskutieren Sie, ob der Slogan „America First" und die damit zusammenhängende Politik ihrem Anspruch nach revolutionären Charakter haben.

3 **Vertiefung:** Vergleichen Sie die Rede Trumps mit den Antrittsreden von George W. Bush (2001) und Barack Obama (2009).

Reden US-Präsidenten
cornelsen.de/Webcodes
Code: vivapu

M9 Spieler der „Oakland Raiders", Fotografie, 24. September 2017.

Aus Protest gegen Präsident Trumps Aufforderung, Spieler zu entlassen, die bei der Hymne nicht aufstehen, blieben die Football-Spieler bei der Nationalhymne vor dem Spiel gegen die Washington Red Skins sitzen. Sie unterstützten damit die Aktion des Football-Spielers Colin Kaepernik, der aus Protest gegen soziale Missstände und Gewalt gegen Afroamerikaner seit September 2016 bei der Nationalhymne kniete.

1 Informieren Sie sich über den Football-Spieler Colin Kaepernik und die Debatte um seine Aktion.

2 **Podiumsdiskussion:** *„Life, Liberty, and Pursuit of Happiness"*, die Grundwerte der Verfassung in den USA heute.

  Tipp: siehe S. 145.

2 Die Ursprünge des Konflikts

M1 Bostoner Bürger verhalten sich feindlich gegenüber britischen Soldaten 1774, Stich, 19. Jahrhundert.
In den nordamerikanischen Kolonien waren nach dem „French and Indian War" zehntausend britische Soldaten belassen worden, um die Einflussnahme des Mutterlandes auf die Kolonie zu verstärken.

1620 | Die sogenannten *Pilgrim Fathers* aus England landen mit dem Schiff *Mayflower* in Nordamerika

1607 | In Jamestown/Virginia entsteht die erste britische Niederlassung

1629 | Gründung der *Massachusetts Bay Company*

| 1610 | 1620 | 1630 | 1640 | 1650 | 1660 | 1670 | 1680 |

Die Amerikanische Revolution hat eine lange und eine kurze Vorgeschichte. Die lange Vorgeschichte beginnt mit der Besiedlung der amerikanischen Atlantikküste durch ganz unterschiedlich motivierte Auswanderer. Die einen wollten reich werden, die anderen wollten vor allem die Freiheit haben, ihre religiösen Vorstellungen zu verwirkli-
5 chen. Nordamerika bot Platz für alle diese „Träume", und der britische König förderte die Besiedlung des Kontinents, denn auch er erhoffte sich durch die insgesamt 13 neuen Kolonien mehr Macht und Geld. Im Süden entstanden Tabak- und Baumwollplantagen, die mithilfe afrikanischer Sklaven bewirtschaftet wurden. In den mittleren Kolonien florierten Viehzucht und Landwirtschaft. Im Norden wuchsen die großen Metropolen wie
10 Boston, New York und Philadelphia dank Fischerei, Handel und Schiffbau heran. Die indigene Bevölkerung wurde dabei immer weiter in den Westen verdrängt. Mit dem wirtschaftlichen Erfolg, mit dem Bevölkerungswachstum, mit dem Funktionieren eigener politischer Institutionen stieg das Selbstbewusstsein der Kolonisten. Und dennoch, die meisten Bewohner der Kolonien waren stolz auf ihre englische Herkunft, begriffen
15 sich als wichtige Mitglieder des Britischen Empire und legten Wert auf ihre Bindung an das Mutterland. Sie wollten aber keine „reinen Befehlsempfänger" sein, möglichst viel Autonomie für ihre Entscheidungen und ernst genommen werden.
Die kurze Vorgeschichte des Konflikts beginnt mit dem Ende des Siebenjährigen Krieges, dem sogenannten *French and Indian War*, in dem England Frankreich in Nordame-
20 rika als Kolonialmacht verdrängte und dessen Kolonien im Norden übernahm. Doch der Krieg war teuer und die Kolonisten sollten einen großen Teil der Rechnung übernehmen, obwohl sie selbst tatkräftig mitgekämpft hatten. Das stieß auf Widerstand, zumal gleichzeitig die politischen Zügel in London angezogen wurden: Steuern zahlen ohne politische Mitsprache? Das war für die Mehrheit der Bevölkerung in den nord-
25 amerikanischen Kolonien nicht akzeptabel. Sie wehrten sich mit Boykotten, Demonstrationen und „Entschließungsanträgen". Doch eine Revolution bzw. die Unabhängigkeit wollte noch keiner. Schließlich spitzte sich die Lage zu und am 16. Dezember 1773 warfen als „Indianer" verkleidete Mitglieder der Gruppe *Sons of Liberty* in Boston angelieferten englisch-indischen Tee in das Hafenbecken. Ein revolutionärer Akt!

1 **Plakat:** Entwerfen Sie Plakate für eine Demonstration gegen die Steuergesetzgebung der britischen Krone.
2 Charakterisieren Sie Situation und Stimmung auf Bild M 1.
   Tipp: Nutzen Sie die Informationen der Bildlegende.
3 Erläutern Sie die Konfliktlinien zwischen dem englischen Mutterland und den Kolonien und diskutieren Sie, ob eine Revolution 1773 unausweichlich war.

1763	Eine Proklamation König Georgs III. verbietet den Landerwerb im Westen und ordnet die Kolonien neu
1764	Britisches Parlament verabschiedet das Zuckergesetz für die nordamerikanischen Kolonien
1765	Das Stempelsteuer-Gesetz erhebt Gebühren auf alle Papiererzeugnisse und amtliche Dokumente in den nordamerikanischen Kolonien
1766	Rücknahme des Stempelsteuer-Gesetzes
1768	Townshend-Gesetz: Zölle auf britische Waren in den nordamerikanischen Kolonien
1770	5. März: Boston-Massaker
1773	16. Dezember: *Boston Tea Party*

| 1756–1763 | Siebenjähriger Krieg (*French and Indian War*) in Nordamerika |

| 1700 | 1710 | 1720 | 1730 | 1740 | 1750 | 1760 | 1770 |

2   Die Ursprünge des Konflikts

> **In diesem Kapitel geht es um**
> – die Entstehung der englischen Kolonien in Nordamerika im 17. und 18. Jahrhundert,
> – die gesellschaftlichen, wirtschaftlichen und politischen Strukturen der Kolonien,
> – den Konflikt zwischen England und Frankreich um die koloniale Vorherrschaft in Nordamerika („French-Indian War"),
> – den Konflikt zwischen England und den amerikanischen Kolonien um Steuern und um ihr Verhältnis zueinander,
> – die ersten Ansätze zur Herausbildung einer Gemeinschaft der dreizehn Kolonien.

Staat und Gesellschaft in den Kolonien

Puritaner
Kirchliche Reformbewegung in England, die für eine strikte Trennung von Kirche und Staat, für Toleranz und Gewissensfreiheit und ein einfaches gottgefälliges Leben eintrat.

Kongregationalisten
Untergruppe der Puritaner, die die Autonomie der einzelnen Kirchengemeinde betonte.

M1 John Winthrop (1588–1649), Stich, 19. Jahrhundert.
John Winthrop war ein puritanischer Pfarrer und erster Gouverneur der „Massachusetts Bay Company".

▶ **M6: John Winthrop über die puritanische Gemeinschaft**

An der Ostküste Nordamerikas entstanden vom ausgehenden 16. bis zur Mitte des 18. Jahrhunderts 13 englische Kolonien. Es handelte sich dabei um **Siedlungskolonien**, d. h. das Land wurde durch die Ansiedlung von europäischen Einwanderern in Besitz genommen. Es war keine militärische Eroberung vorausgegangen wie beispielsweise in Südamerika oder im französischen Nordamerika. Dabei gab es insgesamt drei Organisa- 5
tionstypen von Kolonien: Eigentümerkolonien, Handelsgesellschaftskolonien und Kronkolonien. Sie unterschieden sich vor allem in ihrer Leitung. Mal stand ein Einzelner, mal ein Vertreter einer Handelsgesellschaft, mal ein Gouverneur des Königs an der Spitze der Kolonie. Ein Großteil der Kolonien war aber im Auftrag der Krone entstanden. In der Hoffnung, **wirtschaftlichen Profit** zu machen, hatte der König sogenannte „Char- 10
ter" vergeben, die Privilegien und Herrschaftsrechte an die Kolonisten übertrugen. Die Kolonien sollten das Mutterland mit Rohstoffen versorgen und Fertigprodukte aus England abnehmen. Die erste Siedlung, Virginia, entstand 1607 in der Chesapeake-Bucht, 1634 folgte nördlich angrenzend Maryland. Aber es kamen nicht nur Kaufleute, Händler oder Landwirte nach Amerika. Die zweite wichtige Trägerschicht der Besiedlung wa- 15
ren **religiöse Gruppen**, die auf dem neuen Kontinent Schutz vor politischer Verfolgung suchten. So auch die Puritaner*, die gegen die anglikanische Kirche aufbegehrten, weil sich aus ihrer Sicht der Protestantismus der Anglikaner nicht stark genug vom Katholizismus gelöst hatte. 1620 landeten die Ersten, die *Pilgrim Fathers*, mit der „Mayflower" in New Plymouth/Massachusetts, 1630 gründeten die von John Winthrop angeführten 20
Kongregationalisten* die Kolonie Massachusetts. Beide Gruppen besaßen ein besonderes, religiös geprägtes Sendungsbewusstsein. Sie wollten in Nordamerika ein ideales Gemeinwesen errichten, das als Vorbild für andere wirken sollte.
Von den Siedlungsschwerpunkten Virginia/Maryland und Neuengland/Massachusetts aus entstand allmählich ein britisches Kolonialgebiet, wobei die einzelnen Kolonien un- 25
terschiedliche gesellschaftliche Strukturen hatten und **jede Kolonie für sich eine Einheit** bildete. Da immer mehr Menschen die beschwerliche Überfahrt über den Atlantik in Kauf nahmen, um der Armut zu entgehen und sich in den Kolonien von Nordamerika eine neue und bessere Existenz aufzubauen, wuchs die Einwohnerzahl der Kolonien stetig. Bis zur Mitte des 18. Jahrhunderts hatten die Siedler die gesamte Ostküste in 30
Besitz genommen. Neben Engländern und Iren kamen auch Niederländer, Schweden und Deutsche. Bereits 1619 wurden die ersten Afrikaner nach Jamestown gebracht, um auf den Tabak-Plantagen als Sklaven zu arbeiten. Die amerikanische indigene Bevölkerung wurden von den Kolonisten immer weiter nach Westen verdrängt. Zum überwiegenden Teil geschah dies zunächst friedlich durch Verträge. Es gab auch vielfältige Han- 35
delsbeziehungen zwischen den weißen Siedlern und der indigenen Bevölkerung.

M 2 Koloniale Entwicklung in Nordamerika bis 1750

Trotz ihrer Unterschiedlichkeit kann man die 13 Kolonien in drei Regionen zusammenfassen: Neuengland, den Mittleren Atlantik und den Süden. Die **Wirtschaft** der von den
Puritanern geprägten nördlichen Kolonien beruhte auf Fischerei, Schiffbau und Über-
40 seehandel. In ihren Hafenstädten, allen voran Boston und Philadelphia, entwickelte sich
ein kapitalkräftiges Bürgertum. Die mittleren Kolonien um Pennsylvania galten als
Kornkammern Nordamerikas. Im Süden dominierte der Plantagenanbau von Tabak,
Reis, Baumwolle und Indigo, der eng mit der Sklaverei verbunden war. Politisch bestimmend waren hier meist anglikanische oder katholische Großgrundbesitzer. Zwischen
45 den früh erschlossenen Küstenregionen und den Gebieten der indigenen Bevölkerung
im Westen entstand eine Grenzzone, die *Frontier*, die durch den Zuzug von Siedlern
ständig nach Westen vorrückte. Opfer der Erschließung wurde die amerikanische Urbevölkerung. Kriege und Umsiedlungen reduzierten ihre Anzahl, Gesetze nahmen ihnen
ihre Unabhängigkeit. Ende des 19. Jahrhunderts lebte ein Großteil in Reservaten.
50 Hatte die englische Regierung im 17. Jahrhundert die Gründung und Entwicklung der
Kolonien im Wesentlichen Einzelpersonen und Gesellschaften überlassen und nur ihre
Oberhoheit über die Gewährung von Herrschaftsrechten deutlich gemacht, so übernahm sie im 18. Jahrhundert bei Problemen oft selbst die Initiative, zog gewährte Privilegien zurück und setzte königliche Gouverneure als Chef der lokalen Regierungen ein.
55 Damit glichen sich die **politischen Strukturen** in den Kolonien einander an. Neben
dem Gouverneur gab es einen ernannten Rat („*Council*"), der den Gouverneur bei der
Verwaltung beriet, sowie ein lokal gewähltes Parlament („*Assemblies*"), das an der Gesetzgebung und der Steuerbewilligung mitwirkte. Wie für die Engländer des Mutterlandes galten auch für die freien Einwohner der Kolonien die Rechtsgarantien der *Magna
60 Charta** und der *Bill of Rights**. Sie hatten Anspruch auf eine unabhängige Rechtsprechung und die Unverletzlichkeit des Eigentums. Der Machtausgleich zwischen Monarch und Parlament, den die *Glorious Revolution** (1688) im Mutterland herbeigeführt
hatte, stärkte auch in den Kolonien die Stellung der Volksvertretungen gegenüber den

Magna Charta Libertatum
In der „Großen Urkunde der Freiheit" von
1215 räumte der englische König dem Adel
u. a. die Mitwirkung bei der Festsetzung der
Steuern ein. Sie wurde eine der wichtigsten
Grundlagen des englischen Verfassungs-
rechts.

Glorious Revolution/Bill of Rights
Im Machtkampf mit dem König (1688/89)
setzte der Adel die *Bill of Rights* durch. Das
Gesetz von 1689 schrieb die Rechte des
Parlamentes gegenüber dem König fest,
u. a. regelmäßige Einberufung, Steuerbewilligung.

vom König berufenen Gouverneuren. Die politischen Freiheiten sowie Wohlstand und Bildung kamen allerdings nur den Weißen zugute, die indigene amerikanische Bevölke- 65 rung und die Sklaven blieben ausgeschlossen.

Allmählich entwickelte sich in den Kolonien ein **kulturelles Gemeinschaftsgefühl**, das die Unterschiede zwischen ihren weißen Bewohnern abmilderte. Mit dem wirtschaftlichen Erfolg stieg zudem das Selbstbewusstsein der Kolonisten. Sie sahen sich einerseits in der englischen Tradition als freie Staatsbürger mit bestimmten Rechten, andererseits 70 blickten sie aber auch als Siedler stolz auf ihre besonderen Leistungen.

Konflikt zwischen England und Frankreich in Nordamerika

Bereits 1752/53 kam es zu ersten kriegerischen Auseinandersetzungen zwischen England und Frankreich in Nordamerika. Beide Seiten verbündeten sich jeweils mit befreundeten „Indianerstämmen". Daher stammt die Bezeichnung **„French and Indian War"** (1754–1763), die vor allem von amerikanischen Historikern verwendet wird. In Europa bevorzugte man die Bezeichnung **Siebenjähriger Krieg (1756–1763)**, da man 5 den kolonialen Konflikt lange Zeit als Teil des Kampfes zwischen Preußen und England auf der einen sowie Österreich und Frankreich auf der anderen Seite um die Vorherrschaft in Europa, ja sogar als den Teil eines weltumspannenden Kriegs ansah. Und beide Kriege wurden in ein und demselben Friedensvertrag (von Paris) beigelegt.

Einen der Konfliktherde in Nordamerika bildete das Ohio-Tal. Das Unterhaus von Virgi- 10 nia hatte 1745 der *Ohio Company* Siedlungsrechte für das Land übertragen, die jedoch mit dem Anspruch der französischen Nordamerika-Kolonien kollidierten, das das Gebiet jenseits der Appalachen französischer Einflussbereich sei. Als die Briten eine Reihe von Forts in dem Gebiet errichteten, strebte der Gouverneur von Neufrankreich eine Rückeroberung an und errichtete seinerseits Forts in der Region. Es kam zum Krieg. Das 15 Besondere auf britischer Seite war, dass man nicht nur Soldaten aus dem Mutterland einsetzte, sondern auch Milizen aus den Bewohnern Neuenglands bildete. Ein junger Offizier der britischen Truppen war George Washington aus Virginia. Nach verlustreichen jahrelangen Kämpfen setzten sich am Ende die zahlenmäßig überlegenen Briten durch, auch dank ihrer Flotte. Im Frieden von Paris musste Frankreich Kanada, wie die 20 französischen Kolonien auch genannt wurden, vollständig an England abtreten. Damit hatten sich die Engländer in Nordamerika durchgesetzt und der Weg für eine weitere Ausbreitung der Siedler war geebnet. Doch der Krieg auf insgesamt vier Kontinenten hatte eine riesige Schuldenlast erzeugt.

M3 Robert Rogers, Offizier und Anführer der Robert's Rangers, kolorierter Stich, 19. Jahrhundert.
Robert Rogers (1731–1795) aus Massachusetts führte im „French and Indian War" eine Miliz von Einheimischen an. Sie standen außerhalb der Armee und mussten sich nicht an die Regeln der Kriegführung halten. Im Unabhängigkeitskrieg wurden auch solche Milizen eingesetzt.

Der Steuerstreit zwischen den Kolonien und England

Die leeren Staatskassen sollten nun vor allem mithilfe von neuen Steuern gefüllt werden, doch in England selbst waren diese Möglichkeiten schon ausgeschöpft. Bisher hatte Großbritannien in erster Linie durch Handelsabkommen finanziell von den Kolonien profitiert. Diese ermöglichten ihnen den günstigen Einkauf von Rohstoffen und garantierten den Absatz für produzierte Güter. Da der Handel florierte, war die Umsetzung 5 der Abkommen im Einzelnen bisher nicht überprüft worden. Es stellte sich jedoch heraus, dass die Siedler die Abkommen immer wieder unterliefen und England durch Schmuggel viel Geld verlor. Hier setzte der britische Premierminister Grenville 1764 an, als er den sogenannten *Sugar Act* (**Zuckergesetz**) einbrachte, der zwar die Zölle auf Melasse, Zuckersirup, senkte, aber nun scharfe Kontrollen durchführte und bei Verstö- 10 ßen hart durchgriff. Verschiedene lokale Parlamente legten Protest gegen die neuartige Einmischung und Kontrolle der kolonialen Angelegenheiten ein, doch es gab nur eine schwache Kooperation zwischen den Gremien und so verliefen die Proteste im Sand. Mit dem Argument, dass die Kolonisten in Nordamerika besonders von dem Abzug der Franzosen profitierten, rechtfertigte Grenville dann 1765 die erstmalige Einführung ei- 15 ner direkt nach London fließenden Steuer. Mit dem *Stamp Act* (**Stempelsteuergesetz**) sollte fortan auf jedes öffentlich verwendete Papier, also Verwaltungsschriftstücke, Zeitungen, ja sogar Spielkarten, eine Abgabe erhoben werden.

▶ M 15: Stempelsteuergesetz 1765

20 Zusätzlich wollte König Georg III. mit seiner **Proklamation von 1763** zur Neuordnung der britischen Herrschaft in Nordamerika vor allem die Verhältnisse in den neuen Kolonialgebieten in Kanada und Florida regeln: Mit der Errichtung einer direkten Verwaltung über das südlich der Appalachen gelegene Gebiet setzte er den Siedlern Grenzen und unterwarf sie somit britischer Kontrolle. Zusammen mit den neuen Handelspraktiken und Steuern sorgte diese Form der direkten Herrschaft für Empörung und Unruhe 25 in den Kolonien.

▶ M 14: Proklamation von 1763

Die Stempelsteuer-Unruhen

Eine Welle mit Protesten auf verschiedenen Ebenen setzte ein, die sogenannten **Stempelsteuer-Unruhen**. Es kam zu Demonstrationen, zu Boykotten von britischen Waren, in Zeitungen und Flugschriften wurde gegen die britische Politik gewettert. Und der Protest blieb nicht gewaltfrei. Am 14. August 1765 zerstörte beispielsweise in Boston 5 eine aufgebrachte Menge das Gebäude der neuen Zollbehörde. Anschließend zogen sie weiter zum Haus des königlichen Steuereintreibers und verwüsteten dieses. Als Kopf der Massenbewegung fungierte eine Gruppe von Handwerkern und Kaufleuten, die sich in Boston gegründet hatte: die *Sons of Liberty*. Bald entstanden in anderen Städten ähnliche Organisationen, die zum Teil miteinander vernetzt waren und den Protest vor 10 Ort organisierten. Unterstützt wurden sie von den Zeitungen, die die Nachrichten von den Protestaktionen überregional verbreiteten und so dafür sorgten, dass es auch in anderen Städten zu vergleichbaren Aktionen kam. Ein wichtiger Teil der Aktivitäten bestand in der Blockade der neuen Zolleinrichtungen, und diese waren so erfolgreich, dass am Ende nur ein Beamter seinen Dienst antreten konnte.

M 4   **Die Stempelsteuer-Unruhen in Boston 1765, Stich, anonym, 19. Jahrhundert**

Der Stempelsteuerkongress und seine Folgen

Doch auch auf der politisch-institutionellen Ebene der Kolonien kam es zu Protesten. Die verschiedenen lokalen Parlamente verabschiedeten Resolutionen, in denen sie das Gesetz ablehnten. Dabei kristallisierten sich einige zentrale Argumente heraus: Die Kolonisten seien frei und den englischen Bürgern gleichgestellt, ihre Interessenvertretung bildeten die Lokalversammlungen und sie seien wichtiger Bestandteil des Britischen 5 Empire. Im Oktober 1765 kam es dann erstmals zu einer gemeinsamen Versammlung von Vertretern von insgesamt neun Kolonien, dem **Stempelsteuerkongress** in New York. Am Ende stand eine gemeinsame offizielle Erklärung, die zwar die Treue gegenüber dem König und dem englischen Parlament betonte, gleichzeitig jedoch auf die Unrechtmäßigkeit der Steuer verwies. Ihr Argument: Da die Kolonien im englischen 10 Parlament nicht mit Abgeordneten vertreten seien, hätten sie auch nicht über die Steuern mitbestimmen können. Da eine Mitbestimmung auf die große Entfernung auch nicht möglich sei, könne das Steuerrecht faktisch nur durch die lokalen Parlamente ausgeübt werden.

▶ M 18: Entschließung des Stempelsteuerkongresses

Der Streit zwischen England und den Kolonien hatte jetzt eine **grundsätzliche Dimen-** 15 **sion** angenommen. Die Kolonien pochten darauf, sich im Rahmen des Empire selbstständig zu verwalten, wobei die Steuerbewilligung gerade aufgrund der britischen Rechtstradition einen besonderen Stellenwert einnahm. Der Slogan *„No taxation without representation"* (Keine Steuern ohne Vertretung) hat im Stempelsteuerstreit seine Wurzeln. Zu diesen politisch-rechtlichen Ursachen des Konflikts kam das wachsen- 20 de Zusammengehörigkeitsgefühl der Kolonien. Selbst wenn die Plantagenbesitzer des Südens und die Schiffsbauer oder Whiskey-Brauer des Nordens einen anderen sozialen, wirtschaftlichen und auch religiösen Hintergrund hatten, so fühlten sie sich alle als Bewohner der Kolonien miteinander verbunden. Und sie begannen sich gemeinsam zu organisieren, ihre Positionen zu formulieren und Aktivitäten umzusetzen. 25

Die **Konfliktlinien der Amerikanischen Revolution** waren also bereits 1765 deutlich. In der Geschichtswissenschaft wird der Beginn der Revolution deshalb schon mit dem Jahr 1763 angesetzt, also mit dem Ende des *French-Indian War*. Im Anschluss begann der „gewaltsame Prozess", „durch den sich 13 britische Kolonien Nordamerikas vom Mutterland emanzipierten, als unabhängige Einzelstaaten konstituierten und zu den 30 Vereinigten Staaten von Amerika zusammenschlossen" (Volker Depkat).

Leben in den Kolonien

cornelsen.de/Webcodes
Code: qojaqo

1 Beschreiben Sie auf Basis der Darstellung die Entwicklung der Kolonien in Nordamerika.

2 Erläutern Sie, warum sich der Streit um eine Steuer zu einem Grundsatzstreit ausweitete.

3 Vorgeschichte der Revolution oder Revolution? Nennen Sie revolutionäre Elemente der Jahre 1763 bis 1765, die für eine Datierung des Revolutionsbeginns auf 1763 sprechen.

4 Beziehen Sie die Überlegungen von Crane Brinton bezüglich der Ursachen und Verlaufsmuster von Revolutionen (M 2, S. 93 f.) in Ihre Argumentation mit ein.
Tipp: siehe S. 145.

5 **Lernprojekt:** Fertigen Sie auf der Grundlage Ihrer Ergebnisse aus Aufgabe 4 einen Stichwortzettel mit den Oberbegriffen „Ursachen", „1. Phase", „Krise", „Folgen" an. Ergänzen Sie das Lernprodukt schrittweise nach der Bearbeitung der folgenden Kapitel.

Hinweise zur Arbeit mit den Materialien
*In einem ersten Themenblock sollen die **gesellschaftli-chen Strukturen in den Kolonien** und damit zusam-menhängend rechtliche, religiöse und ökonomische Aspekte aufgezeigt werden. Die ersten beiden Materia-lien ermöglichen die genauere Betrachtung der Massachusetts Bay Company (M 5, M 6), da Massa-chusetts mit seiner Hauptstadt Boston zu einem wichtigen Schauplatz der Amerikanischen Revolution wird. Wissenschaftliche Texte und Bildmaterialien zeigen die unterschiedlichen Strukturen der Kolonien auf (M 7 bis M 12). Anschließend wird der **Konflikt zwischen England und Frankreich** im French-Indian War vor allem in Bezug auf seine Folgen für die englischen Kolonien beleuchtet. Zum einen führte der Konflikt zu einer Entfremdung zwischen Kolonien und Mutterland (M 13), zum anderen zu einer verstärkten Durchsetzung der britischen Zentralmacht (M 14). Besonders **tiefgreifende Folgen für die nordamerika-nischen Kolonien** hatte das Bemühen der britischen Regierung, durch neue Steuern ihre angespannte Finanzsituation zu verbessern. Hier wird das Beispiel der **Stempelsteuer** (1765) genauer erläutert (M 15 Stempelsteuergesetz), das vielfältige Formen des Protestes (M 16, M 17) nach sich zog. Mit dem **Stempelsteuerkongress** tagten die Kolonien erstmals in einem gemeinsamen Gremium und verfassten eine gemeinsame Erklärung (M 18).*

Zur Vernetzung mit dem Kernmodul
Es bietet sich eine Verbindung zu Crane Brintons Analyse von Voraussetzungen von Revolutionen an (M 2, S. 93 f.). Es kann außerdem der Aspekt der Modernisierung in den Kolonien untersucht werden (M 8, S. 98 f.).

Gesellschaft in den Kolonien

M 5 Erste Charter von Massachusetts von König Karl I. (4. März 1629)
[…] Und weiter, […] dass es einen Gouverneur, einen Stellvertretenden Gouverneur und achtzehn Assis-tenten der genannten Gesellschaft [*Massachusetts Bay Company*] geben soll, welche von Zeit zu Zeit durch die freien Männer der genannten Gesellschaft aufgestellt, gewählt und ausgewählt werden sollen, […] welche genannten Beamten sich der Aufgabe widmen sollen, für die beste Verfügung und Ordnung der allgemeinen Geschäfte und Angelegenheiten Sor-ge zu tragen, welche die genannten Ländereien und Grundstücke […] und die Regierung des Volkes selbst betreffen. […]

Und weiter, […] dass der Gouverneur der genannten Gesellschaft […] die Macht haben soll, von Zeit zu Zeit die genannte Gesellschaft zu versammeln, und […] die genannte Gesellschaft […] kann einmal in je-dem Monat oder öfter, wenn es ihr so belieben sollte, sich versammeln und einen Rat oder Versammlung ihrer selbst halten und abhalten, für die bessere Ord-nung und Lenkung ihrer Angelegenheiten […].
[…] Wir gewähren den genannten, dem Gouverneur und der Gesellschaft, […] dass alle und jeder einzelne unserer Untertanen, […] welcher […] innerhalb der genannten Lande wohnen sollte, alle Freiheiten und Immunitäten eines freien und natürlichen Untertan-nen innerhalb irgendeines unserer Herrschaftsgebie-te haben und genießen soll, […]. Und […] es soll und mag rechtmäßig sein, für den Gouverneur […] und jene Assistenten und Freien der genannten Gesell-schaft, wie sie für den Augenblick in irgendeinem der vorgenannten allgemeinen Räte versammelt sind, oder in irgendeinem anderen Rat, welcher besonders zusammengerufen und für diesen Zweck versammelt wird, oder für den größeren Teil derselben, […] von Zeit zu Zeit alle Art von wohltätigen und vernünfti-gen Ordnungen, Gesetzen, Statuten und Verordnun-gen, Direktiven und Instruktionen zu erlassen, die den Gesetzen dieses unseres Königreiches von Eng-land nicht zuwiderlaufen […].
Zit. nach: Dokumente zur Geschichte der Vereinigten Staaten von Amerika, hg. von Herbert Schambeck, Helmut Widder, Marcus Bergmann, Duncker & Humblot, 2., erw. Aufl., Berlin 2007, S. 23 f.*

1 Skizzieren Sie die politische Ordnung der Kolonie Massachusetts.
2 Bestimmen Sie die Rolle des Königs in dieser Ord-nung.

M 6 John Winthrop, erster Gouverneur der *Mas-sachusetts Bay Colony*, in einer Predigt (1630)
Denn wir müssen bedenken, dass wir wie eine Stadt auf dem Hügel sein sollen, die Augen aller Menschen sind auf uns gerichtet. Die Schaffung einer beispiel-haften puritanischen Gemeinschaft wird England bekehren – und durch England die gesamte Welt.
Zit. nach: Horst Gründer, Eine Geschichte der europäischen Expansion, Theiss, Stuttgart 2003, S. 80.

1 Arbeiten Sie aus der Predigt die Ziele Winthrops für die Zukunft heraus. Unterscheiden Sie zwischen religiösen und politischen Zielen.
2 **Zusatzaufgabe:** siehe S. 145.

M7 Plantagenwirt-
schaft im Süden Nord-
amerikas, Stich,
ca. 17. Jahrhundert

M8 Neu-Amsterdam
(später New York),
Stich, ca. 17. Jahrhun-
dert.

1 Arbeiten Sie die
Unterschiede zwischen
Stadt und Land in den
nordamerikanischen
Kolonien heraus.
Tipp: Beziehen Sie die
Karte M2 und den Text
M9 mit ein. Weitere
Hinweise siehe S. 145 f.

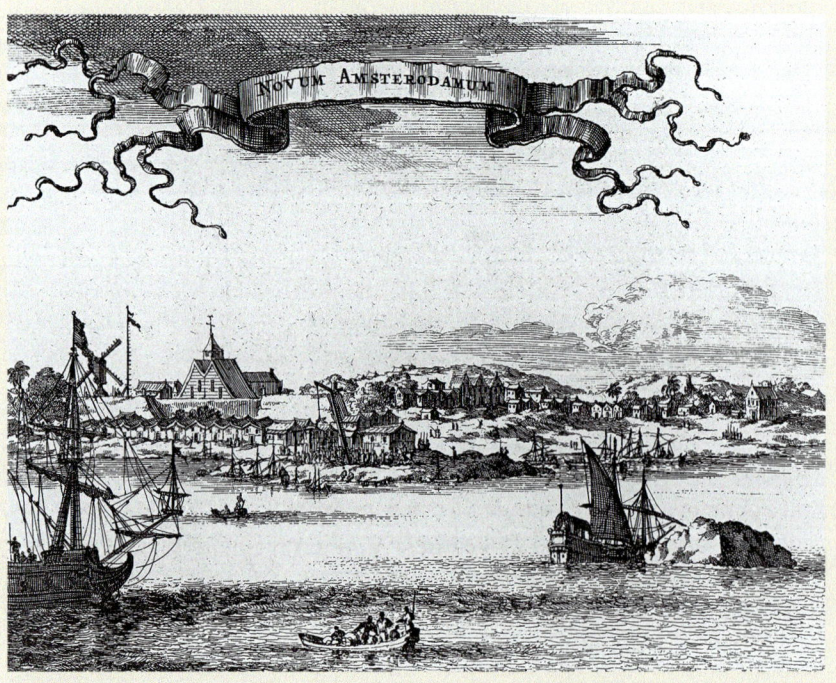

M9 Der Historiker Volker Depkat über die Unterschiede zwischen den britischen Kolonien in Nordamerika (2016)

Bis zur Mitte des 18. Jahrhunderts war so ein weit gespanntes, sehr komplexes britisches Kolonialreich entstanden, dessen herausragendes Merkmal eine Vielfalt in ökonomischer, ethnischer, religiöser und
5 kultureller Hinsicht war. Diese Vielfalt ist zum einen das Ergebnis der ganz unterschiedlichen räumlich-geografischen Konstellationen in Nordamerika, zum anderen gründet sie zentral auf der ganz unterschiedlichen Genese der einzelnen britischen Ko-
10 lonien in Nordamerika. Allerdings lässt sich die Diversität zu größeren regionalen Einheiten zusammenfassen, wobei sich drei Großregionen abzeichnen: der Süden, Neuengland und der Mittlere Atlantik.
15 [...] Die Plantagenökonomie des Südens produzierte eine ihr eigene Gesellschaft, die nur wenig mit denen Neuenglands oder des Mittleren Atlantiks zu tun hatte. Diese Pflanzergesellschaft war stark hierarchisch gegliedert und der Besitz in ihr war ungleich verteilt.
20 an der Spitze stand die schmale Schicht der quasi-feudalen Pflanzeraristokratie, die die politische, soziale, wirtschaftlich und kulturelle Macht in ihren Händen hatte. [...] Die Pflanzerfamilien waren verwandtschaftlich eng untereinander verbunden; Sip-
25 penloyalität, gemeinsame wirtschaftliche Interessen, Abgrenzung zu den unteren sozialen Schichten und zugleich paternalistische Verantwortung für sie waren bestimmend für die Familien. Im Unterschied zu den feudalen Gesellschaften Europas beruhte der
30 Vorherrschaftsanspruch der Pflanzereliten jedoch nicht auf Geburt und Privilegien, sondern auf materiellem Wohlstand, Bildung und den schwer zu fassenden Kategorien „Ansehen", „Status", „Ehre" und „Würde". [...]
35 Neuengland wurde in den 1630er-Jahren durch die sogenannte *Great migration*, in deren Verlauf etwas weniger als 23 000 englische Puritaner nach Amerika emigrierten, rasch besiedelt. Entlang der Atlantik-küste entstand eine ganze Reihe von Siedlungen, wo-
40 bei Salem und Boston schnell zu dynamisch wachsenden Hauptorten heranwuchsen. [...] In sozialer Hinsicht war Neuengland die egalitärste und in ethnischer Hinsicht die homogenste Region im kolonialen Britisch Nordamerika. Dort lebte eine
45 Gesellschaft freier, weißer Eigentümer mit anglo-amerikanischem Hintergrund und puritanischen Weltsichten. Die Neuengländer waren nicht reich, aber wohlhabend genug, um materiell unabhängig und im Sinne des *Common Law*[1] frei zu sein. Selbst-
50 ständige Farmer, Kaufleute und Handwerker aus den mittleren Schichten dominierten eine Gesellschaft, in der es kaum *Indentured Servants*[2] und so gut wie keine afroamerikanischen Sklaven gab. [...] Um 1700 war Boston die drittwichtigste Hafenstadt des briti-
55 schen Weltreiches. Im Zuge dieser Entwicklung wurde das Transportgewerbe zu einem ganz eigenen blühenden Wirtschaftszweig. Da sowohl die Fischerei als auch der Überseehandel einen großen Bedarf an Schiffen produzierten und Neuengland sehr wald-
60 reich war, entstand eine dynamisch wachsende Schiffbauindustrie. [...]
Die Wirtschaft der Kolonien am Mittleren Atlantik war durch Handel, Gewerbe und hochgradig diversifizierte Landwirtschaft bestimmt. New York, Penn-
65 sylvania und New Jersey waren „Brotkolonien", die eine breite Vielfalt an Agrarerzeugnissen, vor allem Getreide und Fleisch, [...] produzierten. An der Küste entstand eine Reihe von Städten, in denen Handel und Gewerbe konzentriert waren. Hier entwickelten
70 sich New York City und Philadelphia nach schwierigen Anfängen zu den wichtigsten Handelsknotenpunkten. [...] In ethnisch-kultureller Hinsicht war der Mittlere Atlantik die vielfältigste Region des kolonialen Nordamerika. Hier bildete sich die spezifische,
75 auf individueller Freiheit und sozialer Pluralität gründende Modernität der späteren USA viel früher und prägnanter aus als im puritanisch durchsetzten Neuengland oder in den Sklavereigesellschaften des Südens. Dafür gibt es zwei Hauptgründe. Zum einen
80 ist die multikulturelle Diversität des Mittleren Atlantik dem Umstand geschuldet, dass die kolonialen Anfänge hier nicht überall durch England, sondern auch durch Schweden und die Niederlande markiert wurden. Zum anderen waren die Kolonien in der zweiten
85 Hälfte des 17. Jahrhunderts in den Händen sehr unternehmerischer Eigentümer, die die Besiedlungspolitik energisch vorantrieben und dabei potenzielle europäische Auswanderer nicht nur mit dem Versprechen billigen Landes, sondern auch mit dem Versprechen religiöser Freiheit lockten.
90
Volker Depkat, Geschichte der USA, Kohlhammer, Stuttgart 2016, S. 32 ff.*

1 *Common Law*: Recht durch Gesetze und richterliche Urteile
2 *Indentured Servants*: Personen, die sich per Vertrag für eine bestimmte Zeit zur Arbeit verpflichtet hatten, um z. B. die Kosten für ihre Überfahrt nach Amerika zu finanzieren

1 **Mindmap:** Gliedern Sie die drei genannten „Großregionen" und ihre jeweiligen Strukturen und Eigenschaften in einer Mindmap.

2 Analysieren Sie, welche Eigenschaften und Interessen die Kolonien Mitte des 18. Jahrhunderts verbunden haben.

M 10   Ein Dorf der Sioux, kolorierte Lithografie von George Cattlin (1796–1872), o. J.

M 11   Der Amerikanist Werner Arens und der Anglist Hans-Martin Braun über das Verhältnis von Engländern und indigener Bevölkerung in Nordamerika (2004)

Die Engländer kamen nicht wie die Spanier als Eroberer, sondern als Siedler; doch auch sie erhoben Anspruch auf indianisches Land. Sie waren überzeugt, sie besäßen einen gesetzlichen Titel allein
5 schon deshalb, weil das Land im Namen eines christlichen Königs entdeckt worden war. Dann gab ihnen ein königliches Patent ein Vorkaufsrecht. Zudem gehörte nach eigenem Rechtsverständnis alles nicht dauerhaft besiedelte Land demjenigen, der sich dar-
10 auf niederließ. Schließlich kauften sie das Land auch noch von den umliegenden Stämmen, um das finanzielle Abenteuer einer militärischen Eroberung zu vermeiden. Und wenn es doch zu kriegerischen Auseinandersetzungen kam, dann ging es offiziell nie um
15 Landbesitz, sondern etwa, wie im Falle des Pequot-Krieges von 1636–38, um die Bestrafung von Indianern, die Weiße gemordet hatten. [...]
Landbesitz im Sinne des europäischen Rechts gab es bei den indianischen Völkern der Ostküste nicht. Da
20 Siedlungen bei nachlassender Bodenfruchtbarkeit verlassen wurden, hätte ein dauerhaftes Besitzrecht auch wenig Sinn gemacht. Land war im Grunde frei.

Wenn Europäer den Indianern daher Land abkauften, sicherten sie sich ein in der indianischen Rechtstradition unbekanntes Rechtsgut. [...]
25
De facto hatte keiner der zahllosen Verträge lange Bestand. Selbst wenn die Kolonialverwaltung und später die amerikanische Regierung festen Willens waren, die Verträge einzuhalten, dann besaßen sie nicht die Macht, unzufriedene Siedler, die Einzelstaa-
30 ten und -territorien oder aufsässige militärische Führer im Zaum zu halten.

Werner Arens und Hans-Martin Braun, Die Indianer Nordamerikas. Geschichte, Kultur, Religion, C. H. Beck, München 2004, S. 89 ff. *

1 Arbeiten Sie die wesentlichen Probleme zwischen den weißen Siedlern und der indigenen Bevölkerung heraus.

M 12   Der Historiker Horst Dippel über die politischen Strukturen in den Kolonien (1999)
In den königlichen Kolonien wurde der Gouverneur vom König ernannt – häufig ein Mitglied des englischen niederen Adels, der an dieser Pfründe interessiert war und dessen Ernennung und Amtsdauer
5 vom Wohlwollen seiner mächtigen Freunde in England abhing –, was in den [...] übrigen Kolonien durch

den Eigentümer selbst geschah, während sich Connecticut und Rhode Island selbst regierten. Der Gouverneur, dem ein von ihm ernannter Rat zur Seite stand, war einerseits der höchste Repräsentant der Krone in den Kolonien und der Wahrer der imperialen Interessen. Andererseits stand ihm die nach dem Zensuswahlrecht gewählte Versammlung (*Assembly*) gegenüber, die ihrerseits, nach dem Vorbild des englischen Parlaments, die Finanzhoheit in Anspruch nahm. In dem damit institutionalisierten Spannungsverhältnis zwischen imperialen und kolonialen Interessen kam nicht nur dem Gouverneur, der jede gesetzgebende Maßnahme der Versammlung mit einem absoluten Veto belegen konnte, eine wesentliche Rolle zu, sondern auch den drei wichtigsten englischen Regierungsorganen – dem Handelsministerium (*Board of Trade*), dem Schatzamt (*Treasury*) und der Zollkommission (*Customs commissioners*) –, die alle ein Mitspracherecht bei der Verwaltung der Kolonien beanspruchten. So konnte etwa das Handelsministerium jedes koloniale Gesetz annullieren.

Die kolonialen Institutionen hatten sich im Laufe der Zeit herausgebildet und verfestigt. Dabei gelang es den *Assemblies* in einer Reihe von Kolonien in Folge der Glorreichen Revolution in England (1688/89), ihre Position nachhaltig zu stärken.

Horst Dippel, Geschichte der USA, C. H. Beck, 3. Aufl., München 1999, S. 11 f.*

1 Erstellen Sie ein Schaubild der kolonialen Institutionen.
2 Vergleichen Sie mit der Charter von Massachusetts von 1629 (M 5).

Konflikt zwischen England und Frankreich

M 13 Der Historiker Jürgen Heideking über die Folgen des „French-Indian War" (2003)

Die Engländer feierten einen der größten Triumphe ihrer Geschichte, doch gerade der Kriegsausgang in Nordamerika sollte sich rasch als eine Art Pyrrhus-Sieg erweisen. Zum einen brachte er latente Animositäten und emotionale Gegensätze an die Oberfläche, die sich zwischen den Menschen im Mutterland und in den Kolonien aufgebaut hatten. Während die englischen Offiziere und Beamten klagten, dass ihnen die Siedler nicht den gebührenden Respekt entgegenbrächten und dass es ihnen an Bildung und Manieren mangele, fühlten sich die Amerikaner herablassend und als Menschen zweiter Klasse behandelt. Das traf sie umso härter, als sie in den vergangenen Jahrzehnten – unter dem Einfluss der europäischen Aufklärungsliteratur – das positive „Selbstimage" eines einfachen, rustikalen, unverdorbenen Volkes entwickelt hatten. Sie rechneten sich die „typischen" kolonialen Tugenden an: kraftvoll, energisch und unverbildet; streitbar, aber freiheitsliebend; wohlhabend, aber unberührt von Luxussucht. Gleichzeitig stärkte die Beteiligung an den erfolgreichen Feldzügen ihr Selbstbewusstsein und ihre Überzeugung, nach der Beseitigung der „französischen Gefahr" für die eigene Sicherheit zu sorgen und ein *American Empire* im Westen aufbauen zu können.

Das Gefühl der Entfremdung wurde durch den Versuch William Pitts[1], seine Vision eines rational organisierten und zentral gelenkten Empires zu verwirklichen, noch gesteigert. Seine straffe Empire-Politik war darauf ausgerichtet, alten, nur noch halbherzig befolgten merkantilistischen Regulierungen wieder die gebührende Geltung zu verschaffen. Insbesondere sein Bemühen, den schwungvollen Handel der Kolonien mit den französischen Karibikinseln als Schmuggel und „Verrat" zu unterbinden, gefährdete die wirtschaftliche Existenz so manchen amerikanischen Kaufmannes.

Jürgen Heideking, Geschichte der USA, UTB, 3. Auflage, Tübingen 2003, S. 28.

1 *William Pitt:* britischer Premierminister von 1766 bis 1768

1 Beschreiben Sie die Folgen des *French and Indian War*.

M 14 Proklamation König Georgs III. zur Errichtung neuer Kolonien und einer Siedlungsgrenze im Westen (7. Oktober 1763)

[...] Es ist rechtmäßig und vernünftig und von grundlegender Bedeutung für unsere Interessen und die Sicherheit unserer Kolonien, dass die verschiedenen Völker und Stämme der Indianer, mit denen wir verbunden sind und die unter unserem Schutz leben, in denjenigen Teilen unseres *Dominions* und unserer Territorien, die nicht an uns abgetreten oder von uns gekauft worden sind, weder belästigt noch gestört werden sollen. Wir erklären deshalb, auf Ratschlag unseres Kronrates, als unseren königlichen Willen, dass kein Gouverneur oder Oberbefehlshaber in irgendeiner der Kolonien Quebec, Ost-Florida oder West-Florida sich anmaße, unter welchem Vorwand auch immer, Landvermessungsvollmachten zu gewähren oder Freibriefe für Gebiete zu verleihen, die sich jenseits der Grenze des jeweiligen *governements* befinden [...]. Und dass weiterhin kein Gouverneur oder Oberbefehlshaber in irgendeiner unserer anderen Kolonien oder Ansiedlungen einstweilen und bis unsere Absichten bekanntgegeben sind, es sich an-

maße Landvermessungsvollmachten zu gewähren oder Freibriefe für all jene Gebiete zu verleihen, die sich jenseits der Ursprünge oder Quellen irgendeines der Flüsse befinden, die von Westen und Nordwesten
25 in den Atlantischen Ozean münden, oder für all jene Gebiete, die [...] nicht an uns abgetreten oder von uns gekauft worden sind und die den besagten Indianern oder einigen von ihnen vorbehalten sind.

Zit. nach: Dokumente zur Geschichte der Vereinigten Staaten von Amerika, hg. von Herbert Schambeck, Helmut Widder, Marcus Bergmann, Duncker & Humblot, 2., erw. Aufl. Berlin 2007, S. 63 f.*

1 Charakterisieren Sie die Veränderungen, die sich für die dreizehn nordamerikanischen Kolonien aus den Bestimmungen ergeben.

Der Streit um die Stempelsteuer

M 15 Ausschnitt aus dem britischen Stempelsteuergesetz (22. März 1765)
Da durch ein Gesetz der letzten Session des Parlaments einzelne Abgaben verordnet, beibehalten und bestimmt wurden, um die Kosten der Verteidigung, des Schutzes und der Sicherheit der britischen Kolo
5 nien und Pflanzungen in Amerika zu decken, und da es gerecht und notwendig ist, Vorkehrungen für die Erhebung weiterer Einkünfte in Eurer Majestät Besitzungen in Amerika zur Deckung der genannten Ausgaben zu bedenken [...], wird in Kraft gesetzt [...],
10 dass von und nach dem [1. November 1765] errichtet, erhoben, gesammelt und gezahlt werde an Seine Majestät, seine Erben und Nachfolger in allen Kolonien und Pflanzungen in Amerika, die jetzt bestehen oder späterhin unter der Herrschaft Seiner Majestät, sei
15 ner Erben und Nachfolger sein mögen, für jede Packung oder jedes Stück Schreibpergament, Pergament oder Blatt oder Stück Papier, auf das gepresst, geschrieben oder gedruckt werden soll irgendeine Erklärung, ein Gesuch, eine Replik, eine Erwiderung,
20 ein Rechtseinwand oder andere Prozessakten oder eine Abschrift davon an irgendeinem Gerichtshof in den britischen Kolonien und Pflanzungen in Amerika, eine Stempelgebühr von drei Pence.
[Es folgen weitere Stempelanordnungen, deren Höhe
25 von einem halben Penny bis 20 Shilling schwanken. Erfasst sind sämtliche Zeitungen, Anschläge, Pamphlete, Lizenzen, Handelswechsel, Schuldscheine, Schuldverschreibungen, Reklamen, Almanache, Pachtverträge, gesetzliche Dokumente und ähnliche
30 Papiere.]

Wolfgang Lautemann (Bearb.), Geschichte in Quellen, Bd. 4, bsv, München 1981, S. 72.*

M 16 Aus den Entschließungsanträgen der Kolonie Virginia zum Stempelsteuergesetz (30. Mai 1765)
Es wurden nur die ersten fünf Anträge angenommen, aber die Anträge insgesamt fanden in allen Kolonien rasche Verbreitung:
1) Entschließung, dass die ersten Ankömmlinge und Siedler in Seiner Majestät Kolonie und Herrschaft Virginia alle Freiheiten, Privilegien, Gerechtsame und Immunitäten mit sich gebracht und ihren Nachkommen und allen anderen Untertanen Seiner Ma
5 jestät, die seither in besagter Kolonie Seiner Majestät gelebt haben, überliefert haben, die von jeher das Volk von Großbritannien innegehabt, genossen und besessen hat [...].
3) Entschließung, dass die Besteuerung des Volkes 10 durch es selbst oder durch von ihm selbst zu seiner Repräsentation gewählte Personen, die allein wissen, was an Steuern das Volk zu tragen imstande oder welches die billigste Weise der Erhebung ist und selbst betroffen werden durch jede dem Volke aufer15 legte Steuer, die einzige Sicherheit gegen untragbare Besteuerung und das unterscheidende Charakteristikum der britischen Freiheit ist, ohne welches die überlieferte Verfassung nicht weiter bestehen kann [...].
20
5) Entschließung, dass die Generalversammlung dieser Kolonie das einzige und völlig ausschließliche Recht und die Vollmacht besitzt, den Einwohnern dieser Kolonie Steuern und Abgaben aufzuerlegen, und dass jeder Versuch, irgendeine andere Person 25 oder andere Personen, wer auch immer es sei, als die genannte Generalversammlung mit einer solchen Macht zu bekleiden, geeignet ist, sowohl die britische als auch die amerikanische Freiheit zu zerstören.
6) Entschließung, dass Seiner Majestät untertäniges 30 Volk, die Einwohner dieser Kolonie, nicht gebunden ist, irgendeinem Gesetz oder einer wie immer gearteten Verordnung Gehorsam zu leisten, deren Bestimmung es ist, ihnen irgendeine Steuer welcher Art auch immer aufzuerlegen, es seien denn die Gesetze 35 und Verordnungen der vorgenannten Generalversammlung.

Wolfgang Lautemann (Bearb.), Geschichte in Quellen, Bd. 4, bsv, München 1981, S. 73.*

1 Arbeiten Sie die unterschiedlichen Positionen und Argumente im Stempelsteuerstreit heraus und stellen Sie diese in einer Tabelle einander gegenüber (M 15, M 16).
2 Beurteilen Sie die Ernsthaftigkeit des Streits.
   Tipp: siehe S. 146.

M 17 „Die Amerikaner widersetzen sich der Stempelakte und verbrennen das aus England nach Amerika gesandte Stempelpapier zu Boston/Massachusetts im August 1765" von Daniel Chodowiecki, kolorierter Stich, Ende 18. Jahrhundert

M 18 Aus einer Entschließung des Stempelsteuerkongresses (19. Oktober 1765)

Vom 7. bis 25. Oktober 1765 hielten die Neuenglandkolonien in New York den sog. Stempelsteuerkongress ab, an dem 27 Abgeordnete aus neun Kolonien teilnahmen. Das britische Parlament in London weigerte sich, die folgende Entschließung zur Kenntnis zu nehmen (Auszug):

I. Dass die Untertanen Seiner Majestät in diesen Kolonien der Krone Großbritannien die Ergebenheit schulden, die für seine innerhalb des Reichs geborenen Untertanen Pflicht ist, und dass sie der erhabe-
5 nen Körperschaft des Parlaments von Großbritannien alle schuldige Unterordnung zu leisten haben. [...]

III. Dass es ein unzertrennlicher Bestandteil der Freiheit eines Volkes und das unzweifelhafte Recht von Engländern ist, dass ihnen Steuern nur mit ihrer ei- 10 genen, persönlich oder durch ihre Vertreter erteilten Zustimmung auferlegt werden.

IV. Dass die Bevölkerung dieser Kolonien im Unterhaus von Großbritannien nicht vertreten ist und wegen der räumlichen Entfernung nicht vertreten sein 15 kann. [...]

VIII. Dass die Stempelsteuerakte, die den Einwohnern dieser Kolonien Steuern auferlegt, und mit ihr verschiedene andere Akte, die die Gerichtshoheit der Admiralitätsgerichte über die althergebrachten 20 Grenzen ausdehnen, offenbar den Umsturz der Rechte und Freiheiten der Kolonisten erstreben.

IX. Dass die durch verschiedene Parlamentsgesetze kürzlich auferlegten Abgaben wegen der besonderen Umstände dieser Kolonien außerordentlich schwere 25 und drückende Lasten mit sich bringen; und dass ihre Bezahlung wegen der Knappheit an Metallgeld völlig undurchführbar ist.

X. Da die Gewinne aus dem Handelsverkehr der Kolonien letztlich in Großbritannien zusammenfließen 30 und sie ihrerseits die Fabrikate bezahlen, die sie nur von dort beziehen dürfen, so leisten sie [...] einen sehr großen Beitrag zu allen Geldbewilligungen, die der Krone dort gewährt werden. [...]

XII. Dass Wachstum, Wohlergehen und Glück dieser 35 Kolonien vom vollen und freien Genuss ihrer Rechte und Freiheiten sowie von einem gegenseitig freundschaftlichen und Gewinn bringenden Verkehr mit Großbritannien abhängen.

XIII. Dass den britischen Untertanen in diesen Kolo- 40 nien das Recht zusteht, Bittschriften beim König sowie bei jedem Parlamentshaus einzureichen.

Schließlich ist es die unabweisliche Pflicht dieser Kolonien gegenüber dem Besten der Souveräne, dem Mutterland und sich selbst, auf einer loyalen und ehr- 45 fürchtigen Adresse an Seine Majestät und demütige Bitten an beide Häuser des Parlamentes zu bestehen, um die Zurücknahme des Gesetzes über die Bewilligung und Auflegung gewisser Stempelgebühren zu erreichen, dazu aller Klauseln anderer Gesetze des 50 Parlaments, durch welche die Jurisdiktion der Admiralität im oben genannten Sinne ausgedehnt wird, und der jüngst erlassenen Gesetze zur Einschränkung des amerikanischen Handels.

Zit. nach: Wolfgang Lautemann (Bearb.), Geschichte in Quellen, Bd. 4, bsv, München 1981, S. 72 ff.*

1 Charakterisieren Sie die Reaktion der breiten Bevölkerung auf die Stempelsteuer (M 17).
2 Analysieren Sie die Reaktion der politischen Gremien auf die Stempelsteuer (M 18).
3 Zusatzaufgabe: siehe S. 146.

Schriftliche Quellen interpretieren

Quellen bilden die Grundlage unserer historischen Kenntnisse. Ihre **systematische Analyse** ermöglicht uns die Rekonstruktion und Deutung von Geschichte. Quellen können konkrete Sachzeugnisse wie Bauwerke, Münzen, Schmuck, Malereien, Skulpturen und Gebrauchsgegenstände oder abstrakte wie Sprache oder in besonderer Weise geprägte Landschaften sein. Schriftliche Zeugnisse werden von der Geschichtswissenschaft seit dem 19. Jahrhundert unterteilt in **erzählende Quellen**, die zum Zweck der Überlieferung verfasst wurden – z. B. Chroniken, Geschichtsepen, Mono- und Biografien –, sowie **dokumentarische Quellen** – Urkunden, Akten, Gesetzestexte und Zeitungen –, die gesellschaftliche und private Ereignisse und Prozesse unmittelbar und meist unkommentiert wiedergeben. 5 10

Bei der Untersuchung schriftlicher Quellen kommt es darauf an, zusätzlich zur Analyse der formalen und inhaltlichen Merkmale deren präzise Einordnung in den historischen Kontext vorzunehmen und ihren Aussagegehalt kritisch zu überprüfen. Denn Quellen vermitteln nie objektives Wissen über die Vergangenheit, sondern spiegeln bestimmte Wahrnehmungen wider, die sich je nach Standort der Beteiligten erheblich unterscheiden können. Diese Standortgebundenheit der historischen Akteure, z. B. Zugehörigkeit zu einer sozialen Schicht, muss bei der Interpretation der Quelle berücksichtigt werden. 15

Arbeitsschritte zur Interpretation

1. Leitfrage	– Welche Fragestellung bestimmt die Untersuchung der Quelle?
2. Analyse	*Formale Aspekte*
	– Um welche Quellengattung handelt es sich (z. B. Brief, Rede, Vertrag)?
	– Wann und wo ist der Text entstanden bzw. veröffentlicht worden?
	– Wer ist der Autor (ggf. Amt, Stellung, Funktion, soziale Schicht)?
	– Was ist das Thema des Textes?
	– Wer ist der Adressat bzw. sind die Adressaten (z. B. Privatpersonen, Institutionen, Herrschende, Öffentlichkeit, Nachwelt)?
	– Welche Intentionen oder Interessen verfolgt der Autor?
	Inhaltliche Aspekte
	– Was sind die wesentlichen Textaussagen?
	– Welche Begriffe sind von zentraler Bedeutung (Schlüsselbegriffe)?
	– Wie ist die Textsprache (z. B. sachlich, emotional, appellativ, informativ, argumentativ, manipulierend, ggf. rhetorische Mittel)?
	– Welche Überzeugungen, Interessen oder Intentionen vertritt der Autor?
	– Welche Wirkung soll der Text bei den Adressaten erzielen?
3. Historischer Kontext	– In welchen historischen Zusammenhang lässt sich die Quelle einordnen?
	– Auf welches Ereignis, welchen Konflikt, welche Prozesse bzw. Epochen bezieht sich der Inhalt der Quelle?
4. Urteil	*Beurteilung nach sachlichen Aspekten (Sachurteil)*
	– Welchen politisch-ideologischen Standpunkt nimmt der Autor ein?
	– Inwieweit ist der Text glaubwürdig? Enthält der Text Widersprüche?
	– Welche Problematisierung ergibt sich aus dem Text?
	Bewertung nach heutigen Wertmaßstäben (Werturteil)
	– Wie lassen sich die Aussagen des Textes im Hinblick auf die Leitfrage aus heutiger Sicht bewerten?

Übungsaufgabe

M1 **Aus den Anweisungen der Stadt Braintree/ Massachusetts zum britischen Stempelsteuergesetz, von John Adams (14. Oktober 1765)**

Wir können nicht länger die Klage zurückhalten, dass viele Maßnahmen des letzten Ministeriums und einige der letzten Akte des Parlaments nach unserer Meinung die Neigung haben, uns unserer wichtigsten
5 Rechte und Freiheiten zu berauben. Wir werden uns gleichwohl auf den Parlamentsakt beschränken, der gewöhnlich das Stempelgesetz genannt wird, durch den eine sehr lästige und unserer Meinung nach verfassungswidrige Steuer uns allen auferlegt werden
10 soll und durch den wir zahlreichen und hohen Strafen unterworfen werden, gerichtlich belangt sowie Recht erlangen sollen, nach Belieben eines Anklägers in einem Admiralitätsgericht, dem keine Jury zur Seite steht. Wir haben dies eine lästige Steuer genannt,
15 weil die Auflagen so zahlreich und so hoch und die Behinderungen für das Geschäftsleben in diesem jungen und dünn besiedelten Land so groß sind, dass es für das Volk völlig unmöglich wäre, darunter zu leben, selbst wenn keine Auseinandersetzungen über
20 das Recht und die Machtbefugnis, ein solches Gesetz zu erlassen, bestünden. Weiterhin erklären wir diese Steuer für verfassungswidrig. Wir haben es zu jeder Zeit für ein großes und grundlegendes Prinzip der Verfassung gehalten, dass kein freier Mann irgendeiner Steuer unterworfen werden darf, der er nicht 25 selbst persönlich oder durch seinen Vertreter zugestimmt hat. Und die Maxime des Gesetzes, wie wir es immer anerkannt haben, kommt zu demselben Schluss, dass nämlich kein freier Mann, es sei denn durch seinen Willen oder durch sein Vergehen, seines 30 Eigentums beraubt werden darf. Wir halten es daher für eindeutig, dass es unvereinbar mit dem Geist des Gemeinen Rechtes und dem wesentlichen fundamentalen Prinzip der britischen Verfassung ist, wenn wir einer durch das britische Parlament auferlegten 35 Steuer unterworfen werden sollen, da wir in dieser Versammlung in keiner Weise vertreten sind, es sei denn aufgrund eines fiktiven Rechtes, so sinnlos in der Theorie wie ungerecht in der Praxis, wenn sich solch eine Besteuerung darauf gründen sollte. [...] 40

Zit. nach: Wolfgang Lautemann (Bearb.), Geschichte in Quellen, Bd. 4, bsv, München 1981, S. 73 f.

1 Interpretieren Sie M 1 mithilfe der Arbeitsschritte.
▶ Lösungshinweise finden Sie auf S. 149.

M2 **John Adams, Lithografie nach einem Gemälde von Gilbert Stuart von 1828, 19. Jahrhundert.**
John Adams (1735–1826) repräsentierte die Kolonie Massachusetts auf dem Ersten und Zweiten Kontinentalkongress, war der Hauptautor der Verfassung von Massachusetts, Mitautor der Unabhängigkeitserklärung. Unter Washington war er Vize-Präsident, 1797 dann Präsident der USA.

Anwenden

M1 Der Historiker Michael Hochgeschwender über die nordamerikanischen Kolonien kurz vor Beginn der Revolution (2016)

Die nordamerikanischen Kolonien zeichneten sich also in ihrer Gesamtheit durch ein außerordentlich hohes, lange unterschätztes Maß an gesellschaftlicher Komplexität und sozialer Ausdifferenzierung
5 aus. [...] Obendrein war die ethnokulturelle Ausdifferenzierung wegen der Migration aus ganz Europa und der Sklaverei erheblich hoher als in Großbritannien. Vergleicht man die nordamerikanischen Kolonialgesellschaften mit dem zeitgenössischen früh-
10 neuzeitlichen Europa, wird man von älteren Thesen, die eine hohe soziale Homogenität [...] suggerieren, abrücken müssen. Doch damit fällt nicht das gesamte Argument von der sozialen Sonderstellung der nordamerikanischen Kolonialgesellschaften, denn in
15 der Tat hatten sie sich traditionale alteuropäische Gleichheitsvorstellungen säkularer und radikalreformatorischer Provenienz bewahrt. Das Erbe der radikalen puritanischen, anabaptistischen[1], sozialrevolutionären *levellers*[2] des 17. Jahrhunderts war in
20 Nordamerika weitaus lebendiger geblieben als in Großbritannien, vom Kontinent ganz zu schweigen. Diesen altrevolutionären Zug ergänzte die konservative rückwärtsgewandte Rede von den Rechten freier Engländer, die problemlos im Namen einer egalitären
25 Ideologie instrumentalisiert werden konnte. [...] Man darf sich die Kolonien des Jahres 1770 nicht als rückständige Provinzen am Rande eines weltumspannenden Imperiums vorstellen. Vielmehr handelte es sich um in jeder Hinsicht aufstrebende Regio-
30 nen, die auf einigen Ebenen mit dem imperialen Zentrum mithalten konnten und die manche binnenimperialen Konkurrenten bereits hinter sich gelassen hatten. Die wirtschaftlichen Entwicklungen hatten eine doppelte Folge: Einerseits beförderten sie
35 das Entstehen der bereits genannten bürgerlich-aristokratischen, transatlantischen Oligarchie, andererseits begünstigten sie aber auch das Entstehen eines spezifischen Selbstbewusstseins bei den kolonialen Eliten, das sich in einer Krisensituation gegen die bri-
40 tische Dominanz wenden ließ. Die Amerikaner, gleichgültig, ob sie in Boston, Philadelphia, New York oder Virginia lebten, wollten auf lange Sicht nicht mehr die zweite Geige spielen. Gleichzeitig befestigt die sozioökonomische Analyse
45 die These von der sattelzeitlichen Ambivalenz[3], welche für das Umfeld der Amerikanischen Revolution so charakteristisch war. Wie in Großbritannien liefen traditionale und modernisierende Prozesse nebeneinanderher und wirkten aufeinander ein, ohne dass es zu einem echten Ausgleich [...] gekommen wäre. Dies
50 war an sich noch keine hinreichende Basis für eine vorrevolutionäre Situation, eher eine Möglichkeitsbedingung. Je länger indes diese Instabilität anhielt, umso eher konnte es zu kleinen oder größeren Explosionen kommen. Der soziale und ökonomische
55 Zündstoff war bereits am Glimmen.

Michael Hochgeschwender, Die Amerikanische Revolution, C. H. Beck, München 2016, S. 45 ff.*

1 *anabaptistisch:* auch Täufer genannt, radikal-reformatorische Bewegung, die im 16. Jh. v. a. in Deutschland und den Niederlanden aktiv war
2 *levellers:* frühdemokratische, englische Bewegung, die sich für Religionsfreiheit und Abschaffung der Stände u. a. während des Bürgerkriegs in England (1642–1649) einsetzte
3 *die sattelzeitliche Ambivalenz:* Der Begriff „Sattelzeit" wurde von dem Historiker Reinhart Koselleck für die Übergangszeit von Früher Neuzeit und Moderne geprägt. Ambivalenz bedeutet Doppelwertigkeit bzw. Zerrissenheit.

1 Fassen Sie die Thesen von Michael Hochgeschwender in Bezug auf die nordamerikanischen Kolonien zusammen.
2 Beschreiben Sie die sozialen, religiösen und ökonomischen Besonderheiten der nordamerikanischen Kolonien in Abgrenzung zu Großbritannien auf der Basis Ihres Vorwissens genauer.
3 Nehmen Sie Stellung zu dem vom Autor hergestellten Zusammenhang zwischen Revolution und „sozialem und ökonomischem Zündstoff" (Z. 55 f.).

M2 Faneuil Hall in Boston, Massachusetts, 1776, kolorierter Stich, anonym, o. J.

Wiederholen

M3 „Das Königreich des Friedens", Ölgemälde des US-amerikanischen Malers Edward Hicks (1780–1849), 1846.
Der Titel des Bildes spielt auf das in der Bibel (Jesaja) prophezeite Königreich Gottes auf Erden an. Im Hintergrund sind die Verhandlungen des Quäkers William Penn mit den Delaware-Indianern von 1683 zu sehen, die zur Gründung der Kolonie Pennsylvania führten.

Zentrale Begriffe
Assemblies
French and Indian War
indigene amerikanische Bevölkerung
Gouverneur
Mutterland
nordamerikanische Kolonien
Puritaner
Plantagenwirtschaft
Siedler
Siedlungsgrenze
Siedlungskolonie
Sklaven
Stempelsteuer
Stempelsteuerkongress
Zentralmacht

1 Beschreiben Sie die Bildelemente des Gemäldes von Edward Hicks (M 3) und formulieren Sie unter Einbeziehung der Zusatzinformationen eine Gesamtaussage. Nutzen Sie bei Bedarf die Formulierungshilfen.
2 Vergleichen Sie die Gesamtaussage des Bildes (M 3) mit der Predigt des Puritaners und ersten Gouverneurs von Massachusetts, John Winthrop (M 6, S. 25).
3 Erläutern Sie auf der Basis der Karte M 2 (S. 21) sowie der Materialien M 7 bis M 12 (S. 26–29) die politischen, sozialen, ökonomischen und kulturellen Grundstrukturen der nordamerikanischen Kolonien vor 1763.
4 **Wahlaufgabe:** Bearbeiten Sie entweder a) oder b).
   a) Analysieren Sie den Konflikt um die Stempelsteuer, indem Sie in einer Tabelle Motive und Ziele von Großbritannien und den Kolonien gegenüberstellen.
   b) Verfassen Sie einen fiktiven Brief aus Sicht eines nordamerikanischen Siedlers an seine in England lebende Familie, in dem er dieser seine ablehnende Haltung gegenüber der Stempelsteuer zu erklären versucht.
5 Bewerten Sie die Auswirkungen des Streits um die Stempelsteuer auf das Verhältnis zwischen den nordamerikanischen Kolonien.
6 **Vertiefung:** Lesen Sie im Kernmodul den Text von Hans-Ulrich Wehler über Modernisierungsprozesse (M 8, S. 98 f.). Überprüfen Sie, ob man in Bezug auf die Entwicklung in den Kolonien von Modernisierung sprechen kann.

Formulierungshilfen
– Auf dem Bild sieht man im Vordergrund …
– Im Hintergrund sind … dargestellt.
– Die Kinder sind mit … bekleidet, ihre Gestik verweist auf …
– Menschen und Tiere sind in Gruppen geordnet, z. B. …
– Die Farbgebung ist …
– Insgesamt vermittelt das Bild … Eindruck.
– Der Maler deutet mit seinem Bild die Situation in den nordamerikanischen Kolonien folgendermaßen: …

3 Perspektiven der Konfliktparteien

M1 „Die weiblichen Kämpfer", unbekannter Künstler, englische Karikatur, 1776.
Das Bild ist unterschrieben mit „Oder wer soll", dann folgt das Datum (26. Januar 1776) und der Preis (6 d). Den beiden kämpfenden Frauen werden folgende Worte in den Mund gelegt: „Ich werde dich zwingen, gehorsam zu sein, du rebellisches Luder" und „Freiheit, Freiheit für immer, so lange ich existiere, Mutter". Die Begriffe „Gehorsam" und „Freiheit" werden am unteren Bildrand noch einmal wiederholt.

THE FEMALE COMBATANTS

I'll force you to Obedience You Rebellious Slut

Liberty Liberty for ever Mother while I exist

FOR OBEDIENCE

FOR LIBERTY

OR WHO SHALL

Publish'd according to Act Jan.ʳ 26·1776. Price 6.ᵈ

1766 | Rücknahme der Stempelsteuer, aber

1765 | Stempelsteuer-
kongress

Verkündung des Deklarationsgesetzes
(Kolonien der Krone untergeordnet)

1770 | 5. März:
Boston-Massaker

1765

1770

Der Konflikt um die Stempelsteuer hatte die nordamerikanischen Kolonien und die Mehrheit ihrer Bevölkerung empört, auf die Straße gebracht und politisiert. Der gemeinsame Feind, die britischen Gouverneure und Steuereintreiber, hatte für eine Einheit gesorgt, die neu war. Es war zunächst eine Einheit der Interessen, die sich jedoch
5 Schritt für Schritt zu einer politischen Einheit auf mehreren Ebenen entwickelte. Es entstanden Organisationen wie die *Sons of Liberty* und Institutionen wie die *Committees of Correspondence*. Diese Netzwerke kommunizierten wichtige Infos, koordinierten und organisierten gemeinsame Aktionen. Auf oberster Ebene war das der Stempelsteuerkongress von 1765, die erste Zusammenkunft einer Mehrheit der Kolonien. Hier waren
10 neun Kolonien vertreten, im Ersten Kontinentalkongress 1774 schon zwölf Kolonien. Die Konfliktparteien waren damit klar: Auf der einen Seite war Großbritannien mit seinen Akteuren: der britische König, das Parlament, die britischen Soldaten sowie die britischen Beamten in den Kolonien. Auf der anderen Seite standen die nordamerikanischen Kolonien, Akteure: die einzelnen Kolonien mit ihren regionalen Parlamenten, die
15 *Sons of Liberty* sowie die überregionalen Zusammenschlüsse im Stempelsteuerkongress bzw. Kontinentalkongress. Die Perspektiven der Konfliktparteien veränderten sich jedoch im Lauf der Ereignisse. Mit Zuspitzung des Konfliktes kam es in den Kolonien zu einer Spaltung in Loyalisten und Patrioten. Die Loyalisten wollten unbedingt den britischen König als Oberhaupt behalten und Teil des Britischen Empire bleiben. Die Kon-
20 flikte hofften sie durch Reformen zu lösen. Die Patrioten fühlten sich nun mehr als Amerikaner denn als Mitglieder des Empire. Sie betrachteten es als ihr gutes Recht als freie Bürger, über die Erhebung von Steuern selbst zu bestimmen. Dies sahen sie spätestens Anfang 1776 nach Beginn der militärischen Auseinandersetzungen nur in einem unabhängigen Staat gewährleistet.

1 Interpretieren Sie die Karikatur (M 1). Gehen Sie dabei darauf ein, wie der Kampf zwischen Großbritannien und den Kolonien dargestellt und gedeutet wird.
2 In Kanada ist bis heute die britische Königin bzw. der britische König das Staatsoberhaupt. Das Land ist zwar einerseits Teil des sogenannten britischen Commonwealth, andererseits aber politisch völlig unabhängig von Großbritannien – eine Konstruktion, die den nordamerikanischen Loyalisten gefallen hätte. Stellen Sie begründete Vermutungen an, warum die Loyalisten in Nordamerika zur Minderheit wurden. Berücksichtigen Sie Ihre Kenntnisse aus Kapitel 2.

1773	1774	1775	1776
10. Mai: Teegesetz 12. Dez.: *Boston Tea Party*	Frühjahr: Britisches Parlament beschließt Zwangsmaßnahmen (*Coercive Acts*) gegen Massachusetts Sept./Okt.: Erster Kontinentalkongress tagt in Philadelphia	18./19. April: Kampf bei Lexington und Concord 10. Mai: Start des Zweiten Kontinentalkongresses 15. Juni: Aufstellung einer Kontinentalarmee unter Führung von General George Washington	Januar: Thomas Paine veröffentlicht die Schrift „Common Sense"

3   Perspektiven der Konfliktparteien

> **In diesem Kapitel geht es um**
> – die Folgen des Stempelsteuerkongresses für die Kolonien,
> – die erneute Zuspitzung des Konflikts durch die Boston Tea Party 1773,
> – die Spaltung der Kolonisten in Patrioten und Loyalisten und ihre jeweiligen
>   Positionen auf dem Kontinentalkongress 1774,
> – den Beginn der militärischen Auseinandersetzungen 1775,
> – das Aufkommen der Idee der Unabhängigkeit.

Entfremdung zwischen den Kolonien und Großbritannien

▶ M 5: Gesetz zum Verhältnis der nordamerikanischen Kolonien und Großbritannien

▶ M 7: Mark Häberlein über das politische Denken der Kolonisten

M 1 John Dickinson, Ölgemälde von Charles Willson Peale, 1770.
John Dickinson (1732–1808) arbeitete als Anwalt in Pennsylvania und verfasste zahlreiche Essays zu der Steuerfrage. Er war Mitglied des Stempelsteuerkongresses sowie beider Kontinentalkongresse. Er ist auch der Autor des „Liberty Song" (M 12, S. 46).

Die Proteste der Kolonisten gegen das Stempelsteuergesetz hatten Erfolg. Im Februar 1766 beschloss das britische Parlament die Rücknahme des Gesetzes. Vor allem die Boykotte von britischen Waren und die gewaltsamen Aktionen gegen Zollbehörden und Steuereintreiber hatten Wirkung gezeigt und die britischen Steuereinnahmen merklich sinken lassen. Im März 1766 verabschiedete das britische Parlament dann ein weiteres 5 Gesetz, den *Declaratory Act* (**Deklarationsgesetz**), der die durch die Rücknahme der Stempelsteuer gezeigte politische Schwäche ausgleichen sollte. In der Erklärung wurde deutlich gemacht, dass die Kolonien der britischen Krone und dem Parlament untergeordnet seien und diese folglich prinzipiell das Recht und die Autorität hätten, jede Art von Gesetz für die Kolonien zu erlassen. Ein klares Zeichen, dass das britische Mutter- 10 land nur einen kurzzeitigen taktischen Rückzug angetreten hatte, aber seine Macht und Vorrechte in den Kolonien nicht aufgeben wollte. Doch die Machtdemonstration ging in der Freude über den Erfolg der Proteste unter. Zunächst kehrte etwas Ruhe in den nordamerikanischen Kolonien ein. Die Wirtschaftslage entspannte sich, aber der erbitterte Streit um die 15 Steuerfrage hatte auf verschiedenen Ebenen Spuren hinterlassen. Die Gremien in den Kolonien hatten sich als Interessenvertretung und als Ort politischer Debatten profiliert. Es entstand außerdem so etwas wie eine **politische Publizistik**. Abgeordnete der Regionalparlamente, Anwälte und Unternehmer setzten sich mit Rechtsfragen rund um die Steuerge- 20 setze auseinander und trugen Argumente für die Berechtigung ihrer Forderung nach mehr Beteiligung zusammen. Einige von ihnen spielten während der Revolution und in den ersten Jahren der Republik eine zentrale Rolle, so wie John Adams, John Dickinson, Benjamin Franklin, John Hancock, Patrick Henry, Thomas Jefferson oder James Otis. 25
Bereits 1767 unternahm Großbritannien den nächsten Versuch, seine finanzielle Krise mithilfe von Steuereinnahmen aus den Kolonien zu bekämpfen. Der neue britische Finanzminister Charles Townshend setzte das sogenannte **Townshend-Programm** durch, das zum einen Zölle auf Luxuswaren und weiterverarbeitete Güter (z. B. Glas, Tee, Kaffee, Farbe 30 und bestimmte Modeartikel) erhob, und zum anderen die Ahndung von Verstößen gegen die Zollregularien verschärfte. Die Einnahmen sollten direkt in die Finanzierung der kolonialen Verwaltung in Nordamerika investiert werden. Doch sowohl die Zölle und die Verschärfung der Strafen als auch die Finanzierung der Kolonialverwaltung stießen auf Proteste. 35 Die Bewohner der Kolonien waren inzwischen so ablehnend gegenüber der britischen Kolonialverwaltung eingestellt, dass sie jede neue Maßnahme als Einmischung betrachteten. Dieses Mal kam es jedoch nur verein-

zelt zu Protesten und gewaltsamen Aktionen, immer wieder auch provoziert von den in
40 den Kolonien stationierten britischen Soldaten. Diese nahmen beispielsweise öffentliche Gebäude in ihren Besitz oder fällten die von Bewohnern als Zeichen ihres Protestes gepflanzten Freiheitsbäume.

Besonders stark waren die Proteste in **Massachusetts und der Hafenstadt Boston**. Hier wandten sich die Mitglieder des Parlamentes mit einem Schreiben an die anderen Ko-
45 lonien und forderten ein gemeinsames Vorgehen gegen die britischen Gesetze. Großbritannien reagierte mit der Auflösung der Versammlung. Daraufhin gründeten die *Sons of Liberty* ein *Committee of Correspondence* (**Korrespondenzkomitee**), um mit den anderen Städten und Kolonien in Kontakt zu bleiben. Andere Kolonien folgten dem Beispiel später und schufen damit die Basis für eine interkoloniale Infrastruktur, die
50 im Verlauf der Revolution eine wichtige Rolle spielte. Außerdem wuchsen insbesondere die Bostoner *Sons of Liberty* zu einer einflussreichen Organisation an, die einzelne radikale Mitglieder hatte, die auch zum Mittel der Gewalt griffen. Um die Unruhen in Boston unter Kontrolle zu bringen, verstärkten die Briten ihre militärische Präsenz. Am 5. März 1770 kam es aufgrund der angespannten Lage zu einem tragischen Zwischenfall,
55 der von den *Sons of Liberty* zum *Boston Massacre* stilisiert wurde. Fünf Demonstranten waren durch die Schüsse britischer Soldaten gestorben.

M2 Das *Boston Massacre* vom 5. März 1770, zeitgenössische Radierung von Paul Revere (1735–1818), nachträglich koloriert, o. J.

Die *Boston Tea Party* und die Reaktion der britischen Regierung

Erst 1773 kam es zu einer erneuten Zuspitzung der Lage, als das britische Parlament den *Tea Act* (**Teegesetz**) verabschiedete. Mit einer Teesteuer hatte dieses Gesetz jedoch nichts zu tun. Mit den gesetzlichen Maßnahmen sollte lediglich der Import von Tee der *East India Company* gefördert und so die finanziell angeschlagene Handelsgesellschaft gestützt werden. Für die Kolonisten hatte das Gesetz sogar positive Wirkungen: Tee 5 wurde billiger. Doch inzwischen ging es der Mehrheit der Kolonisten um das Prinzip. Sie waren nicht mehr bereit, irgendeine Form von Einmischung in Steuerfragen durch das britische Parlament zu akzeptieren. Erneut kam es also zu Protesten in den Kolonien. Einige Teeschiffe mussten die Kolonien wieder verlassen, ohne ihre Ladung loszuwer-den. Als Ende November 1773 drei Schiffe der *East India Company* mit Tee an Bord in 10 den Hafen von Boston einliefen, beschloss auch hier die Stadtversammlung, die Entla-dung der Fracht zu untersagen. Der britische Statthalter Thomas Hutchinson bestand jedoch auf der Entladung. So kletterten einige Tage später sechzig als „Indianer" verklei-dete Mitglieder der *Sons of Liberty* auf die Handelsschiffe und warfen die geladenen Teekisten ins Hafenbecken – die *„Boston Tea Party"*. Erst im Nachhinein wurde die Ge- 15 heimaktion zu einer Demonstration von Stärke und Patriotismus erhoben, die auf Bil-dern meist mit jubelndem Publikum und nationalen Symbolen wie Fahnen ausge-schmückt wurde. Die Geschichtsschreibung zur Amerikanischen Revolution erhob sie zu einem Schlüsselereignis, vergleichbar mit der Stürmung der Bastille zu Beginn der Französischen Revolution. 20
Die Reaktion der britischen Regierung erfolgte schnell. Mit den *Coercive Acts* (**Zwangs-gesetze**) wurden drastische Strafmaßnahmen gegen die gesamte Kolonie Massachu-setts ergriffen: Der Hafen von Boston wurde geschlossen, die Stadtversammlung aufge-löst und die militärische Präsenz noch einmal erhöht. Die von kolonialer Seite als *Intolerable Acts* (**Unerträgliche Gesetze**) bezeichneten Maßnahmen erreichten jedoch 25 genau das Gegenteil. In Massachusetts wurden die neuen Bestimmungen von der Be-völkerung boykottiert: Die Stadtversammlung tagte weiter, Beamte, die die Gesetze umsetzen wollten, wurden bedroht und an ihrer Arbeit gehindert. In den anderen Ko-lonien kam es zu einer großen Welle der Unterstützung. Sie schlossen sich dem Boykott britischer Waren an, und auch hier kam es zu gewaltsamen Aktionen gegen Vertreter 30 der britischen Krone. Unter dem Druck der Zwangsmaßnahmen rückten die Kolonien immer weiter zusammen.

East India Company
Die Handelsgesellschaft besaß staatlich geschützte Monopolrechte für den Handel mit Gütern aus Indien. Ein wichtiges Produkt war Tee.

M3 „Die *Boston Tea Party* vom 13. Dezember 1773", Stich von Daniel Chodowiecki, 1784

Der Erste Kontinentalkongress und der Beginn der kriegerischen Ausein-andersetzungen

Einen wichtigen Schritt auf dem Weg zur Revolution bildet der Erste Kontinentalkon-gress, der am 5. September 1774 mit Delegierten aus zwölf Kolonien (nur Georgia fehl-te) in Philadelphia zusammenkam. Noch viel stärker als der Stempelsteuerkongress von 1765 sah sich diese interkoloniale Versammlung mit der Aufgabe konfrontiert, für die Kolonien eine gemeinsame Position und Politik zu entwickeln und diese gegenüber 5 Großbritannien zu vertreten. Dem Kontinentalkongress kam faktisch die Aufgabe einer nationalen Regierung zu. In der Wahrnehmung der Beteiligten spielte das jedoch noch keine Rolle. Sie sahen sich eher als Koordinatoren des kolonialen Widerstandes, um in der Auseinandersetzung mit dem Mutterland eine möglichst starke Position einzuneh-men. Ziel war in erster Linie die Rücknahme der Zwangsmaßnahmen gegen Massachu- 10 setts. Aus diesem Grund verabschiedete der Kongress zwei wesentliche Beschlüsse: Ein **Assoziationsartikel** verpflichtete die dreizehn Kolonien zur Solidarität untereinander und zur gemeinsamen Durchführung von Boykottmaßnahmen; eine **Erklärung zu den kolonialen Rechten** betonte noch einmal die aus dem englischen Recht abgeleiteten Grundsätze zu Steuern und Repräsentation. Und noch ein Beschluss wurde gefällt, ein 15

Vorgeschichte der Amerikanischen Revolution
 cornelsen.de/Webcodes
Code: becuwi

weiterer Kontinentalkongress sollte die Arbeit fortführen, falls der britische König die Strafmaßnahmen gegen Massachusetts noch nicht zurückgenommen hatte.

In den Folgemonaten kam es vor allem in Massachusetts häufi-
20 ger zu **Zusammenstößen zwischen britischen Soldaten und lokalen Milizen**. Die Lage wurde immer angespannter. Die Milizen begannen vermehrt Waffen- und Munitionslager anzulegen und bereiteten sich relativ offen auf eine militärische Konfron-
tation vor. Als der britische Militärgouverneur von Massachu-
25 setts im April 1775 Soldaten in die Stadt Concord schickte, um ein dortiges Waffenlager aufzulösen, warnte der Bostoner Paul Revere nach einem legendären Ritt durch die Nacht die Milizen vor. Bereits in **Lexington** erwarteten sie die britischen Truppen und es kam zu einem Gefecht, das sie jedoch verloren. In **Con-**
30 **cord** gelang den Rebellen trotz zahlenmäßiger Unterlegenheit ein Sieg, die Briten mussten den Rückzug antreten. Die Opfer-
zahlen auf beiden Seiten waren groß. Die anderen Kolonien er-
klärten sich wie im Assoziationsartikel vereinbart solidarisch, der Krieg hatte begonnen und bestimmte fortan auch die Politik.

Der Zweite Kontinentalkongress: Patrioten gegen Loyalisten

Kurz nach den Kämpfen von Lexington und Concord trat der Zweite Kontinentalkongress im Mai in Philadelphia zusammen und beschloss, eine eigene Armee, die sogenannte Kontinentalarmee, zu bilden. Als Oberbefehlshaber setzte der Kongress **George Washington** ein,
5 einen Plantagenbesitzer aus Virginia, der im *French and Indian War* als Offizier auf der Seite der Briten gekämpft hatte. Der Kontinentalkongress agierte damit endgültig als **nationale Regierung der Kolonien**. Obwohl sich die Kolonien nun faktisch im Krieg mit Großbritannien befanden, hatten auf dem Kontinentalkongress die Befürworter eines Ausgleichs mit Großbritannien, die **Loyalisten**, immer noch die Mehrheit. Im Juli 1775
10 verabschiedete der Kongress auf Initiative von John Dickinson die Palmzweig-Petition an König Georg III., in der die Zugehörigkeit zu Großbritannien betont, aber auch die Rücknahme aller Zwangsmaßnahmen gefordert wurde. Doch die Stimmen der **Patrio-**
ten, die auf dem Selbstbestimmungsrecht für die Kolonien bestanden, wurden lauter und radikaler. 1774 hatte der Plantagenbesitzer **Thomas Jefferson** aus Virginia noch auf
15 eine Beschwerdeliste an den britischen König gesetzt, dabei jedoch mit naturrechtli-
chen Argumenten die Souveränität der Kolonisten und ihre Gleichstellung mit den Bri-
ten betont. Im März 1775 sah der Rechtsanwalt Patrick Henry, ebenfalls aus Virginia, in einer berühmten Rede keine Kompromissmöglichkeiten mehr, für ihn gab es nur noch die Wahl zwischen „Freiheit oder Tod". Der Gedanke der Unabhängigkeit Amerikas kam
20 trotz Krieg und britischer Kompromisslosigkeit erst zu Beginn des Jahres 1776 auf und wurde von einem erst zwei Jahre zuvor nach Amerika ausgewanderten britischen Intel-
lektuellen, **Thomas Paine**, mit der Schrift *„Common Sense"* (dt. „Gesunder Menschen-
verstand") in die Diskussion gebracht. Die Idee fand schnell viele Anhänger und der Druck auf den Zweiten Kontinentalkongress stieg, eine Entscheidung zu treffen.
25

M 4 „Patrick Henry spricht im Provinzialkongress von Virginia im Mai 1765", Gemälde von Fredrick Rothermel (1818–1896), 1851

▶ M 17: Palmzweig-Petition

▶ M 13: Thomas Jefferson über die Rechte der britischen Amerikaner

▶ M 16: Patrick Henry's Rede „Freiheit oder Tod"

▶ M 20: Thomas Paine „Common Sense"

1 Beschreiben Sie in eigenen Worten, wie sich die Auseinandersetzungen zwischen Kolonien und Großbritannien zwischen 1766 und 1775 zuspitzten.
   Tipp: Fertigen Sie zur Visualisierung eine Verlaufsskizze an.
2 Erläutern Sie, inwieweit der Zweite Kontinentalkongress als nationale Regierung der Kolonien agierte.

<table>
<tr><td>

Hinweise zur Arbeit mit den Materialien

*In diesem Kapitel sollen die **Perspektiven der Konflikt-parteien** im Rahmen der Ereignisse auf dem Weg in die Amerikanische Unabhängigkeit beleuchtet werden. Es umfasst die Jahre 1765 bis 1776 und stellt die politisch-institutionellen Akteure und hier insbesondere die Ansichten der **Loyalisten** (Befürworter des Verbleibs in der britischen Monarchie) sowie der **Patrioten** (Befürworter weitgehender Reformen bis hin zur Unabhängigkeit der Kolonien) in den Vordergrund.*

*In einem ersten Block werden die Folgen des **Stempel-steuerkongresses von 1765** thematisiert. Zunächst wird die britische Reaktion (M 5) gezeigt, dann bietet ein wissenschaftlicher Text (M 6) Anhaltspunkte für die Analyse. Ein weiterer wissenschaftlicher Text zeigt Veränderungen im Denken der Kolonisten durch die Steuergesetze auf (M 8). Ein Bildmaterial (M 7) ermöglicht die Erschließung der Rolle der „Sons of Liberty". Als Nächstes wird das Ereignis der „Boston Tea Party" sowohl von einem Zeitgenossen (M 10) als auch von einem Historiker beleuchtet (M 9), wobei hier besonders die britische Reaktion in den Blick genommen wird. Ein satirisches Bildmaterial (M 11) rundet den Block ab. Auf der Folie der Ereignisse rund um den Ersten und den Zweiten Kontinentalkongress werden die unterschiedlichen Positionen der **Loyalisten** (M 12, M 14, M 18) und der **Patrioten** (M 13, M 15) dargestellt. Abschließend wird die weitere **Zuspitzung hin zu einer Revolution** durch die Militäreinsätze von Lexington (M 17) sowie die Feststellung der Rebellion durch Georg III. (M 19) aufgezeigt. Abgerundet wird dieser Teil durch die Schrift **„Common Sense" von Thomas Paine** (M 20), der den Gedanken der Unabhängigkeit naturrechtlich herleitete und verbreitete. Drei Materialien (M 21 bis M 23) zur Frage des „Revolutionsbeginns" schließen das Kapitel ab.*

Zur Vernetzung mit dem Kernmodul

Auf der Basis der J-Kurve von James C. Davies (M 5, S. 96) kann die Rolle des Bedürfnisses nach rechtlicher Gleichstellung und Freiheit im Vorfeld der Revolution untersucht werden. Es können außerdem Crane Brintons Revolutionsmuster (M 2, S. 93 f.) angewendet werden.

</td></tr>
</table>

Stempelsteuerkongress 1765 und seine Folgen

M 5 **Aus dem britischen Gesetz zum Verhältnis zwischen den nordamerikanischen Kolonien und Großbritannien (18. März 1766)**

Da verschiedene Repräsentantenhäuser in Seiner Majestät Kolonien und Pflanzungen vor kurzem für sich selbst oder für die dortigen allgemeinen Versammlungen das alleinige und ausschließliche Recht in Anspruch nahmen, den Untertanen Seiner Majes-⁵tät in den genannten Kolonien und Pflanzungen Steuern und Abgaben aufzuerlegen; und da sie im Verfolg dieses Anspruchs gewisse Abstimmungen und Beschlüsse vornahmen und Verordnungen erließen, die der gesetzgebenden Gewalt des Parlaments ¹⁰abträglich und mit der Abhängigkeit der genannten Kolonien und Pflanzungen von der Krone Großbritannien unvereinbar sind, so wird erklärt:

Die genannten Kolonien und Pflanzungen in Amerika waren und sind rechtmäßig und notwendig der ¹⁵Reichskrone und dem Parlament von Großbritannien untergeordnet und von ihnen abhängig; und des Königs Majestät, durch und mit Rat und Zustimmung der geistlichen und weltlichen Lords und der Gemeinen von Großbritannien im versammelten ²⁰Parlament, besaß und besitzt rechtmäßig und notwendig volle Gewalt und Vollmacht, Gesetze und Statuten zu erlassen, kraft deren die Kolonien und das Volk von Amerika, Untertanen der Krone Großbritanniens, in allen erdenklichen Fällen verpflichtet ²⁵werden. [...] Und alle Beschlüsse, Abstimmungen, Anordnungen und Verfahren in irgendeiner der genannten Kolonien und Pflanzungen, wodurch die Macht und Vollmacht des Parlaments von Großbritannien, Gesetze und Statuten wie oben gesagt zu ³⁰erlassen, geleugnet oder bezweifelt wird, sind vollständig nichtig und kraftlos bezüglich aller und jeder Absichten und Zwecke, und sie werden hiermit dazu erklärt.

Zit. nach: Wolfgang Lautemann (Bearb.), Geschichte in Quellen, Bd. 4, bsv, München 1981, S. 76.*

1 Beschreiben Sie den im Gesetz dargelegten rechtlichen Status der Kolonien.
2 Stellen Sie die Bestimmungen des Gesetzes der Argumentation des Stempelsteuerkongresses (Kap. 2, S. 31) gegenüber.
3 **Zusatzaufgabe:** siehe S. 146.

M6 Der Historiker Michael Hochgeschwender über die Folgen des Konfliktes um die Stempelsteuer (2016)

Die Krisen und Unruhen um die Stempelsteuer hatten die 13 Festlandskolonien nachdrücklich zusammengeschweißt. Die kreolische Oligarchie, bestehend aus urbanen Eliten und ländlicher *gentry*, hatte
5 bei allen weiterhin bestehenden Gefühlen der Zugehörigkeit zum britischen Weltreich, auf das man sehr wohl stolz war, ein Gefühl der Eigenständigkeit entwickelt. Gleichzeitig hatte sie zu einer momentanen, aber ausbaufähigen Handlungseinheit mit den Un-
10 terschichten gefunden, die allerdings durchweg höchst fragil blieb. [...] Gerade der New Yorker Kongress vom Spätsommer 1765 trug dazu bei, aus den disparaten, jeweils auf London und das Mutterland ausgerichteten Kron- und Eigentümerkolonien eine
15 zumindest vorläufige Handlungseinheit zu schweißen, die sie von den kanadischen Kolonien, vor allem Québec, und den westindischen Besitzungen abhob. Mit den *Sons of Liberty* und den Korrespondenzgesellschaften existierten nun institutionelle Organe
20 dieser überkolonialen Einheit. Allerdings wird man die Resultate der *Stamp-Act*-Krise nicht überbewerten dürfen. Mit der Rücknahme des Gesetzes 1766 beruhigte sich die Situation in Nordamerika rasch. Der *Declaratory Act* [siehe M5] wurde weiter nicht als
25 beunruhigend aufgenommen, obschon er hier und da Kritik erntete. Viel wichtiger war das Ende der Nachkriegsrezession. Den Kolonien, selbst Boston und Philadelphia, ging es wirtschaftlich und finanziell ab 1765/66 wieder deutlich besser als in den Jah-
30 ren unmittelbar nach Ende des Siebenjährigen Krieges.

Michael Hochgeschwender, Die Amerikanische Revolution,
C. H. Beck, München 2016, S. 134.*

M7 Die *Sons of Liberty* hängen zwei britische Steuereintreiber am *Tree of Liberty* am 14. August 1765, kolorierte Lithografie, 1775

M8 Der Historiker Mark Häberlein über das Denken der Kolonisten (2018)

Zwischen 1763 und 1775 ist aber auch eine deutliche Radikalisierung des Denkens der Amerikaner feststellbar. Vor 1770 beschränkte sich die politische Publizistik weitgehend auf die Rechtfertigung des Widerstands gegen die britischen Gesetze. Die Kolo- 5
nisten bemühten sich um eine möglichst präzise Definition der jeweiligen Befugnisse des Londoner Parlaments und ihrer eigenen *Assemblies*, sie versuchten darzulegen, welchen Schaden die britischen Maßnahmen den Kolonisten zufügten. John Dickinson, 10
ein wohlhabender Anwalt in Philadelphia und der wohl meistgelesene amerikanische politische Publizist der 1760er-Jahre, setzte sich in mehreren Schriften mit den britischen Maßnahmen auseinander, in denen er überwiegend pragmatisch argumentierte 15
und sich um eine sorgfältige Grenzziehung zwischen den Befugnissen des Parlamentes und den Rechten der Kolonisten in Fragen der Besteuerung bemühte. [...] Das Parlament habe Dickinson zufolge jedoch noch nie zuvor Steuergesetze für die Kolonien erlas- 20
sen. Bei Stempelsteuer und Townshend-Zöllen handelte es sich daher um gefährliche und verfassungswidrige Neuerungen. Mit der neuerlichen Zuspitzung des Konflikts zwischen Mutterland und Kolonien seit der „Boston Tea Party" wurden die zuvor so sorgfältig 25
gezogenen Grenzen zwischen Regulierung des Handels und interner Besteuerung jedoch zunehmend hinfällig. Spätestens seit den Zwangsgesetzen gegen Massachusetts stellt sich für die Kolonisten die grundsätzliche Frage, welche Befugnisse sie dem Par- 30
lament noch zuzugestehen bereit waren, und Autoren wie James Wilson aus Pennsylvania und Thomas Jefferson aus Virginia argumentierten nun, dass das Parlament keinerlei Autorität über die Kolonien besitze. Für sie bestand das britische Empire de facto 35
aus unabhängigen politischen Gemeinschaften mit autonomen Legislativen, die nur durch den König als gemeinsames Oberhaupt zusammengehalten wurden.

Mark Häberlein, Entstehung und Konsolidierung der amerikanischen Republik (1763–1800), in: Geschichte der USA, Reclam,
2., aktual. Auflage, Stuttgart 2018, S. 103–186, S. 130 f.*

1 Fassen Sie die Auswirkungen des Stempelsteuerstreits auf die Kolonien zusammen (M6).
2 Beurteilen Sie auf Basis des Bildes M7 die Rolle der *Sons of Liberty*.
3 Erläutern Sie die schrittweise Radikalisierung im Denken der Kolonisten (M8).

Die *Boston Tea Party* 1773

M 9 Der Historiker Volker Depkat über den *Tea Act* (2016)

Mit dem *Tea Act* wurde es der *East India Company* erlaubt, ihren Tee in den Kolonien des britischen Weltreichs direkt zu vermarkten. [...] Obwohl Tee dadurch tatsächlich billiger wurde, kurbelte der *Tea Act* die
5 Debatte über Souveränität in den Kolonien erneut an, zumal die Kolonisten inzwischen nicht mehr bereit waren, überhaupt noch irgendwelche – vom Londoner Parlament erhobene Steuern zu akzeptieren. Die kolonialen Proteste kulminierten am 16. Dezem-
10 ber 1773 in der berühmten *Boston Tea Party*. Bereits Ende November 1773 waren drei Schiffe der *East India Company* mit Tee an Bord in den Hafen von Boston eingelaufen, doch die Stadtverordnetenversammlung hatte beschlossen, die Löschung der
15 Ladung zu verhindern und zu diesem Zweck eigene Wachen aufgestellt. Der Gouverneur Massachusetts, Thomas Hutchinson, hatte aber auf der Entladung der Schiffe bestanden. Der Konflikt schwelte für rund zwei Wochen, dann enterten rund 60 als Indianer
20 verkleidete *Sons of Liberty* am 16. Dezember die Handelsschiffe und warfen den Tee in das Bostoner Hafenbecken. Um neun Uhr abends hatten sie 342 Kisten mit Tee im Wert von rund £ 10 000 zerstört. Die Reaktion des britischen Mutterlandes erfolgte
25 prompt. Auf Anraten von Premierminister Frederick Lord North verabschiedete das britische Parlament im Frühjahr 1774 die *Coercive Acts*, die von den Kolonisten als *Intolerable Acts*, als nicht hinnehmbare Gesetze also, bezeichnet wurden: Der Hafen Bostons
30 wurde für den Handel geschlossen, die Sitzungen der Stadtverordnetenversammlung ausgesetzt, die Befugnisse des Gouverneurs erweitert, die Präsenz britischer Truppen verstärkt und die Strafverfolgung der Aufrührer erleichtert. Diese Strafmaßnahmen
35 der britischen Regierung stießen in den Kolonien auf erbitterten Widerstand. [...] Eine gewaltige Solidarisierungswelle schwappte über alle 13 Kolonien entlang der Atlantikküste, die alle britischen Versuche, Boston und Massachusetts zu isolieren, grandios
40 scheitern ließen. Überall kam es zu Boykotten britischer Waren und zu gewaltsamen Übergriffen auf Regierungsgebäude und Vertreter der Krone, deren Macht rasant verfiel.

Volker Depkat, Geschichte der USA, Kohlhammer, Stuttgart 2016, S. 55 f.*

M 10 John Adams (1735–1826), 2. Präsident der USA, in seinem Tagebuch über die *Boston Tea Party* (17. Dezember 1773)

Gestern Abend wurden drei Ladungen Bohea-Tee ins Meer geschüttet. Heute morgen segelt ein Kriegsschiff los [nach England].
Dies ist die bisher großartigste Maßnahme. Dieses letzte Unternehmen der Patrioten hat eine Würde, 5 eine Majestät, eine Erhabenheit an sich, die ich bewundere. Das Volk sollte sich nie erheben, ohne etwas Erinnerungswürdiges zu tun – etwas Beachtenswertes und Aufsehenerregendes. Die Vernichtung des Tees ist eine so kühne, entschlossene, furchtlose 10 und kompromisslose Tat, und sie wird notwendigerweise so wichtige und dauerhafte Konsequenzen hervorrufen, dass ich sie als epochemachendes Ereignis betrachten muss.
Dies war nur ein Angriff auf Eigentum. [...] 15
Die Frage ist, ob die Vernichtung des Tees nötig war. Ich fürchte, sie war absolut notwendig. Er konnte nicht zurückgeschickt werden, weil Gouverneur, Admiral und der Zoll es nicht erlaubten. Allein in deren Macht lag es, den Tee zu retten. An der Wasserfes- 20 tung und den Kriegsschiffen wären die Teeschiffe nicht vorbeigekommen. Die Alternative war daher, den Tee zu vernichten oder an Land zu bringen. Ihn an Land zu bringen hätte bedeutet, dass wir das Besteuerungsrecht des Parlaments anerkennen, gegen 25 das der Kontinent zehn Jahre lang gekämpft hat. Es hätte bedeutet, dass wir die Arbeit von zehn Jahren zunichte machen und uns und unsere Nachkommen den ägyptischen Sklaventreibern unterwerfen – den drückenden Abgaben, der Schmach und Schande, 30 den Anschuldigungen und der Verachtung, dem Elend und der Unterdrückung, der Armut und der Knechtschaft.

Zit. nach: Dokumente zur Geschichte der Vereinigten Staaten von Amerika, hg. von Herbert Schambeck, Helmut Widder, Marcus Bergmann, Duncker & Humblot, 2., erw. Aufl. Berlin 2007, S. 69 f.*

1 Erörtern Sie die Rolle der *Boston Tea Party* im Rahmen der revolutionären Ereignisse sowohl aus wissenschaftlicher Sicht (M 9) als auch aus Sicht des Zeitzeugen (M 10).
2 Interpretieren Sie die satirische Zeichnung (M 11).
3 **Vertiefung:** Fassen Sie zusammen, welche Formen des Protestes es in den Kolonien gab.
   Tipp: Lesen Sie erneut den Darstellungstext S. 38 ff.

M 11 „Die Bostoner bezahlen den Steuereintreiber, oder Teeren und Federn", satirische Zeichnung, anonym, 1774.

Im Vordergrund flößen fünf Bürger von Boston dem britischen Steuereintreiber mit Gewalt Tee ein. Im Hintergrund sind der Liberty Tree sowie die Boston Tea Party zu sehen.

The BOSTONIAN'S Paying the EXCISE-MAN, or TARRING & FEATHERING

Plate I.   London Printed for Rob.! Sayer & J.Bennett, Map & Printseller. N?53, Fleet Street. as the Act directs 31,Oct.r 1774.

Patrioten und Loyalisten

M 12 „Liberty Song" von John Dickinson (Version von 1768)

Come, join hand in hand, brave Americans all,
And rouse your bold hearts at fair Liberty's call;
No tyrannous acts shall suppress your just claim,
Or stain with dishonor America's name.
5 In Freedom we're born and in Freedom we'll live.
Our purses are ready. Steady, friends, steady;
Not as slaves, but as Freemen our money we'll give.

Our worthy forefathers, let's give them a cheer,
To climates unknown did courageously steer;
10 Thro' oceans to deserts for Freedom they came,
And dying, bequeath'd us their freedom and fame.
In Freedom we're born and in Freedom we'll live.
Our purses are ready. Steady, friends, steady;
Not as slaves, but as Freemen our money we'll give.

15 The tree their own hands had to Liberty rear'd,
They lived to behold growing strong and revered;
With transport they cried, now our wishes we gain,
For our children shall gather the fruits of our pain.
In Freedom we're born and in Freedom we'll live.
20 Our purses are ready. Steady, friends, steady;
Not as slaves, but as Freemen our money we'll give.

Then join hand in hand, brave Americans all,
By uniting we stand, by dividing we fall;
In so righteous a cause let us hope to succeed,
25 For heaven approves of each generous deed.
In Freedom we're born and in Freedom we'll live.
Our purses are ready. Steady, friends, steady;
Not as slaves, but as Freemen our money we'll give.

http://www.contemplator.com/america/liberty.html (Download vom 4. 6. 2018).

1 Arbeiten Sie die zentralen Begriffe und Aussagen des Liedes heraus.
2 Ordnen Sie das Lied in den historischen Kontext ein.
3 **Vertiefung:** Recherchieren Sie die Biografie von John Dickinson.

Übersetzung: Das Lied der Freiheit

cornelsen.de/Webcodes
Code: tegube

M 13 Thomas Jefferson in seiner Schrift „A Summary View of the Rights of British America" (1774)

Thomas Jefferson, Plantagenbesitzer aus Virginia und einer der Hauptautoren der Unabhängigkeitserklärung, gehörte zu den führenden Persönlichkeiten der Gruppe der „Patrioten". Er verfasste diesen Text als Anleitung für die Delegierten Virginias auf dem Ersten Kontinentalkongress.

Fester Entschluss zur Instruktion der Delegierten des Kontinentalkongresses mit den Deputierten aus den anderen Staaten Britisch Amerikas, dass diese Ihrer Majestät, als dem führenden Beamten [*chief magistrate*] des Britischen Empire, einen bescheidenen 5 und pflichtbewussten Brief mit Beschwerden seiner Untertanen in Amerika vorlegen sollen; Beschwerden, die ausgelöst wurden durch viele untragbare Eingriffe und widerrechtliche Anmaßungen von der Legislative eines Teils des Empires in die Rechte, die 10 Gott und die Gesetze allen Menschen gleich und unabhängig gegeben haben. [...]
Dieser Brief soll ihn daran erinnern, dass unsere Vorfahren, bevor sie nach Amerika emigrierten, freie Einwohner der Britischen Gebiete in Europa waren 15 und das Recht besaßen, das die Natur allen Menschen gegeben hat, und [...] dass sie im Streben nach neuen Wohnorten neue Gesellschaften errichtet haben, in denen sie solche Gesetze und Regeln geschaffen haben, die das allgemeine Wohlergehen [*public* 20 *happiness*] beförderten. Ebenso wie die sächsischen Vorfahren, im Rahmen dieses universellen Rechtes, ihre ursprüngliche Heimat in Nordeuropa verlassen haben und die Insel Britannien in Besitz genommen haben, [...] und dort ihr Gesetzessystem etabliert ha- 25 ben, das so lange dem Ruhm und Schutz dieses Landes gedient hat. Niemals wurde vom Mutterland, aus dem sie gekommen waren, der Anspruch erhoben, ihnen übergeordnet zu sein; und wenn ein solcher Anspruch erhoben würde, würden sich die britischen 30 Untertanen Ihrer Majestät auch mit fester Überzeugung auf ihre Rechte berufen, die sie von ihren Vorfahren erhalten haben, um die Souveränität ihres Staates gegenüber solchen Anmaßungen zu bewahren. 35

http://www.history.org/almanack/life/politics/sumview.cfm (Download vom 6. 6. 2018); übersetzt von Silke Möller.*

1 Geben Sie die Argumente von Thomas Jefferson wieder.
2 Nehmen Sie Stellung zu seiner Position.

M 14 Joseph Galloway, Abgeordneter aus Pennsylvania, auf dem Ersten Kontinentalkongress über den Plan einer Union zwischen den Kolonien und England (28. September 1774)

Beschluss, dass dieser Kongress Seiner Majestät die Bitte vortragen wird, die Lasten aufzuheben, unter denen seine treuen Untertanen in Amerika sich mühen, und ihm versichert wird, dass die Kolonien die
5 Idee mit Abscheu von sich weisen, von der britischen Regierung unabhängige Gemeinwesen zu sein, uns heiß wünschen, es möge eine politische Union errichtet werden nicht allein unter ihnen, sondern mit dem Mutterland, den Prinzipien Sicherheit und Frei-
10 heit entsprechend, die in der Verfassung aller freien Regierungen wesentlich sind und besonders das Prinzip der britischen Gesetzgebung bilden. Und da diese Kolonien infolge der lokalen Verhältnisse im Parlament von Großbritannien nicht repräsentiert
15 sein können, werden sie in aller Ergebenheit Seiner Majestät und seinen beiden Häusern des Parlaments folgenden Plan vortragen, mit dessen Hilfe die ganze Kraft des Empires zusammengefasst werden kann in jedem Notfall und die Interessen beider Mächte be-
20 fördert und die Rechte und Freiheiten Amerikas gesichert werden mögen.

Plan einer vorgeschlagenen Union zwischen Großbritannien und den Kolonien.

Eine britische und amerikanische gesetzgebende
25 Körperschaft zur Regelung der Verwaltung der allgemeinen Angelegenheiten Amerikas unter Einschluss aller genannten Kolonien soll in Amerika vorgeschlagen und errichtet werden; mit und unter dieser Regierung soll jede Kolonie ihre gegenwärtige Verfas-
30 sung und die Vollmacht behalten, ihre eigenen wie auch immer gearteten inneren politischen Fragen in allen Fällen zu regeln und zu verwalten.

Der genannten Regierung soll ein Präsident vorstehen, der vom König ernannt wird, und ein Großrat,
35 der von den Vertretern des Volkes der einzelnen Kolonien in ihren respektiven Versammlungen gewählt wird alle drei Jahre einmal. [...]

Zit. nach: Dokumente zur Geschichte der Vereinigten Staaten von Amerika, hg. von Herbert Schambeck, Helmut Widder, Marcus Bergmann, Duncker & Humblot, 2., erw. Aufl. Berlin 2007, S. 72 f.

1 Erläutern Sie die Vorschläge für eine Union.
2 Setzen Sie die Unionspläne in Beziehung zu den Ideen Thomas Jeffersons (M 13).
   Tipp: siehe S. 146.
3 **Zusatzaufgabe:** siehe S. 146.

M 15 Rede von Patrick Henry vor dem Provinzialkongress von Virginia (23. März 1775)

Herr Präsident, niemand schätzt wohl die Vaterlandsliebe und die Fähigkeiten der ehrenwerten Herren, die eben zu dem hohen Haus gesprochen haben, mehr als ich. Aber verschiedene Menschen sehen oft
5 die gleichen Probleme verschieden an. Daher wird man es hoffentlich nicht als Geringschätzung dieser Herren ansehen, wenn ich frei und ohne Einschränkung meine eigenen Empfindungen und Ansichten ausspreche, auch wenn sie den ihren direkt entgegen-
10 gesetzt sind. [...] Wenn ich in einem solchen Augenblick mit meiner Meinung zurückhielte, [...] würde ich mich nach meinem Dafürhalten des Verrats an meinem Land schuldig machen und damit auch der Treulosigkeit gegenüber der himmlischen Majestät,
15 die ich mehr ehre und achte als alle irdischen Könige.
[...] Wir haben alles in unserer Macht Stehende getan, um den jetzt aufziehenden Sturm abzuwenden. Wir haben Petitionen eingereicht – wir haben protestiert – wir haben demütig gebeten – wir haben uns
20 vor dem Königsthron in den Staub geworfen und haben darum gefleht, er möge eingreifen und die despotischen Hände seines Kabinetts und des Parlaments zügeln. Unsere Petitionen wurden missachtet, unsere Proteste haben weitere Gewalttaten und Schmähun-
25 gen bewirkt, unsere Gesuche übersehen, und wir wurden verächtlich vom Fuße des Thrones fortgestoßen. Nach alledem wird die weitere Verfolgung der liebgewordenen Hoffnung auf Frieden und Aussöhnung zwecklos. Es gibt keinen Raum für irgendwel-
30 che Hoffnungen! Wenn wir wirklich frei sein wollen – wenn wir die unschätzbaren Rechte, für die wir so lange gekämpft haben, unverletzt erhalten wollen – wenn wir den edlen Kampf, den wir so lange geführt haben und den wir nach unseren feierlichen Verspre-
35 chungen bis zur Erreichung unseres ruhmreichen Zieles führen wollten, nicht schmählich abbrechen wollen – dann müssen wir kämpfen! [...]
Es hat keinen Zweck, Herr Präsident, die Sache zu bemänteln. Manche Herren mögen noch so sehr nach
40 Frieden schreien – es gibt keinen Frieden. Der Krieg hat in Wirklichkeit schon begonnen! [...] Ich weiß nicht, wie sich andere entscheiden werden, aber für mich gibt es nur Freiheit oder Tod!

Zit. nach: Dokumente zur Geschichte der Vereinigten Staaten von Amerika, hg. von Herbert Schambeck, Helmut Widder, Marcus Bergmann, Duncker & Humblot, 2., erw. Aufl. Berlin 2007, S. 86 ff.*

1 Erläutern Sie, wie Patrick Henry die Lage im März 1775 einschätzt.
2 Überprüfen Sie seine Einschätzung.

M 16 Die Schlacht von Lexington am 19. April 1775, kolorierter Stich, 1874

1 Interpretieren Sie die bildliche Darstellung der Ereignisse von Lexington.

M 17 **Der Historiker Michael Hochgeschwender über den Beginn des Unabhängigkeitskrieges (2016)**

Mit den Schüssen von Lexington und Concord waren die Würfel gefallen. Die amerikanischen Kolonien befanden sich in offenem Aufruhr, wenngleich die Kampfhandlungen vorerst auf Neuengland begrenzt
5 waren. In den anderen Kolonien wurde noch eifrig darüber diskutiert, ob und wie man sich den Neuengländern anschließen würde. Aber das interkoloniale Netz der *Association Committees*, der *Sons of Liberty*, der Korrespondenzgesellschaften und des Kontinen-
10 talkongresses war inzwischen dicht und effizient genug, um die Solidarität mit dem Nordosten zu garantieren. [...] Im Süden, in Virginia, war es vor allem [...] Patrick Henry, der am 23. März, also noch vor Concord, das *House of Burgesses*, die dortige *Assembly,*
15 mit einer leidenschaftlichen Rede, die angeblich in den Worten „*Give me liberty or give me death*" gipfelte [siehe M 15], auf den bevorstehenden gemeinsamen Kampf einstimmte. Es ist nicht ganz klar, ob er diese Worte wirklich so gesprochen hat, aber Henry und
20 auch George Washington, Thomas Jefferson sowie andere Großgrundbesitzer Virginias waren inzwischen fest entschlossen, nicht einfach als Zuschauer dabeizustehen, falls die Briten Massachusetts militä-
risch bestrafen würden. Ihrer Entscheidung lag die Überzeugung zugrunde, ihre Existenz und ihre Frei- 25 heit seien durch die britische Regierung und die Gesetze des Parlamentes unmittelbar bedroht. [...]
Angesichts der unerwarteten militärischen Erfolge der kolonialen Milizen bei Concord, Boston und Ticonderoga lag das Gesetz des Handelns erst einmal 30 wieder bei der Politik, das heißt beim Kontinentalkongress, der seit Mai in Philadelphia tagte. [...] Diese Institution sollte bis 1783 die Geschicke erst der rebellischen Kolonien, dann der jungen Vereinigten Staaten von Amerika lenken. Als Präsident fungierte 35 John Hancock, neben Samuel Adams in britischen Augen der bestgehasste Mann [...]. Seine Wahl musste den Briten als schiere Provokation erscheinen und war wohl auch als solche gedacht. Als erste Amtshandlung erklärte der Kontinentalkongress, die Ko- 40 lonien befänden sich im Verteidigungszustand, und rief die Milizen und weitere Freiwillige zu den Fahnen.

Michael Hochgeschwender, Die Amerikanische Revolution,
C. H. Beck, München 2016, S. 174 ff. *

1 Arbeiten Sie die Kernaussagen des Autors heraus.
2 Überprüfen Sie, ob sich die Kolonien tatsächlich im „Verteidigungszustand" befanden.

M 18 „Palmzweig-Petition" des Zweiten Kontinentalkongresses an Georg III. (5. Juli 1775)

Nach dem Schlusse des letztern Krieges [...] begann ein neues System von Statuten und Verordnungen, nach welchen die Kolonien verwaltet werden sollten, sie zu beunruhigen, und sie mit peinigender Furcht und Misstrauen zu erfüllen. Zu ihrem größten Er-
5 staunen sahen sie plötzlich auf einen auswärtigen Krieg einheimische Gefahren folgen, die sie für weit bedenklicher hielten. [...]

Indem Eurer Majestät Minister auf ihrem Plan be-
10 standen, und ihn durch offenbar feindselige Angriffe durchsetzen wollten, zwangen sie uns, die Waffen zu unserer Verteidigung zu ergreifen. [...] Wenn wir erwägen, wie bürgerliche Zwietracht die streitenden Parteien zu glühender Rache und unheilbaren Erbit-
15 terungen anfeuert, so halten wir es für unsere Pflicht, gegen Gott, gegen Ew. Majestät, gegen unsere Mitbürger, und gegen uns selbst, alle Mittel, die nicht unserer Sicherheit zuwider sind, anzuwenden, um das fernere Blutvergießen zu verhindern und das bevor-
20 stehende Unglück, das dem britischen Reiche droht, abzuwenden. [...]

Wir bitten daher, dass Ew. Majestät Ihre königliche Gewalt huldreich dazu gebrauchen möge, uns von der schmerzlichen Furcht und dem Misstrauen zu
25 befreien [....], dass Maßregeln ergriffen werden mögen, wodurch das Leben der Untertanen Ew. Majestät vor ferneren Gefahren gesichert werden und dass endlich die Statute aufgehoben werden, die unmittelbar eine von Ew. Majestät Kolonien ins Unglück stür-
30 zen, aufgehoben würden.

Zit. nach: Dokumente zur Geschichte der Vereinigten Staaten von Amerika, hg. von Herbert Schambeck, Helmut Widder, Marcus Bergmann, Duncker & Humblot, 2., erw. Aufl. Berlin 2007, S. 89 f.

M 19 Proklamation der Rebellion von Georg III. (23. August 1775)

Die formelle Ausrufung der Rebellion überschnitt sich mit der Ankunft der Palmzweig-Petition, da eine Übermittlung immer mehrere Wochen dauerte.

Georg Rex,

In Ansehung, dass eine Anzahl unserer Untertanen in verschiedenen Teilen unserer Kolonien und Pflanzungen in Nordamerika, verführt durch gefährliche
5 und übelwollende Menschen, vergessen der Untertanenpflicht, die sie der Macht schulden, die sie geschützt und erhalten hat, nachdem der öffentliche Friede durch zahlreiche Akte der Aufsässigkeit gestört worden ist, um den gesetzlichen Handel zu hin-
10 dern und unsere loyalen Untertanen zu bedrücken, die ihn ausüben, dass sie neuerdings zu offener und eingestandener Rebellion übergegangen sind, indem

sie sich in feindlicher Weise zusammengetan haben, um der Ausführung des Gesetzes Widerstand zu leisten und verräterisch gegen uns Krieg vorzubereiten,
15 zu befehlen und zu erheben:

[...] halten wir es durch und mit Zustimmung unseres Staatsrates für geboten, diese unsere königliche Proklamation zu erlassen, und wir erklären hiermit, dass nicht nur alle unsere Offiziere und Beamte ver-
20 pflichtet sind, die äußersten Anstrengungen zu machen, um eine solche Rebellion zu unterdrücken [...], sondern dass auch alle unsere Untertanen in diesem Reiche und in den betroffenen Herrschaften durch das Gesetz gehalten sind, zur Unterdrückung einer
25 solchen Rebellion ihre Hilfe und ihren Beistand zu leisten und alle gegen uns und unsere Krone und Würde gerichteten verräterischen Konspirationen und Anschläge aufzudecken und bekanntzuma-
30 chen.

Zit. nach: Dokumente zur Geschichte der Vereinigten Staaten von Amerika, hg. von Herbert Schambeck, Helmut Widder, Marcus Bergmann, Duncker & Humblot, 2., erw. Aufl. Berlin 2007, S. 93 f.

1 Erläutern Sie, warum der Kontinentalkongress die Palmzweig-Petition direkt an den britischen König Georg III. richtete (M 18).
2 Charakterisieren Sie die Reaktion Georgs III. im August 1775 (M 19).
3 3 **Arbeitsteilige Gruppenarbeit:**
   a) Arbeiten Sie die zentralen Argumente der Patrioten heraus und nennen Sie wichtige Vertreter (M 12 bis M 16).
   b) Arbeiten Sie die zentralen Argumente der Loyalisten heraus und nennen Sie wichtige Vertreter (M 12 bis M 16).
4 **Vertiefung:** Stellen Sie in kleinen Schaubildern die verschiedenen von den Kolonisten vorgeschlagenen Lösungsmodelle für die nordamerikanischen Kolonien dar.

M 20 Thomas Paine in seiner Schrift „Common Sense" (1776)

Thomas Paine (1737–1809) war 1774 von England nach Amerika ausgewandert. Durch seine Schrift „Common Sense" (1776), die weite Verbreitung erfuhr, gelang es ihm, in Nordamerika zum Sprecher der Massen zu werden.

Da man die Sache von der Beweisführung auf die Waffen verwiesen hat, ist eine neue Zeitrechnung für die Politik angebrochen, ist eine neue Denkweise entstanden. Alle Pläne, Vorschläge usw., die vor dem 19. April [1775], also vor dem Beginn der Feindselig-
5 keiten, liegen, sind wie Kalender vom vergangenen Jahr, die damals taugten, heute aber überholt und

nutzlos sind. [...] Wir haben mit dem Schutz durch Großbritannien geprahlt, ohne daran zu denken,

10 dass dessen Beweggrund der eigene Vorteil und nicht Zuneigung war, und dass es uns nicht unsertwegen vor unseren Feinden schützte, sondern seinetwegen vor seinen Feinden. [...]

Europa, nicht England, ist das Stammland Amerikas.

15 Diese Neue Welt ist die Zuflucht für die verfolgten Freunde der bürgerlichen und religiösen Freiheit aus allen Teilen Europas gewesen. [...] Eigene Regierung ist unser natürliches Recht. [...]

Ihr, die ihr euch jetzt gegen Unabhängigkeit wendet,

20 ihr wisst nicht, was ihr tut; ihr öffnet ewiger Tyrannei die Türe, denn ihr haltet den Sitz der Regierung leer. Tausende und Zehntausende würden es für ruhmvoll halten, von diesem Erdteil die barbarische und höllische Macht zu verjagen, die zu unserer Vernichtung

25 die Indianer und Neger aufreizte. [...]

O ihr, die ihr die Menschheit liebt! Ihr, die ihr nicht bloß der Tyrannei, sondern dem Tyrannen selbst zu trotzen wagt, haltet stand! In jedem Fleck der Alten Welt herrscht Unterdrückung. Die Freiheit ist über

30 die ganze Erde gehetzt worden. Asien und Afrika haben sie schon seit langem vertrieben, Europa betrachtet sie als Fremde, und England hat ihr das Zeichen zur Abfahrt gegeben. O nehmt die Flüchtlinge auf und bereitet der Menschheit rechtzeitig eine Zu-

35 fluchtsstätte. [...] Wer sich Natur zum Führer nimmt, kann nicht leicht in seiner Beweisführung irregemacht werden, und auf dieser Grundlage stehe ich allgemein dafür ein: Unabhängigkeit ist eine gerade, einfache Richtlinie, die in unserer Hand liegt, Versöh-

40 nung aber ist eine außerordentlich verwirrte und verwickelte Sache, bei der sich ein verräterischer, launenhafter Hof einmischen muss [...]. Kurz, Unabhängigkeit ist das einzige Band, das uns verknüpfen und zusammenhalten kann. [...]

45 Lasst die Namen Whig und Tory[1] ausgetilgt sein, lasst keine anderen unter uns erklingen als die eines guten Bürgers, eines offenen und beherzten Freundes, eines tugendhaften Beschützers der Rechte der Menschheit und der freien und unabhängigen Staaten von

50 Amerika!

Zit. nach: Wolfgang Lautemann (Bearb.), Geschichte in Quellen, Bd. 4, bsv, München 1981, S. 99.*

1 *Whigs und Tories:* Dies sind die beiden wichtigsten politischen Gruppierungen in Großbritannien. Die Whigs setzen sich traditionell für die Rechte des Parlaments, die Tories für die Macht der Krone ein.

1 Erläutern Sie die Thesen von Thomas Paine zur Lage der amerikanischen Kolonien.

2 Beurteilen Sie seine Argumentation.

Wende zur Revolution?

M21 **Der Historiker Volker Depkat über die „Wende zur Revolution" (2016)**

Das Revolutionäre der sich zwischen 1774 und 1776 ereignenden Wende ist dadurch definiert, dass die Kolonisten in der Rechtfertigung ihres Widerstands aus dem britischen Verfassungskontext ausbrachen und ihn auf die neue Grundlage des aufklärerischen 5 Naturrechtsliberalismus stützten. Hatten sie sich in ihrem Protest bisher auf die ungeschriebenen Traditionen der britischen Verfassung, die *Rights of Englishmen* und die in den kolonialen *Charters* von der Krone gewährten Rechte berufen, so griffen sie 10 nach 1774 immer mehr auf die universalen Prinzipien der Aufklärung zurück. Folglich ging es seit 1774 immer weniger um Steuern und immer mehr um die Grundfragen legitimer Herrschaft und den Zweck von Staatlichkeit überhaupt. Damit einher ging eine 15 grundlegende Hinwendung zur Zukunft: Bis zur revolutionären Wende von 1774/76 war der koloniale Widerstand gegen die imperiale Politik des Mutterlandes rückwärtsgewandt gewesen, denn es ging den Kolonisten um die Bewahrung des Status quo, wie er 20 sich bis 1763 etabliert hatte. [...] Die Wende zur Revolution, die in der Erklärung der Unabhängigkeit am 4. Juli 1776 kulminierte, ist deshalb auch eine Wende von der Vergangenheitsorientierung hin zur Ausrichtung auf eine offene Zukunft, deren Gestaltung sich 25 die Revolutionäre zur Aufgabe machten.

Von entscheidender Bedeutung für die Wende zur Revolution war der Zusammentritt des Ersten Kontinentalkongresses in Philadelphia am 5. September 1774. Die insgesamt 56 Delegierten aus zwölf Kolonien – nur Georgia war nicht vertreten – bildeten das 30 nach dem *Stamp Act Congress* zweite interkoloniale Parlament und sahen sich mit der Aufgabe konfrontiert, die Interessen der Kolonien gegenüber dem Mutterland zu vertreten und den eskalierenden kolonialen Widerstand zu organisieren. Dadurch arbeite- 35 te der Erste Kontinentalkongress faktisch als nationale Regierung, ohne dass die Delegierten das damals schon von sich gedacht oder dass die Kolonisten das so gesehen hätten. Der Kontinentalkongress rief die 40 Bewohner der 13 Kolonien zur Verschärfung des Boykotts bis hin zum völligen Abbruch aller Handelsbeziehungen zum Mutterland auf. [...] Zudem stellten die Delegierten des Ersten Kontinentalkongresses in der am 14. Oktober verabschiedeten *Declaration of* 45 *Colonial Rights and Grievances* fest, dass das britische Parlament keinerlei Autorität über die inneren Angelegenheiten der Kolonien im britischen Herrschaftsverband habe. Diese Resolution war die letzte große

50 Manifestation eines sich auf die *Rights of Englishmen* berufenden Widerstandes gegen die Politik des Mutterlandes.

Volker Depkat, Geschichte der USA, Kohlhammer, Stuttgart 2016, S. 56.*

1 Analysieren Sie die von Volker Depkat genannten Elemente der revolutionären Wende.
2 **Vertiefung:** Erörtern Sie die Verwendung der Begriffe „revolutionär" und „Revolution".
   Tipp: Beziehen Sie die Darstellung von Kapitel 1 sowie die Hinweise zur Formulierung eines Sach-/Werturteils von S. 54 mit ein.

M 22 Der US-amerikanische Historiker Crane Brinton (1898–1968) über die ersten Stadien der Amerikanischen Revolution (1965)

Man kann zwar in gewissem Sinne sagen, dass die amerikanische Revolution eigentlich 1765 mit dem Stempelgesetz begann oder dass jedenfalls die Agitation, die zur Widerrufung dieses Gesetzes führte, die
5 Generalprobe für die Bewegung des anschließenden Jahrzehnts bildete. Die Reichsregierung war jedenfalls entschlossen, in Amerika lebhaft zu reagieren. Townshends milde Zölle auf Tee, Glas, Blei und noch einige Importwaren gingen mit einem Versuch ein-
10 her, sie auf rationelle, moderne Art einzuheben. Die königliche Zollbürokratie in Amerika war pflichttreu, aber nicht böswillig. Das Ergebnis waren Zusammenstöße mit zunehmend besser organisierten Gruppen von Amerikanern. Es kam zum Teeren und Federn
15 von Zolldenunzianten, zum Raub beschlagnahmter Güter unter den Augen der Zollbeamten, zu Schmährufen gegen englische Truppen, dann zu den historischen Zwischenfällen, die in allen amerikanischen Schulbüchern stehen, wie dem Bostoner Massaker
20 von 1770 und der „Bostoner Tea Party".
Die Schließung des Hafens von Boston, die Entsendung einer Armee nach Massachusetts und die Quebec-Akte selbst waren Maßnahmen der Reichsregierung gegen die schon im Aufstand befindlichen
25 Kolonien. Man kann lange darüber streiten, an welchem Punkt der formale Beginn der amerikanischen Revolution anzusetzen ist. Man kann dazu den ersten Kontinentalkongress 1774, die Gefechte von Lexington und Concord 1775 oder die Unabhän-
30 gigkeitserklärung vom 4. Juli 1776 nehmen. Die komplexen Gruppenkämpfe, aus denen die Revolutionen entstehen, werden erst später in offiziellen Daten für das patriotische Ritual fixiert. Die ersten Schritte der amerikanischen Revolution waren vielfältig und er-
35 streckten sich über ein Jahrzehnt. Nur ein Pedant kann verlangen, ein bestimmtes Einzeldatum aus dieser langen Reihe von Geschehnissen als offiziellen Beginn der amerikanischen Revolution herauszulösen.

Crane Brinton, Anatomie der Revolution, hg. von Manfred Lauermann, übersetzt von Walter Theimer, Karolinger Verlag, durchgesehene und erweiterte Auflage, Wien 2017 [engl. Original 1965], S. 88 f.

1 Fassen Sie zusammen, welche Ereignisse Crane Brinton nennt und wie er sie bewertet.
2 Erläutern Sie, was Crane Brinton mit folgendem Satz meint: „Die komplexen Gruppenkämpfe […] werden erst später in offiziellen Daten für das patriotische Ritual fixiert."
3 Geben Sie die von Crane Brinton herausgearbeiteten Bedingungen für den Ausbruch einer Revolution wieder. Ordnen Sie das Material von Kapitel 3 auf dieser Basis ein.
   ▶ M 2, S. 93 f.
   Tipp: siehe S. 146.

M 23 Die *Sons of Liberty* stürzen die Statue Georgs III. am 9. Juli 1776 in New York, Stich nach Felix O. C. Darley, 1877

PULLING DOWN THE STATUE OF THE KING.

1 Erläutern Sie die Bedeutung des dargestellten Vorgangs.
2 **Zusatzaufgabe:** siehe S. 146.

Darstellungen analysieren

Zu den zentralen Aufgaben des Historikers gehört die Arbeit mit Quellen, die in schriftlicher, bildlicher und gegenständlicher Form einen direkten Zugang zur Geschichte bieten. Ihre Ergebnisse präsentieren die Wissenschaftler in selbst verfassten Darstellungen – häufig auch **Sekundärtexte** genannt –, in denen sie unter Beachtung wissenschaftlicher Standards die Ergebnisse ihrer Quellenforschungen sowie ihre Schlussfolgerungen und Bewertungen veröffentlichen. Grundsätzlich lassen sich Darstellungen in **zwei große Gruppen** gliedern:
– in fachwissenschaftliche und
– in populärwissenschaftliche bzw. „nichtwissenschaftliche" Darstellungen.
Die **fachwissenschaftlichen Texte** wenden sich an ein professionelles Publikum, bei dem Grundkenntnisse des Faches, der Methoden und der Begrifflichkeit vorausgesetzt werden können. Zu den relevanten Kennzeichen fachwissenschaftlicher Darstellungen gehört, dass alle Einzelergebnisse durch Verweise auf Quellen oder andere wissenschaftliche Untersuchungen durch Fußnoten belegt werden. **Populärwissenschaftliche Darstellungen**, die sich an ein breiteres Publikum wenden, verzichten dagegen auf detailliert belegte Erkenntnisse historischer Befunde und Interpretationen. In erster Linie geht es darum, komplexe historische Zusammenhänge anschaulich und vereinfacht zu präsentieren. Zu dieser Gruppe werden beispielsweise publizistische Texte und historische Essays in Zeitungen und Magazinen sowie Schulbuchtexte gezählt.

5

10

15

Arbeitsschritte zur Interpretation

1. Leitfrage	– Welche Fragestellung bestimmt die Untersuchung der Darstellung?
2. Analyse	*Formale Aspekte*
	– Wer ist der Autor (ggf. zusätzliche Informationen über den Verfasser)?
	– Um welche Textsorte handelt es sich?
	– Mit welchem Thema setzt sich der Autor auseinander?
	– Wann und wo ist der Text veröffentlicht worden?
	– Gab es einen konkreten Anlass für die Veröffentlichung?
	– An welche Zielgruppe richtet sich der Text (Historiker, interessierte Öffentlichkeit)?
	– Welche Intentionen oder Interessen verfolgt der Verfasser?
	Inhaltliche Aspekte
	– Was sind die wesentlichen Aussagen des Textes?
	a) anhand der Argumentationsstruktur: These(n) und Argumente
	b) anhand der Sinnabschnitte: wesentliche Aspekte und Hauptaussage
	– Wie ist die Textsprache (z. B. appellierend, sachlich oder polemisch)?
	– Welche Überzeugungen vertritt der Autor?
3. Historischer Kontext	– Auf welchen historischen Gegenstand bezieht sich der Text?
	– Welche in der Darstellung angesprochenen Sachaspekte bedürfen der Erläuterung?
4. Urteil	– Ist der Text überzeugend im Hinblick auf die fachliche Richtigkeit (historischer Kontext) sowie auf die Schlüssigkeit der Darstellung?
	– Welche Gesichtspunkte des Themas werden vom Autor kaum oder gar nicht berücksichtigt?
	– Was ergibt ggf. ein Vergleich mit anderen Darstellungen zum gleichen Thema?
	– Wie lässt sich der dargestellte historische Gegenstand aus heutiger Sicht im Hinblick auf die Leitfrage bewerten?

Übungsaufgabe

M1 **Der Historiker Jürgen Heideking über die ideologischen Ursprünge der Revolution (2003)**
Der Gesinnungswandel, der aus treuen Untertanen der Krone Patrioten und Rebellen machte, hatte sich erstaunlich rasch vollzogen. John Adams bezeichnete diesen intellektuellen Prozess rückblickend als
5 den eigentlichen Kern des Geschehens. Die Revolution, so schrieb er 1815 an Thomas Jefferson, habe in den Köpfen der Menschen stattgefunden, und sie sei schon abgeschlossen gewesen, bervor 1775 bei Lexington und Concord Blut vergossen wurde. Diese
10 Beobachtung trifft insofern zu, als die Ursprünge des britisch-amerikanischen Disputs, wie der Historiker Bernard Bailyn nachgewiesen hat, in erster Linie geistig-ideologischer Natur waren. Das beharrliche Pochen auf die „alten englischen Rechte" diente nicht
15 der Verschleierung materieller Interessen, wenngleich diese sicher auch eine Rolle spielten. Den unerlässlichen Nährboden für die Widerstandshaltung bildete vielmehr ein Geflecht von Denkgewohnheiten, Verhaltensweisen und Wertvorstellungen, das in
20 die tieferen Bewusstseinsebenen hineinreichte und breite soziale Schichten beeinflusste. Die gebildeten Kolonisten schöpften ihre Argumente und Konzepte aus vielen Quellen: aus den Werken englischer Juristen wie Sir Edward Coke und William Blackstone; aus
25 der liberalen Natur- und Vertragsrechtslehre John Lockes; aus der Literatur der Aufklärung [...]. Ganz besonders empfänglich waren sie selbst und ihr Publikum aber für die Maximen der englischen Oppositionsliteratur, deren beide Elemente – das radikale aus
30 John Trenchards und Thomas Gordons *Cato's Letters* und das konservativ-nostalgische des *Patriot King* von Lord Bolingbroke – in ihrem Bewusstein zu einer verhältnismäßig geschlossenen Weltanschauung, zu einer spezifisch amerikanischen Country-Ideologie
35 verschmolzen. Sie diente als Rahmen, in den sich alle anderen, oft widersprüchlichen Denkmuster und geistigen Strömungen einfügen ließen [...]. Im Lichte dieser Ideologie mit ihrem extremen Machtmisstrauen, ihrer Hochschätzung der klassisch-römischen
40 Bürgertugenden (*virtue*) und ihren Warnungen vor einem unmerklichen schleichenden Verlust der Freiheit reimten sich die Ereignisse seit 1763 zu einem logischen Ganzen, zu einer von langer Hand geplanten, weitverzweigten und systematisch vorangetrie-
45 benen Verschwörung gegen die Kolonien zusammen. Die neuen Steuern, das Insistieren der Briten auf der absoluten Parlamentssouveränität, der Ausbau der Kolonialverwaltung, die Verlegung von Truppen in die Städte und schließlich die harte Bestrafung von
50 Massachusetts – all das waren keine Reformen, sondern Anhaltspunkte für einen generellen Anschlag auf das Selbstbestimmungsrecht der Kolonisten, auf einen *„deliberate, systematic plan of reducing us to slavery"*, wie es der junge virginische Pflanzer Thomas
55 Jefferson 1774 in seinem Pamphlet *A Summary View of the Rights of British America* ausdrückte.
Jürgen Heideking, Geschichte der USA, UTB, 3. Auflage, Tübingen 2003, S. 36 f.

1 Analysieren Sie M 1 mithilfe der Arbeitsschritte von S. 52.
▶ Lösungshinweise finden Sie auf S. 150 f.

Ein historisches Urteil entwickeln

Im Allgemeinen werden im Fach Geschichte zwei Formen der Urteilsbildung unterschieden: **Sachurteile und Werturteile**. Die Trennung ist nicht immer eindeutig, da es auch Überschneidungen gibt; so basiert ein nachvollziehbares Werturteil in der Regel auf vorher vorgenommenen Sachurteilen.

Sachurteil 5
Es gibt drei unterscheidbare Formen des Sachurteils:
a) Ein Sachurteil dient der Beurteilung von Thesen, Ergebnissen und Kontroversen der Geschichtswissenschaft (z. B. zu den Ursachen des Ausbruchs des Ersten Weltkriegs).
   Beispiel: „Die Verantwortung für den Ausbruch des Ersten Weltkrieges liegt nach 10 neueren wissenschaftlichen Erkenntnissen nicht mehr allein beim deutschen Kaiserreich."
b) Ein Sachurteil beurteilt den historischen Gehalt von Aussagen zur Bedeutung von Personen und Ereignissen, in Geschichtsbildern und Mythen (z. B. zum Lutherbild im Nationalsozialismus). 15
   Beispiel: „Luthers Ziel war nicht die Schaffung einer deutschen Nation; diese gab es im 16. Jahrhundert noch nicht. Sein Anliegen war vielmehr eine Reform der katholischen Kirche."
c) Ein Sachurteil bestimmt die Bedeutung und/oder den Stellenwert des jeweiligen Subjekts, Ereignisses oder Phänomens im historischen Kontext. 20
   Beispiel: „Das mittelalterliche Stadtrecht mit der ihm zugrunde liegenden Idee der Schwurgemeinschaft bildete einen Gegenpol zum Feudalismus der agrarisch geprägten Gesellschaft auf dem Lande."
Operatoren: beurteilen, überprüfen (implizit)

Werturteil 25
Ein Werturteil beruht auf einer persönlichen Bewertung historischer Sachverhalte aus gegenwärtiger Perspektive. Ihm liegen Werte und Normen zugrunde, auf deren Basis das Verhalten, die Idee usw. einer historischen Person oder Gruppe bewertet wird.
   Beispiel: „Der Weg in den Ersten Weltkrieg macht deutlich, wie schnell menschliches Handeln in eine Katastrophe führen kann, wenn Verständigungsbereitschaft und 30 Friedfertigkeit fehlen."
Operator: „Stellung nehmen"

Weitere Operatoren fordern ein Sach- und/oder Werturteil: „sich auseinandersetzen", „erörtern" und „interpretieren". In der Regel ergibt es sich aus dem zu beurteilenden Sachverhalt, ob neben einem Sachurteil auch ein Werturteil möglich und/oder sinnvoll 35 *ist.*

Sowohl dem Sachurteil als auch dem Werturteil müssen **Kriterien** zugrunde gelegt werden, mit deren Hilfe man die Argumentation strukturieren und das Urteil fällen kann. Sie sind die **Qualitätsmerkmale der Urteilsbildung**. Im Geschichtsunterricht und im Abitur kommen folgende Kriterien vor: 40
Sachurteil: Triftigkeit, Stimmigkeit, (Differenziertheit), Sachgerechtigkeit, historische Korrektheit.
Werturteil: Menschlichkeit, Selbstbestimmung, Friedenserhaltung, Verantwortung für individuelles und gesellschaftliches Verhalten, Gedanken- und Meinungsfreiheit, Übereinstimmung mit christlichen und weltanschaulichen Normen. 45
Besonders wichtig beim Werturteil ist auch die Reflexion der Tatsache, dass heutige Wertvorstellungen nicht uneingeschränkt auf die Vergangenheit angewendet werden können.

Übungsaufgabe

M1 **Der US-amerikanische Historiker Joseph J. Ellis über Deutung und Bedeutung der Amerikanischen Revolution (2005)**

Kein Ereignis der amerikanischen Geschichte, das zu seiner Zeit so unwahrscheinlich war, hat in der Rückschau so unvermeidlich ausgesehen wie die Amerikanische Revolution. Was die Unvermeidlichkeit an-
5 geht, gab es allerdings schon damals Stimmen, die Patrioten in spe dazu drängten, die amerikanische Unabhängigkeit als eine frühe Version von *manifest destiny*, der schicksalhaften Bestimmung des Landes, anzusehen. Tom Paine beispielsweise behauptete, es
10 sei einfach eine Sache des gesunden Menschenverstandes, dass eine Insel keinen Kontinent regieren könne. Und Thomas Jefferson betonte in seiner lyrischen Wiedergabe der Gründe für das gesamte Revolutionsunternehmen den selbstverständlichen Cha-
15 rakter der Prinzipien, um die es ging. Mehrere andere prominente amerikanische Revolutionäre redeten ebenfalls so, als seien sie Schauspieler in einem historischen Drama, dessen Drehbuch schon von den Göttern geschrieben war. [...]
20 Verstärkt und in unser kollektives Gedächtnis eingegraben wurden diese frühen Vorahnungen vom amerikanischen Schicksal durch den nachfolgenden Triumph der politischen Ideale, welche die amerikanische Revolution, wie Jefferson es so schön formu-
25 lierte, „der gerecht urteilenden Welt" erstmals verkündete. Überall in Asien, Afrika und Lateinamerika haben ehemalige Kolonien europäischer Mächte mit so vorhersehbarer Regelmäßigkeit ihre Unabhängigkeit errungen, dass der Kolonialstatus zu einem exo-
30 tischen Relikt vergangener Tage, zu einer bloßen Durchgangsstation für aufstrebende Nationen geworden ist. Das republikanische Experiment, das die Revolutionsgeneration so kühn in Gang gesetzt hatte, stieß in den darauffolgenden zwei Jahrhunderten
35 auf erbitterten Widerstand, aber es besiegte die monarchischen Dynastien des 19. und danach dann die totalitären Despotien des 20. Jahrhunderts völlig, genau wie Jefferson es vorhergesagt hatte. Wenngleich die Behauptung, es stehe, wie es ein zeitgenössischer
40 politischer Philosoph formuliert hat, das „Ende der Geschichte" bevor, etwas extrem klingt, ist doch wahr, dass alle alternativen Formen der politischen Organisation gegen die liberalen Institutionen und Ideen, die erstmals gegen Ende des 18. Jahrhunderts
45 in den Vereinigten Staaten eingeführt wurden, vergebliche Rückzugsgefechte zu führen scheinen. Zumindest kann man wohl mit einiger Sicherheit sagen, dass eine Form der repräsentativen Staatsverfassung, die auf dem Prinzip der Volkssouveränität beruht,
50 und eine Form der Marktwirtschaft, die ihren Antrieb aus den Energien der einzelnen Bürger bezieht, zu den allgemein anerkannten Elementen nationalen Erfolges in aller Welt geworden sind. Diese Vermächtnisse sind uns so vertraut, wir sind so sehr ge-
55 wohnt, ihren Erfolg als selbstverständlich zu betrachten, dass die Ära, in der sie geboren wurden, in der Erinnerung einfach als ein Land der unausweichlichen Ergebnisse erscheinen muss. [...]
Zwar erhöht die heutige Sicht unsere Wertschätzung
60 für die Solidität und Stabilität des republikanischen Erbes, aber sie macht uns auch blind für die atemberaubende Unwahrscheinlichkeit und Leistung selbst. Alle wesentlichen Errungenschaften waren beispiellos. Zwar hat es vor der Amerikanischen Revolution
65 zahlreiche koloniale Erhebungen gegen imperiale Herrschaft gegeben, nie aber hatte vorher eine solche stattgefunden. Im Verbund stellten das britische Heer und die britische Flotte die stärkste Militärmacht der Welt dar, die im Laufe des darauffolgen-
70 den Jahrhunderts alle Nationen, welche mit ihr um den Anspruch als erste Hegemonialmacht der modernen Zeit konkurrierten, besiegen sollten. Zwar ist im 20. Jahrhundert das republikanische Paradigma [...] zur politischen Norm geworden, aber vor der Amerikanischen Revolution ist abgesehen von eini-
75 gen schweizerischen Kantonen und griechischen Stadtstaaten kein republikanisches Regierungssystem von langer Dauer gewesen, und nie war ein solcher Versuch auf einem Territorium unternommen worden, das so groß war wie die dreizehn Kolonien.
80 [...] Und schließlich hatten die dreizehn Kolonien [...] keine Geschichte einer dauerhaften Kooperation. Schon allein der Begriff „Amerikanische Revolution" propagiert ein völlig fiktives Gefühl von nationalem Zusammenhalt, das zum damaligen Zeitpunkt nicht
85 vorhanden war und sich nur in latenter Form durch Historiker erkennen lässt, die sich damit beschäftigen, im Nachhinein zu würdigen, wie es kommen konnte, dass sich alles so zum Guten wendete.

Joseph J. Ellis, Sie schufen Amerika. Die Gründergeneration von John Adams bis George Washington, C. H. Beck, München 2005, S. 13 ff.*

1 Erörtern Sie M1.
  ▶ Lösungshinweise finden Sie auf S. 151 f.
  ▶ Arbeitsschritte zur Analyse von Darstellungen finden Sie auf S. 52.

Anwenden

M1 Die Historikerin Charlotte A. Lerg über die Reaktion der britischen Regierung auf die *Boston Tea Party* (2010)

Als die Nachricht von der „Zerstörung des Tees im Hafen von Boston", wie die *Boston Tea Party* damals noch offiziell hieß, im Frühjahr 1774 London erreichte, reagierte das Parlament unverzüglich mit einer
5 Reihe von harschen Gesetzen, den sogenannten *Coercive Acts* (von „coercive" = „jemandem den Willen beugen"). Schon ihre Bezeichnung deutet darauf hin, dass sie einer direkten Bestrafung für die Unruhen in Amerika gleichkamen. Zu diesen Bestimmungen ge-
10 hörte der *Boston Port Act*, der den Hafen von Boston weitestgehend abriegelte und damit praktisch stilllegte, sowie der *Massachusetts Government Act*, der die Kolonialcharta von Massachusetts aus dem Jahr 1692 dahingehend änderte, dass den lokalen Ver-
15 sammlungen jegliche Art von Selbstregierung entzogen wurde. Besonders diese beiden Gesetze richteten sich klar gegen Boston und die Kolonie von Massachusetts. Aber bei diesen Bestimmungen blieb es nicht.
20 Es folgte der *Administration of Justice Act*. Damit wurde es möglich, eines Kapitalverbrechens oder des Verrats angeklagte Bewohner der Kolonien in London oder überall im Britischen Empire vor Gericht zu stellen. [...] Zusätzlich bedeutete diese neue Regulie-
25 rung der Gerichtsbarkeit ein gesteigertes Risiko für die Anführer des Widerstandes, die sich offen gegen die englische Regierung aussprachen und sich damit des Verrats schuldig machten. Während sie in den Kolonien mit einem milden Urteil der Geschworenen
30 rechnen konnten, weil die Grundstimmung in der Bevölkerung ebenfalls dem Mutterland gegenüber kritisch war, würde ein Londoner Gericht zweifellos anders entscheiden. Ganz abgesehen davon, bedeutete die Verlagerung der Rechtsprechung einen wei-
35 teren Machtverlust für die lokalen Regierungsversammlungen. [...]
Damit war eine beachtliche Anzahl an Bestimmungen erlassen worden, mit denen die Regierung in London ihre Macht demonstrieren, bekräftigen und
40 behaupten wollte. Letztendlich war der Effekt eher gegenteilig. Für viele Amerikaner, nicht nur in Massachusetts, waren diese Gesetze „Intolerable Acts", das letzte noch fehlende Indiz dafür, dass in Großbritannien kein ernsthaftes Interesse an Verhandlungen
45 und Versöhnung bestand.

Charlotte A. Lerg, Die Amerikanische Revolution, A. Francke Verlag, Tübingen, Basel 2010, S. 32 f.*

M2 Appell des Kontinentalkongresses an die „Mituntertanen" in Großbritannien (21. Oktober 1774)

Freunde und Mituntertanen!
[...] Sind also die Eigentümer des Bodens von Amerika nicht ebenso die Herren ihres Eigentumes wie Ihr des Eurigen; oder sollen sie es der Willkür Eures Parlamentes oder irgendeines anderen Parlamentes 5 oder Rates, dessen Mitglieder sie nicht wählten, überlassen? Kann der Zwischenraum der See, die uns trennt, Ungleichheit in den Rechten veranlassen oder kann ein Grund angegeben werden, warum englische Untertanen, die dreitausend Meilen weit von dem 10 Königlichen Palast wohnen, mindere Freiheit genießen sollten als diejenigen, die nur dreihundert Meilen davon leben?
Die Vernunft blickt mit Unwillen auf einen solchen Unterschied, und freie Männer können die Rechtmä- 15 ßigkeit desselben nicht einsehen. Und dennoch, wie eingebildet und ungerecht solche Unterscheidungen sind, so behauptet doch das Parlament, dass es ein Recht habe, uns in allen Fällen ohne Ausnahme zu binden, wir mögen einwilligen oder nicht; dass es un- 20 ser Eigentum gebrauchen könne, wenn und auf was für eine Art es wolle; dass wir Kostgänger seiner Güte in allen Dingen wären, die wir besitzen und sie nicht länger behalten könnten, als es geruhen würde, sie uns zu lassen. [...] 25

Zit. nach: Dokumente zur Geschichte der Vereinigten Staaten von Amerika, hg. von Herbert Schambeck, Helmut Widder, Marcus Bergmann, Duncker & Humblot, 2., erw. Aufl. Berlin 2007, S. 80 f.*

1 Erläutern Sie die Strafmaßnahmen Großbritanniens gegen Massachusetts (M1).
2 Erklären Sie, warum vor allem der *Administration of Justice Act* auf Widerstand stieß.
3 Arbeiten Sie aus M2 die zentralen Begriffe der Argumentation heraus.
4 Begründen Sie, warum sich der Kontinentalkongress an die „Mituntertanen" in Großbritannien wendet.
5 Setzen Sie sich mit der britischen Politik gegenüber den nordamerikanischen Kolonien auseinander.

Wiederholen

M3 „Boston Tea Party" am 16. Dezember 1773, kolorierte Lithografie, anonym, o. J.
Links im Bild sieht man die Flagge der East India Company, rechts die „Grand Union Flag". Beide enthalten links oben in der Ecke den britischen Union Jack.

Zentrale Begriffe

Boston Tea Party
Boykott
Committees of Correspondence
Freiheitsbaum
Kontinentalarmee
Kontinentalkongress
Loyalisten
Naturrecht
Patrioten
Sons of Liberty

1 Beschreiben Sie die zentralen Ereignisse der Jahre 1765 bis 1775.
2 Interpretieren Sie das Bild M3 und seine Deutung der *Boston Tea Party*. Nutzen Sie bei Bedarf die Formulierungshilfen.
3 **Wahlaufgabe:** Bearbeiten Sie entweder a), b) oder c).
   a) **Zeitungsartikel:** Verfassen Sie einen Zeitungsartikel über die *Boston Tea Party* für eine Bostoner Zeitung.
   b) **Bericht:** Stellen Sie aus der Perspektive des britischen Statthalters in Boston, Thomas Hutchinson, einen Bericht an seinen Vorgesetzten in London zusammen.
   c) **Historisches Urteil:** Formulieren Sie ein Sachurteil zu den Ereignissen.
4 Charakterisieren Sie die Perspektive der Gruppe der Patrioten im Jahr 1775.
5 **Vertiefung:** Setzen Sie sich mit der Biografie und den Positionen von Patrick Henry aus Virginia auseinander. Lesen Sie dazu erneut S. 41 der Darstellung und M16, S. 47. Recherchieren Sie im Internet. Stellen Sie Ihre Ergebnisse in Form eines Referates oder einer Präsentation in Ihrem Kurs vor.
6 Nehmen Sie Stellung zu der Frage nach dem Beginn der Amerikanischen Revolution.
   Tipp: Beziehen Sie die Argumente von Volker Depkat (M21, S. 50 f.) und Crane Brinton (M22, S. 51 sowie Kernmodul M2, S. 93 f.) mit ein.

Formulierungshilfen

– Das Bild zeigt folgende Szene: …
– Das Publikum reagiert …
– Die Atmosphäre ist …
– Die Farbgebung/Anordnung der Bildelemente …
– Die beiden Flaggen symbolisieren …
– Das Bild deutet die Boston Tea Party als …

4 Unabhängigkeitserklärung und Unabhängigkeitskrieg

M1 „The Declaration of Independence", Ölgemälde von John Trumbull, 1786–1794.

Vor dem Schreibtisch das „Fünfer-Komitee" (von links nach rechts): John Adams, Roger Sherman, Robert Livingston, Thomas Jefferson, Benjamin Franklin, die die Erklärung erarbeitet hatten. Hauptautor der Erklärung war Thomas Jefferson, die anderen vier nahmen nur Korrekturen vor. Am Tisch sitzend: John Hancock, Präsident des Kontinentalkongresses.

1776	12. Juni: *Virginia Bill of Rights*
	Juni: *Committee of Five* erarbeitet Erklärung zur Unabhängigkeit
	2. Juli: Der Kontinentalkongress entscheidet sich einstimmig für die Unabhängigkeit von Großbritannien
	4. Juli: Feierliche Veröffentlichung der Unabhängigkeitserklärung
	26. Dezember: Washington startet Überraschungsangriff auf hessisch-britische Truppen in Trenton

| 1775 | Mai: Beginn des Zweiten Kontinentalkongresses, Gründung der Kontinentalarmee unter General George Washington |

| 1777 | 11. September: Schlacht von Brandywine Creek |
| | 26. September: Briten besetzen Philadelphia |

| 1778 | 6. Februar: Frankreich erkennt als erster Staat die USA an, Abschluss Bündnisvertrag |
| | 10. Juli: Frankreich erklärt Großbritannien den Krieg |

| 1781 | 5. September: Seeschlacht in der Chesapeake Bay |
| | 17. Oktober: Britischer Oberbefehlshaber Cornwalli ergibt sich in Yorktown |

1775

1780

1775–1783 Unabhängigkeitskrieg

Der 4. Juli, Tag der Veröffentlichung der Unabhängigkeitserklärung, ist der Nationalfeiertag der USA – damals und heute ein Tag der Euphorie, der im ganzen Land gefeiert wird. Ein Tag, der den Kern des amerikanischen Selbstverständnisses verkörpert und die Einheit der USA betont. Die Unabhängigkeitserklärung war tatsächlich weit mehr als nur die Verkündung der rechtlichen Abtrennung von Großbritannien. Sie gilt als das wichtigste Verfassungsdokument der USA. Und sie ist revolutionär und modern, denn sie führt die zentralen naturrechtlichen und staatstheoretischen Ideen des 18. Jahrhunderts in einem für alle nordamerikanischen Kolonien gültigen Dokument zusammen. Doch sie ist nicht das erste Dokument dieser Art in Nordamerika. Am 12. Juni 1776 hatte die Kolonie von Virginia ihrer Verfassung einen Grundrechtekatalog (*Bill of Rights*) vorangestellt, an dem sich die Unabhängigkeitserklärung orientiert. Sie beginnt mit der Definition der von Gott gegebenen, für alle gleichen und unveräußerlichen Menschenrechte, darunter „Leben, Freiheit und das Streben nach Glück". Es folgen die Aufgaben einer guten Regierung und eine Liste der Verstöße durch König Georg III. Erst diese Verstöße rechtfertigten nämlich nach der modernen Staatstheorie im Anschluss an Thomas Hobbes und John Locke die Loslösung von britischer Herrschaft. Die guten Untertanen dürfen den Tyrannen stürzen. Das Dokument wurde ein Bestseller. Alle amerikanischen Kolonien erhielten Abschriften vom Kongress und verteilten diese weiter bis in die kleinste Pfarrei. Zeitungen veröffentlichten Ausschnitte. Es gab öffentliche Aushänge. Und es entstanden innerhalb kürzester Zeit deutsche und französische Übersetzungen, die auch in Europa schnell die Runde machten.

1 „Leben, Freiheit und das Streben nach Glück": Überlegen Sie, welche Grundrechte diese Formulierung umfasst.
2 Erörtern Sie die Einordnung von König Georg III. als „Tyrann".
3 Informieren Sie sich über die Künstler der Bilder M 1 und M 2. Vergleichen Sie die Bilder über die Unterzeichnung der Unabhängigkeitserklärung.

M2 Unterzeichnung der Erklärung der Unabhängigkeit in der Unabhängigkeitshalle von Philadelphia, am 4. Juli 1776, von Daniel Chodowiecki (1726–1801), Stich, Berlin, Ende 18. Jahrhundert

Der Congreß erklärt die 13 vereinigten Staaten von Nord-America für independent. am 4ten July 1776

1783 | Frieden von Paris: Großbritannien erkennt die USA an

1787 | US-Verfassung (ratifiziert 1788): Der Staatenbund wird zum Bundesstaat

1789 | *Bill of Rights* der Kolonie Virginia wird als Verfassungszusatz aufgenommen (ratifiziert 1791)

1789–1797 | George Washington erster Präsident der USA

1785

1790

4   Unabhängigkeitserklärung und Unabhängigkeitskrieg

> **In diesem Kapitel geht es um**
> – *den Prozess der Staatsgründung in Nordamerika,*
> – *die verschiedenen amerikanischen Verfassungsdokumente (Bill of Rights, Unabhängigkeitserklärung, 13 Artikel der Konföderation, Amerikanische Verfassung),*
> – *das Ideal, das die Verfassungsdokumente anstreben,*
> – *die Probleme und Kritikpunkte, die sich in der Realität aus den Verfassungsdokumenten ergeben,*
> – *den Unabhängigkeitskrieg.*

M1 „Schreiben der Unabhängigkeitserklärung", Ölgemälde von Jean L. G. Ferris (1863–1930), ca. 1921.
Am Tisch sitzen Benjamin Franklin und John Adams, die Texte von Thomas Jefferson (stehend) durchsehen und korrigieren.

▶ M 5: Bill of Rights

▶ M 7: Unabhängigkeitserklärung

▶ M 10: 13 Artikel der Konföderation

Der Weg zur Unabhängigkeit

Der Gedanke der Unabhängigkeit war durch Thomas Paine und seine Schrift *„Common Sense"* Anfang des Jahres 1776 aufgebracht und verbreitet worden. Weitere britische Gesetzesmaßnahmen, die u. a. den Handel mit den Kolonien unterbanden, machten deutlich, dass Großbritannien auf eine Unterwerfung 5 der Kolonien setzte und Verhandlungen keinen Sinn mehr machten. Den ersten Schritt unternahm die Kolonie Virginia. Bereits im Mai 1776 traf der Provinzialkongress von Virginia die Entscheidung, dass seine Delegierten auf dem Kontinentalkongress die Unabhängigkeit offiziell vorschlagen sollten. Doch 10 nicht alle Kolonien positionierten sich so klar. Es kam zu heftigen Debatten und letztlich zu einem erneuten Kompromiss. Alle Delegierten sollten genaue Anweisungen in ihren lokalen Parlamenten einholen. Gleichzeitig forderte der Kontinentalkongress die Kolonien auf, sich Verfassungen zu geben. Und wie- 15 der war die Kolonie Virginia federführend: Am 12. Juni verabschiedeten die Delegierten eine Verfassung, die mit einer **Bill of Rights**, also einer Sammlung von Grundrechten begann. Außerdem setzte der Kontinentalkongress ein Komitee bestehend aus fünf Personen ein (John Adams, Benjamin Franklin, Thomas 20 Jefferson, Robert Livingston, Roger Sherman), die eine Erklärung der Unabhängigkeit vorbereiten sollten. Am 2. Juli entschied sich der Kontinentalkongress einstimmig für die Unabhängigkeit von Großbritannien, der erste Schritt auf dem Weg zu einer gemeinsamen amerikanischen Identität. 25

Die **Unabhängigkeitserklärung**, die der Kontinentalkongress am **4. Juli 1776** unterzeichnete und verkündete, begründete die Trennung vom Mutterland mit dem Widerstandsrecht und der Naturrechtsphilosophie der europäischen Aufklärung. Darüber hinaus wurde ein völlig neues Modell der politischen und gesell- 30 schaftlichen Ordnung begründet, in dem die individuelle Freiheit an die oberste Stelle gesetzt wurde. Jeder Mensch hat die gleichen Rechte, und Zweck jeder Regierung ist es, diese Rechte und Freiheiten zu schützen. Zwischen 1776 und 1780 gaben sich die Einzelstaaten republikanische Grundordnungen. Mit den 1781 ratifizierten **„13 Artikeln der Konföderation"** wurde aus den britischen Kolonien ein 35 lockerer Staatenbund, der die Souveränität der Einzelstaaten betonte und auf eine starke zentrale Exekutive verzichtete. Parallel zu diesen politischen Entwicklungen lief die

militärische Auseinandersetzung, die diese zum Teil blockierte, zum Teil aber auch
vorantrieb. Von Sieg oder Niederlage hing die Zukunft der Vereinigten Staaten ab. 1781
40 konnten die Amerikaner die Briten bei Yorktown zur Kapitulation zwingen. 1783 erkannte das kriegsmüde Großbritannien im Frieden von Paris die Unabhängigkeit der
USA an. Doch die USA sahen sich nun vielfältigen inneren Problemen gegenüber, die
vorher durch den Krieg überlagert worden waren: Die öffentlichen Finanzen waren zer-
rüttet, die Wirtschaft kriselte und verschiedene soziale Gruppen forderten mehr politi-
45 sche Teilhabe. Viele waren der Meinung, dass die Probleme nur auf nationaler Ebene
und nur mithilfe von starken staatlichen Institutionen gelöst werden könnten. 1787
wurde der Konvent von Philadelphia eingesetzt und erarbeitete eine Verfassung, die aus
dem lockeren Staatenbund einen föderalen Bundesstaat mit einer Zentralregierung
machte. Der Ratifizierungsprozess der **Verfassung** wurde zur Zerreißprobe, den die Be-
50 fürworter der Verfassung, die sogenannten Föderalisten (u. a. Alexander Hamilton,
James Madison) schließlich knapp gewannen. Am Ende stimmten alle Einzelstaaten für
die neue Bundesverfassung, obwohl die Bedenken, dass eine starke Zentralmacht die
Freiheiten zu stark einschränken würde, immer noch weit verbreitet waren. 1789 wurde
George Washington, als Kriegsheld und General des Unabhängigkeitskrieges praktisch
55 über den politischen Gruppen stehend, zum ersten Präsidenten der USA gewählt.

▶ **M 11: Verfassung der Vereinigten
Staaten von Amerika**

▶ **M 12: Alexander Hamilton
über die Bundesregierung**

▶ **M 13: James Madison über
„checks and balances"**

Die amerikanische Verfassung: Ideal und Wirklichkeit

Die Amerikanische Revolution war weit mehr als eine koloniale Befreiungsrevolution,
sie war vor allem auch eine Verfassungsrevolution. Die monarchische Regierung wurde
zunächst umgangen und dann beseitigt; revolutionäre Ausschüsse und Provinzialkon-
gresse übten 1775/76 fast überall die Macht aus. Tatsächlich revolutionär war dann die
5 Verfassungsgebung in den amerikanischen Einzelstaaten, bei der von Anfang an das
Prinzip der Volkssouveränität die Grundlage bildete. Alle Gewalt ging, wie die *Virginia
Bill of Rights*" vom 12. Juni 1776 erklärte, vom Volk aus. Diesem Grundsatz wurde auch
praktisch Rechnung getragen. Die ersten Einzelstaatenverfassungen waren noch von
den normalen Parlamenten ausgearbeitet und verabschiedet worden. In Massachusetts
10 dagegen wurde die Ausarbeitung der Verfassung einer besonderen verfassunggebenden Versammlung anvertraut. Alle männlichen Einwohner durften an sämtlichen mit
der Verfassungsgebung zusammenhängenden politischen Akten teilnehmen. Der Verfassungsentwurf wurde allen Gemeinden zur Annahme vorgelegt, wobei die Zustimmung von zwei Dritteln erforderlich war. Mit der Verfassung von Massachusetts aus
15 dem Jahre 1780 wurde die Idee vom Volk als der konstituierenden Gewalt zum ersten
Mal in der Geschichte verwirklicht.
Innovativ war die Amerikanische Revolution auch darin, dass sie das **Prinzip des Bun-
desstaats** einführte. Gegenüber der bis dahin bekannten lockeren staatenbündischen
Organisationsform, wie sie die Vereinigten Staaten zunächst mit den *Articles of Confe-
20 deration*" von 1781 übernahmen, wurde mit der Verfassung von 1787 eine bis dahin
einzigartige Trennung der Kompetenzen zwischen Bund und Einzelstaaten vollzogen.
Neu war auch die in der *Northwest Ordinance*" von 1787 geschaffene Möglichkeit, hin-
zukommende Territorien nach einer Übergangsphase als gleichberechtigte Mitglieds-
staaten in die Union aufzunehmen.
25 Die Verfassung schuf ein System der **Gewaltenteilung** und **wechselseitigen Kontrolle**
(„*checks and balances*") zwischen Exekutive, Legislative und Judikative. Damit wurde
dem weit verbreiteten Misstrauen gegenüber zu viel politischer Macht Rechnung getragen. Im Herbst 1789 wurde ein Grundrechtekatalog („*Bill of Rights*") als Zusatz in die
Verfassung aufgenommen, dem als Vorlage die *Virginia Bill of Rights* gedient hatte. Er
30 garantierte jedem Amerikaner Glaubens-, Rede-, Presse- und Versammlungsfreiheit sowie die Unverletzlichkeit der Person, der Wohnung und das Recht auf Verteidigung.

M2 Die Verfassung der USA von 1787

Die Verfassung wurde 1787 beschlossen, 1789 durch zehn Verfassungszusätze, die „Bill of Rights", ergänzt und ratifiziert. Sie ist – ergänzt durch 17 weitere Verfassungszusätze – bis heute in Kraft.

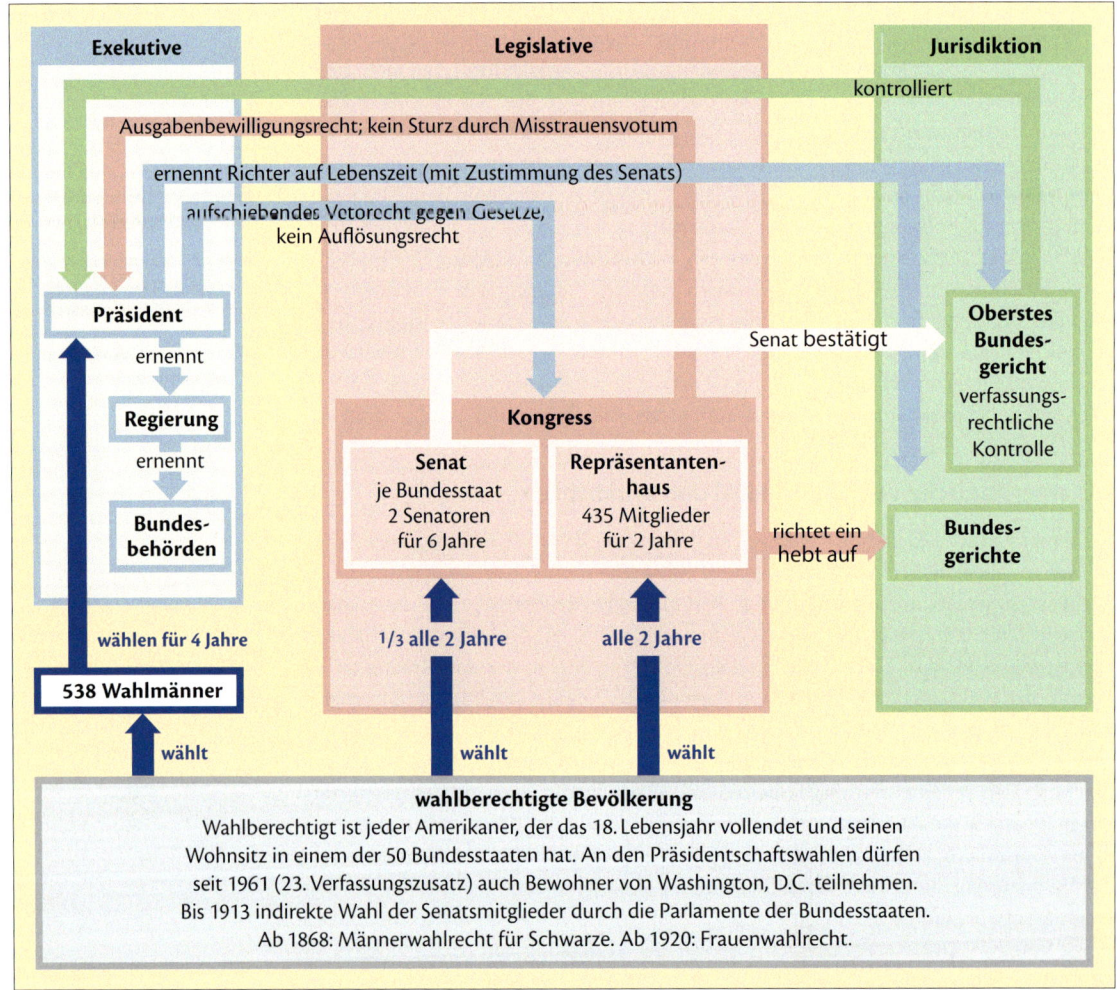

Die proklamierten **Bürger- und Menschenrechte** blieben in der Verfassung jedoch auf die freien männlichen Bürger beschränkt. Ausgeschlossen von der politischen Teilhabe waren Sklaven, die als Eigentum eines weißen Herrn keine Rechte besaßen, Frauen, die indianische Urbevölkerung und in den meisten Staaten die im Vergleich zu Europa eher kleine Gruppe von besitzlosen Männern. Dabei war in den Verfassungsversammlungen der Gemeinden und Staaten erörtert worden, ob es rechtens sei, Frauen und Sklaven von den Menschen- und Bürgerrechten auszuschließen. Die relativ frühe politische Gleichberechtigung der Frauen in einigen amerikanischen Bundesstaaten hat hier eine ihrer Wurzeln. Auch die Lage der Sklaven verbesserte sich durch die Amerikanische Revolution nicht, obwohl einige nördliche Staaten in den 1780er-Jahren Gesetze zur **Abschaffung der Sklaverei** beschlossen. In Massachusetts sowie durch Bundesgesetz im Nordwest-Territorium wurde sie sofort aufgehoben. Allerdings hatte die Sklaverei in diesen Gebieten ökonomisch kaum eine Rolle gespielt. Dagegen stieg zwischen 1790 und 1810 die Zahl der auf den Plantagen in den Südstaaten eingesetzten Sklaven von 700 000 auf 1,2 Millionen.

Der Unabhängigkeitskrieg

Der militärische Konflikt hatte schon vor dem Akt der Unabhängigkeitserklärung begonnen. Als der britische König Georg III. die Kolonialisten als Rebellen bezeichnete und weitere Truppen in die Kolonien entsandte, bereiteten die Siedler militärische Verteidigungsmaßnahmen vor. 1775 stellte der Kontinentalkongress eine Armee auf, die unter
5 der Führung von **George Washington** in einen Krieg gegen die britischen Truppen eintrat. Die *„Continental Army"* verlor allerdings die ersten Schlachten. Viele Zeitgenossen zweifelten an einem Erfolg der Amerikaner. Und nicht alle Kolonisten waren „Patrioten", es gab noch viele „Loyalisten", vor allem im Süden, die die Briten unterstützten. Die militärisch überlegenen Briten gingen ebenfalls davon aus, dass es nur eine Frage der Zeit
10 sei, bis die Kolonialisten aufgeben würden. Aber unter der Bedrohung von außen standen die Kolonien eng zusammen. Die Schlacht von Lexington, bei der 250 britische Soldaten und 90 Amerikaner starben, war ein erstes Zeichen, dass sich die Siedler gegenüber der Übermacht behaupten konnten. Die folgende Schlacht von Bunker Hill gewannen die Briten, sie verloren dabei aber mehrere tausend Soldaten und wurden
15 erheblich geschwächt. Im Lauf der Zeit gewannen die zunächst schlecht bewaffneten und ausgebildeten amerikanischen Soldaten die Oberhand über die britischen Truppen. Entscheidend für ihren Sieg war, dass sie das Hinterland der von den Briten besetzten Hafenstädte beherrschten. Hinzu kam, dass sich Frankreich und Spanien auf ihre Seite stellten und sie wirtschaftlich und militärisch unterstützten.

▶ M 17: Jürgen Heideking
über den Unabhängigkeitskrieg

▶ M 18: Karte zur Entstehung der USA

M 3 **Die Schlacht von Princeton, Ölgemälde von John Trumbull, 1787**

Mehrere Faktoren gaben schließlich den Ausschlag für den Sieg der Amerikaner: [20]
- Die **Unterstützung der britischen Armee** durch königstreue Siedler blieb weitestgehend aus. Als Folge musste fast der komplette Nachschub an Soldaten und Material für die britischen Truppen über mehr als 3 000 Meilen herangeschifft werden.
- Ein großes Problem für die Briten war die **territoriale Ausdehnung** der Kolonien. Das mögliche Schlachtfeld erstreckte sich von Florida im Süden bis Kanada im Norden [25] und von der Atlantikküste im Osten bis zum Mississippi im Westen.
- Es gab auch kein **Hauptziel**, etwa eine Hauptstadt, das die Briten hätten attackieren können, um den Krieg zu gewinnen. Die Kolonialisten nutzten die Weite des Landes immer wieder aus, um sich zurückzuziehen.
- Den britischen Soldaten fehlte oft die **Motivation**, gegen die britischen Kolonialisten [30] zu kämpfen. Die britische Regierung hatte zudem Probleme, überhaupt Soldaten für diesen Krieg zu rekrutieren. Am Ende warb sie Soldaten aus verschiedenen unabhängigen deutschen Staaten an. Viele von ihnen kamen aus Hessen, die sogenannten *Hessians**.
- Damit die Briten den Krieg gewinnen konnten, mussten sie den **Widerstand** in den [35] Kolonien niederwerfen. Die Amerikaner hingegen mussten nur lange genug kämpfen. Je mehr der Krieg die Briten kostete, desto näher rückte der Sieg der Kontinentalarmee.
- Auf amerikanischer Seite griffen auch Händler, Rechtsanwälte, Schuhmacher und Studenten zu den Waffen. Diese **Bürgerarmee** war unberechenbarer als eine professionelle Armee. Sie hatte zwar einen hohen Austausch an Soldaten, diese waren dafür [40] aber hoch motiviert, da sie nicht für einen Monarchen, sondern für ihre Unabhängigkeit, für ihr Eigentum, ihr Land kämpften.

Die „Hessians"
Da die Landgrafschaft Hessen-Kassel unter erheblichen wirtschaftlichen Problemen litt, „vermietete" Landgraf Friedrich II. mehr als 10 000 Soldaten an Großbritannien. Dieses setzte die hessischen Söldner in Nordamerika ein.

M 4 **Übersicht über die Kriegshandlungen 1775–1783**

1775	19. April	In Lexington und Concord verhindern amerikanische Siedler die Auflösung der Materiallager der Rebellen; Tote unter den Rebellen; Rückzug der Briten nach Boston
	10. Mai	Rebellen erobern das Fort Ticonderoga
	16./17. Juni	Rebellen belagern Boston, Schlacht von Bunker Hill; Rückzug der Rebellen
	30./31. Dez.	Schlacht von Quebec; Niederlage der Rebellen gegen Briten
1776	März	Rebellen erzwingen Rückzug der Briten aus Boston
	27. Aug.	Kampf um New York beginnt (Long Island, Brooklyn Heights); Briten siegen
	26. Dez.	General George Washington überquert den Fluss Delaware und startet einen Überraschungsangriff auf mit den Briten verbündete Hessen in Trenton bei New York; amerikanischer Sieg; Rückzug nach Pennsylvania
1777	3. Jan.	Schlacht von Princeton: Washington überquert erneut den Delaware und geht nach New Jersey; Sieg gegen Briten bei Princeton
	11. Sept.	Schlacht von Brandywine Creek; Sieg der Briten
	26. Sept.	Schlacht von Germantown, Briten nehmen Philadelphia ein
	17. Okt.	Schlacht von Saratoga (New York), britischer General Burgoyne kapituliert

1778	6. Feb.	Bündnis zwischen Amerika und Frankreich; Frankreich tritt in den Krieg ein
	28. Juni	Schlacht von Monmouth ohne eindeutigen Sieger
	29. Dez.	Briten nehmen Savannah ein
1779	9. Okt.	Amerikanische Rückeroberung von Savannah scheitert
1780	16. Aug.	Schlacht bei Camden; britischer Sieg
1781	5. Sept.	Seeschlacht in der Chesapeake Bay
	19. Okt.	Britische Armee kapituliert nach der letzten entscheidenden Schlacht in Yorktown (Virginia)
1783	3. Sept.	Unterzeichnung Frieden von Paris

Bilanz und Ausblick

Die amerikanische Verfassung sowie die als zehn Ergänzungsartikel angehängte *Bill of Rights* institutionalisierten die Ideen der Amerikanischen Revolution. Sie bauten eine komplett **neue staatliche Ordnung** auf, die den Anfang der politischen Moderne ein-
läutete und als Vorbild für andere diente: Volkssouveränität, Gewaltenteilung, Men-
5 schen- und Bürgerrechte sowie das Konstrukt des föderalen Bundesstaates bilden bis heute die Säulen der Vereinigten Staaten von Amerika. Zu einem sozialen und ökono-
mischen Umbruch kam es jedoch nicht. Die Sklaverei beispielsweise wurde beibehalten, um den Zusammenhalt der Union nicht zu gefährden. Die alten nordamerikanischen Eliten, Rechtsanwälte, Plantagenbesitzer oder Kaufleute, füllten im Wesentlichen auch
10 die neuen Schlüsselpositionen aus. Nur viele englandtreue Loyalisten verließen das Land.
Die innere Gründung der USA erwies sich als schwierig. Es wurde gerungen um die Kompetenzen des Präsidenten, um bestimmte Bundessteuern, um die Haltung gegenüber dem revolutionären Frankreich. Politische Parteien, Vorläufer der heutigen Repub-
15 likaner und Demokraten, bildeten sich schrittweise heraus und stritten in den Folgejah-
ren vehement um die Auslegung der Verfassung und die Gestaltung der Union. Die Reihe der ersten Präsidenten spiegelt die Vielfalt der politischen Positionen wider: 1. George Washington (neutral), 2. John Adams (Föderalist), 3. Thomas Jefferson (De-
mokratisch-Republikanische Partei). Trotz der zahlreichen Konflikte der Anfangsjahre
20 hebt die geschichtswissenschaftliche Forschung hervor, dass mit dem Ende des Unab-
hängigkeitskrieges und der Verabschiedung der Verfassung der Anfangspunkt für die Entstehung einer amerikanischen Nation gesetzt ist, selbst wenn die Zeitgenossen das noch nicht so empfunden haben. Darüber hinaus haben wichtige Bestandteile des amerikanischen Selbstverständnisses ihre Wurzeln in der Amerikanischen Revolution: freie
25 und individuelle Lebensgestaltung, Gesellschaft rechtlich freier und gleicher Staatsbürger, Leistungsbereitschaft.

Amerikanische Revolution

cornelsen.de/Webcodes
Code: micuva

1 Gliedern Sie den Verlauf der Ereignisse von 1776 bis 1787, indem Sie sie begründet in Phasen einteilen.
2 Erläutern Sie auf Basis des Schaubildes M 2 das politische System der USA.
3 Nehmen Sie Stellung zur Einordnung der Amerikanischen Revolution als Verfassungsrevolution.
   Tipp: Lesen Sie erneut Kapitel 1, S. 10 f.

Hinweise zur Arbeit mit den Materialien

*Die Materialien teilen sich auf in drei Themenblöcke.
Zunächst soll das **Ideal der amerikanischen Verfassung**, d. h. die niedergeschriebenen und von der
Mehrheit der Delegierten verabschiedeten ideellen und
institutionellen Festlegungen auf Basis der zentralen
Dokumente, Bill of Rights (M 5), Unabhängigkeitserklärung (M 7), 13 Artikel der Konföderation (M 10) sowie
der Verfassung (M 11) und einiger Bildmaterialien
erschlossen werden.*

*Die **Realität der amerikanischen Verfassung** ist
insofern vielschichtig, als sie ständigen historischen
Veränderungen unterlag. Zunächst sollen mithilfe
einiger Quellen die zeitgenössischen Debatten im
Vorfeld der Verabschiedung der Verfassung sowie in
den ersten Jahren der Republik beleuchtet werden.
Zentrale Streitpunkte waren hier die Rechte der
Zentralregierung (M 12) sowie der Themenkomplex
Gewaltenteilung und System des **checks and balances**
(M 13). Fachwissenschaftliche Sekundärtexte (M 14,
M 15) bieten verschiedene Ansätze für die Analyse und
Einordnung der Bedeutung der amerikanischen
Verfassung und Staatsgründung.*

*In einem abschließenden Materialblock wird der
Unabhängigkeitskrieg beleuchtet, der eng mit den
politischen Entscheidungen zu Unabhängigkeit und
Staatsgründung verzahnt ist und wesentlich zum
nationalen Gründungsmythos der USA beigetragen
hat. Ein Bildmaterial (M 16), eine fachwissenschaftliche
Deutung (M 17) sowie eine Karte (M 18) zeigen
verschiedene Perspektiven des Themenbereichs auf.*

Zur Vernetzung mit dem Kernmodul

*Es bestehen Anschlussmöglichkeiten zu Hannah Arendt
(M 6, S. 96 f.). Die Aspekte Freiheit als zentrales Anliegen
von Revolutionen und ihre dauerhafte politische
Verankerung lassen sich in den Verfassungsdokumenten
untersuchen. Crane Brinton (M 2, S. 93 f.) stellt Verlaufsformen der Hochphase von Revolutionen zur Verfügung.
Und schließlich können Aspekte von Modernisierung
auf politischer und gesellschaftlicher Ebene infolge der
neuen Verfassung mithilfe von Weber und Wehler (M 7,
M 8, S. 97 ff.) analysiert werden.*

Bill of Rights, Unabhängigkeitserklärung und Amerikanische Verfassung – Ideal

M 5 Aus den *Bill of Rights* der Kolonie Virginia
(12. Juni 1776)

*Im Mai 1776 forderte der Zweite Kontinentalkongress
die trennungswilligen Kolonien auf, sich eigene Verfassungen zu geben. Virginia stellte seiner Konstitution
eine „Bill of Rights" voran; die Kerninhalte fanden 1791
als Zusatzartikel Eingang in die US-Verfassung:*

I. Dass alle Menschen von Natur aus gleich frei und
unabhängig sind und bestimmte angeborene Rechte
besitzen, die sie ihrer Nachkommenschaft durch keinen Vertrag rauben oder entziehen können, wenn sie
eine staatliche Verbindung eingehen, nämlich das   5
Recht auf den Genuss des Lebens und der Freiheit,
auf die Mittel zum Erwerb und Besitz von Eigentum,
das Streben nach Glück und Sicherheit und das Erlangen beider.

II. Dass alle Gewalt im Volke ruht und folglich von   10
ihm abgeleitet ist, dass die Behörden seine Bevollmächtigten und Diener sind und ihm zu aller Zeit
verantwortlich.

III. Dass eine Regierung eingesetzt ist oder eingesetzt
sein sollte zum allgemeinen Wohle, zum Schutz und   15
zur Sicherheit des Volkes, der Nation oder der Gemeinde; dass von all den verschiedenen Regierungsformen diejenige die beste ist, die fähig ist, den
höchsten Grad von Glück und Sicherheit hervorzurufen, und die am wirksamsten gegen die Gefahr   20
schlechter Verwaltung gesichert ist; und dass die
Mehrheit einer Staatsgemeinde ein unzweifelhaftes,
unveräußerliches und unverletzliches Recht hat, eine
Regierung zu reformieren, zu verändern oder abzuschaffen, wenn sie diesen Zwecken unangemessen   25
oder entgegengesetzt befunden wird, und zwar in einer Weise, die für das Allgemeinwohl am dienlichsten scheint. [...]

V. Dass die gesetzgebenden und vollziehenden Gewalten eines Staates getrennt und von der richterli-   30
chen unterschieden werden sollen. [...]

VI. Dass die Wahlen der Mitglieder, die als Vertreter
des Volkes in der Versammlung dienen sollen, frei
sein sollten und dass alle Menschen, die genügend
ihr dauerndes Interesse an der Allgemeinheit und   35
ihre Bindung an die Staatsgemeinde nachweisen
können, das Recht zur Wahl haben, dass ihnen ihr Eigentum nicht zu öffentlichen Zwecken besteuert
oder genommen werden kann ohne ihre eigene Einwilligung oder die der so gewählten Volksvertreter;   40
dass sie ferner durch kein Gesetz gebunden werden
können, dem sie nicht in gleicher Weise im Interesse
der Allgemeinheit zugestimmt haben. [...]

VIII. Dass bei allen hochnotpeinlichen oder peinli-
45 chen Prozessen jedermann das Recht hat, nach Ursache und Natur seiner Anklage zu fragen, seinen An-
klägern und deren Zeugen gegenübergestellt zu
werden, Zeugen zu seinen Gunsten herbeizurufen
und eine sofortige Untersuchung durch einen unpar-
50 teiischen Gerichtshof aus zwölf Leuten seiner Nach-
barschaft zu verlangen, ohne deren einmütige Zustimmung er nicht schuldig befunden werden kann.
[...]
IX. Dass keine übermäßige Bürgschaft verlangt wer-
55 den, keine übermäßigen Geldbußen und auch keine
grausamen oder ungewöhnlichen Strafen auferlegt
werden sollten. [...]
XII. Dass die Pressefreiheit eins der stärksten Boll-
werke der Freiheit ist und nur durch despotische Re-
60 gierungen beschränkt werden kann.
XIII. Dass eine wohlgeordnete Miliz, die aus dem Volke gebildet und im Waffendienst geübt ist, die natürliche und sichere Verteidigung eines freien Staates
ist; dass man stehende Heere in Friedenszeiten, als
65 für die Freiheit gefährlich, vermeiden sollte; und dass
auf alle Fälle die militärische Gewalt in strenger Unterordnung unter der zivilen stehen und von dieser
geleitet werden sollte. [...]
XVI. Dass die Religion oder die Ehrfurcht, die wir un-
70 serem Schöpfer schulden, und die Art, wie wir uns
dieser Pflicht entledigen, nur durch unsere Vernunft
und Überzeugung bestimmt werden kann, nicht
durch Machtspruch oder Gewalt; und dass daher alle
Menschen zur freien Religionsausübung gleicherwei-
75 se berechtigt sind, entsprechend der Stimme ihres
Gewissens, und dass es die gegenseitige Pflicht aller
ist, christliche Milde, Liebe und Barmherzigkeit anei-
nander zu üben.

*Zit. nach: Wolfgang Lautemann (Bearb.), Geschichte in Quellen,
Bd. 4, München (bsv) 1981, S. 107–109.**

1 Analysieren Sie die grundlegenden Aussagen der
   Virginia Bill of Rights von 1776.
2 Vergleichen Sie das Dokument mit der Erklärung der
   Menschen- und Bürgerrechte in Frankreich, Kap. 7
   M 14, S. 111 f.
   Tipp: siehe S. 146.
3 **Vertiefung:** Hannah Arendt stellt als Charakteristi-
   kum von Revolutionen fest, dass sie beanspruchen,
   die „Sache der Menschheit" zu vertreten. Überprüfen
   Sie diese These auf der Basis von M 5.
   ▶ M 6, S. 96 f.
4 **Zusatzaufgabe:** siehe S. 146.

**M 6 Verkündung der Unabhängigkeitserklärung
am 4. Juli 1776, Stich, aus dem Buch „The Life of
George Washington", 1865–1869**

1 Beschreiben Sie die auf dem Bild dargestellte
   Stimmung.

**M 7 Die Unabhängigkeitserklärung der USA nach
einem Entwurf von Thomas Jefferson (4. Juli
1776)**
Folgende Wahrheiten erachten wir als selbstverständlich: Dass alle Menschen gleich geschaffen sind;
dass sie von ihrem Schöpfer mit gewissen unveräußerlichen Rechten ausgestattet sind; dass dazu Leben, Freiheit und das Streben nach Glück gehören; 5
dass zur Sicherung dieser Rechte Regierungen unter
den Menschen eingerichtet werden, die ihre recht-
mäßige Macht aus der Zustimmung der Regierten
herleiten; dass, wenn irgendeine Regierungsform
sich für diese Zwecke als schädlich erweist, es das 10
Recht des Volkes ist, sie zu ändern oder abzuschaffen
und eine neue Regierung einzusetzen und sie auf solchen Grundsätzen aufzubauen und ihre Gewalten in
der Form zu organisieren, wie es zur Gewährleistung
ihrer Sicherheit und ihres Glücks geboten zu sein 15
scheint. Gewiss gebietet die Vorsicht, dass seit langem bestehende Regierungen nicht um unbedeuten-
der und flüchtiger Ursachen willen geändert werden
sollten, und demgemäß hat noch jede Erfahrung gezeigt, dass die Menschen eher geneigt sind zu dulden, 20
solange die Übel noch erträglich sind, als sich unter
Abschaffung der Formen, die sie gewöhnt sind, Recht
zu verschaffen. Aber wenn eine lange Reihe von Miss-
bräuchen und Übergriffen, die stets das gleiche Ziel

25 verfolgen, die Absicht erkennen lässt, sie absolutem Despotismus zu unterwerfen, so ist es ihr Recht, ist es ihre Pflicht, eine solche Regierung zu beseitigen und sich um neue Bürgen für ihre zukünftige Sicherheit umzutun. Solchermaßen ist das geduldige Aus-
30 harren dieser Kolonien gewesen und solchermaßen ist jetzt die Notwendigkeit, welche sie treibt, ihre früheren Regierungssysteme zu ändern. Die Geschichte des gegenwärtigen Königs von Großbritannien ist die Geschichte wiederholten Unrechts und wiederholter
35 Übergriffe, die alle auf die Errichtung einer absoluten Tyrannei über die Staaten zielen. [...]
In jenem Stadium dieser Bedrückungen haben wir in den untertänigsten Ausdrücken um Abhilfe ersucht; unser wiederholtes Ersuchen ist lediglich durch wie-
40 derholtes Unrecht beantwortet worden. Ein Fürst, dessen Charakter durch jede Handlung in solcher Weise gekennzeichnet ist, kann als ein Tyrann bezeichnet werden, der als Herrscher über ein freies Volk ungeeignet ist. Auch haben wir es nicht unter-
45 lassen, unserer britischen Brüder hinlänglich eingedenk zu sein. Wir haben sie von Zeit zu Zeit von den Versuchen ihrer gesetzgeberischen Gewalt in Kenntnis gesetzt, eine gesetzwidrige Rechtsprechung über uns zu errichten. Wir haben sie an die näheren Um-
50 stände unserer Auswanderung und unserer Siedlung hier erinnert. [...] Wir müssen uns daher mit der Notwendigkeit abfinden, welche unsere Trennung gebietet, und sie, wie die übrige Menschheit, für Feinde im Krieg, für Freunde im Frieden halten.
55 Daher tun wir, die Vertreter der Vereinigten Staaten von Amerika, versammelt in einem allgemeinen Kongress, an den Obersten Richter der Welt betreffs der Rechtlichkeit unserer Absichten appellierend, im Namen und kraft der Autorität des rechtlichen Volkes
60 dieser Kolonien feierlich kund und erklären, dass diese Vereinigten Kolonien freie und unabhängige Staaten sind und es von Rechts wegen sein sollen; dass sie von jeglicher Treuepflicht gegen die britische Krone entbunden sind und dass jegliche politische Verbin-
65 dung zwischen ihnen und dem Staate Großbritannien vollständig gelöst ist und sein soll und dass sie als freie und unabhängige Staaten Vollmacht haben, Kriege zu führen, Frieden zu schließen, Bündnisse einzugehen, Handel zu treiben und alle anderen Akte
70 und Dinge zu tun, welche unabhängige Staaten von Rechts wegen tun können. Und zur Stütze dieser Erklärung verpfänden wir alle untereinander in festem Vertrauen auf den Schutz der göttlichen Vorsehung unser Leben, unser Gut und unsere heilige Ehre.

Zit. nach: Adolf Rock, Dokumente der amerikanischen Demokratie, 2. Aufl., Limes, Wiesbaden 1953, S. 102 ff. *

M 8 **Durch den Kongress entfernte Passage aus dem Entwurf Jeffersons**

Er [Georg III.] hat einen grausamen Krieg gegen die menschliche Natur selbst geführt, indem er die heiligsten Rechte des Lebens und der Freiheit in den Angehörigen eines fernen Volkes verletzt hat, das ihn
5 nie beleidigt hat, indem er sie gefangen nahm und als Sklaven in eine andere Hemisphäre verschleppte oder sie auf ihrem Transport dorthin einem elenden Tode preisgab. Diese seeräuberische Kriegsführung, die Schmach heidnischer Völker, ist die Kriegsfüh-
10 rung des Christlichen Königs von Großbritannien, der entschlossen ist, seinen Markt einzurichten, wo Menschen gekauft und verkauft werden sollen. Er hat sein Einspruchsrecht preisgegeben durch Unterdrückung jedes gesetzgeberischen Versuchs, solchen
15 schändlichen Handel zu verhindern oder einzuschränken. Und damit diese Häufung von Scheußlichkeiten eines Zuges ungewöhnlicher Färbung nicht entbehre, treibt er jetzt die gleichen Menschen an, mitten unter uns die Waffen zu erheben, um sich
20 jene Freiheit zu erkaufen, deren er sie beraubte, indem sie die morden, denen er sie auch aufgedrängt hatte: So bezahlt er für frühere Verbrechen gegen die Freiheit eines Volkes mit Verbrechen, die er dieses gegen das Leben eines anderen begehen ließ.

Zit. nach: Wolfgang Lautemann (Bearb.), Geschichte in Quellen, Bd. 4, bsv, München 1981, S. 92.

1 Analysieren Sie die wichtigsten Argumente, mit denen die amerikanischen Kolonien ihre Trennung vom englischen Mutterland begründen (M 7).
2 Erläutern Sie das Staatswesen, das die Verfasser der Erklärung anstrebten (M 7).
3 Charakterisieren Sie Jeffersons Einschätzung von König Georg III. (M 8).

M 9 **Amerikanische Banknote von 1776**

1 Arbeiten Sie die Bedeutung einer eigenen gemeinsamen Währung für die Kolonien heraus.

M 10 **Aus den 13 Artikeln der Konföderation (15. November 1777)**

Art. 1: Der Titel dieser Conföderation soll seyn: Die Vereinigten Staaten von Amerika.

Art. 2: Jeder Staat behält seine Souveränität, Freiheit und Unabhängigkeit und jegliche Gewalt, Gerichts-
5 barkeit und Recht, welches nicht durch dieses Bündnis ausdrücklich den Vereinigten Staaten im versammelten Congress[1] übertragen wird.

Art. 3: Die benannten Staaten treten hierdurch miteinander in einen festen Freundschaftsbund, für ge-
10 meinsame Verteidigung, Sicherheit ihrer Freiheiten und wechselseitige wie allgemeine Wohlfahrt, sie verbinden sich, einer dem anderen beizustehen gegen allen und jeden sich zeigenden Zwang oder auf sie gemachte Angriffe, in Bezug auf die Religion, Souve-
15 ränität, den Handel oder unter was für einem Vorwand sie geschehen. [...]

Zit. nach: Dokumente zur Geschichte der Vereinigten Staaten von Amerika, hg. von Herbert Schambeck, Helmut Widder, Marcus Bergmann, Duncker & Humblot, 2., erw. Aufl. Berlin 2007, S. 140 ff.

1 *der Congress:* Gemeint ist ein neu einzusetzender Konföderationskongress.

1 Beschreiben Sie die Inhalte der ersten drei Artikel.
2 Erklären Sie die konkrete Nennung von Angriffen auf Religion, Souveränität und Handel (Z. 14 f.).
Tipp: siehe S. 146.

M 11 **Verfassung der Vereinigten Staaten von Amerika (1787)**
Präambel

Wir, das Volk der Vereinigten Staaten, von der Absicht geleitet, unseren Bund zu vervollkommnen, die Gerechtigkeit zu verwirklichen, die Ruhe im Innern
5 zu sichern, für die Landesverteidigung zu sorgen, das allgemeine Wohl zu fördern und das Glück der Freiheit uns selbst und unseren Nachkommen zu bewahren, setzen und begründen diese Verfassung für die Vereinigten Staaten von Amerika.

10 *Artikel I*

Abschnitt 1. Alle in dieser Verfassung verliehene gesetzgebende Gewalt ruht im Kongress der Vereinigten Staaten, der aus einem Senat und einem Repräsentantenhaus besteht. [...]

15 *Abschnitt 2.* Das Repräsentantenhaus besteht aus Abgeordneten, die alle zwei Jahre in den Einzelstaaten vom Volke gewählt werden. [...]

Abschnitt 3. Der Senat der Vereinigten Staaten besteht aus je zwei Senatoren von jedem Einzelstaat,
20 die von dessen gesetzgebender Körperschaft auf sechs Jahre gewählt werden.[1]

Abschnitt 7. Alle Gesetzesvorlagen zur Aufbringung von Haushaltsmitteln gehen vom Repräsentantenhaus aus; der Senat kann jedoch wie bei anderen Ge-
25 setzesvorlagen Abänderungs- und Ergänzungsvorschläge einbringen. [...]

Jede Anordnung, Entschließung oder Abstimmung, für die Übereinstimmung von Senat und Repräsentantenhaus erforderlich ist [...], muss dem Präsiden-
30 ten der Vereinigten Staaten vorgelegt und, ehe sie wirksam wird, von ihm gebilligt werden; falls er ihre Billigung ablehnt, muss sie von Senat und Repräsentantenhaus mit Zweidrittelmehrheit nach Maßgabe der für Gesetzesvorlagen vorgeschriebenen Regeln
35 und Fristen neuerlich verabschiedet werden.

Abschnitt 8. Der Kongress hat das Recht:

Steuern, Zölle und Abgaben und Akzisen[2] aufzuerlegen und einzuziehen, um für die Erfüllung der Zahlungsverpflichtungen, für die Landesverteidigung
40 und das allgemeine Wohl der Vereinigten Staaten zu sorgen: alle Zölle, Abgaben und Akzisen sind aber für das gesamte Gebiet der Vereinigten Staaten einheitlich festzusetzen;

auf Rechnung der Vereinigten Staaten Kredit aufzu-
45 nehmen;

den Handel mit fremden Ländern, zwischen den Einzelstaaten und mit den Indianerstämmen zu regeln; [...]

Münzen zu prägen, ihren Wert und den fremder Währungen zu bestimmen und Maße und Gewichte
50 zu normen; [...]

Postämter und Poststraßen einzurichten; [...]

dem Obersten Bundesgericht nachgeordnete Gerichte zu bilden; [...]

Artikel II
55
Abschnitt 1. Die vollziehende Gewalt liegt bei dem Präsidenten der Vereinigten Staaten von Amerika. [...]

Abschnitt 3. Er hat von Zeit zu Zeit dem Kongress über die Lage der Union Bericht zu erstatten und
60 Maßnahmen zur Beratung zu empfehlen, die er für notwendig und nützlich erachtet. Er kann bei außerordentlichen Anlässen beide oder eines der Häuser einberufen [...]. Er hat Sorge zu tragen, dass die Gesetze gewissenhaft vollzogen werden, und er erteilt
65 allen Beamten der Vereinigten Staaten die Ernennungsurkunden. [...]

Zit. nach: Dokumente zur Geschichte der Vereinigten Staaten von Amerika, hg. von Herbert Schambeck, Helmut Widder, Marcus Bergmann, Duncker & Humblot, 2., erw. Aufl. Berlin 2007, S. 169 ff.

1 Durch den XVII. Zusatzartikel 1913 geändert, seitdem Wahl der Senatoren durch die Bevölkerung.
2 *die Akzise:* eine indirekte Verbrauchssteuer

1 Charakterisieren Sie auf der Basis von M 11 die Stellung von Kongress und Präsident in der amerikanischen Verfassung.

2 **Vertiefung:** Setzen Sie sich mit den föderalen Strukturen der amerikanischen Verfassung auseinander. **Tipp:** siehe das Schaubild M 2, S. 62, sowie die Arbeitsschritte zur Interpretation von Verfassungsschaubildern, S. 74 f.

3 **Präsentation:** Erläutern Sie in einer Präsentation das Ideal der Verfassung.

4 **Zusatzaufgabe:** siehe S. 146.

Amerikanische Verfassung – Debatten und Realität

M 12 **Alexander Hamilton (1755–1804), der maßgeblichen Einfluss auf den Verfassungsentwurf ausübte, über die Macht der Bundesregierung (1787)**

Verzichten wir auf alle Pläne für eine Bundesregierung, so würde uns das zu einer einfachen offensiven und defensiven Allianz führen und uns in eine Lage bringen, in der wir uns abwechselnd als Freunde oder
5 Feinde gegenüberständen, je nachdem, was uns unsere gegenseitige Rivalität – von den Intrigen fremder Mächte geschürt – gerade vorschriebe. [...]
Wenn [...] die Maßnahmen der Föderation nicht ohne Mitwirkung der Regierungen der Einzelstaaten
10 durchgeführt werden können, besteht wenig Aussicht, dass sie überhaupt durchgeführt werden. Die leitenden Männer der verschiedenen Mitgliedstaaten werden, ob sie dazu ein verfassungsmäßiges Recht haben oder nicht, selbst über die Richtigkeit der
15 Maßnahmen zu entscheiden trachten. Sie werden Erwägungen anstellen, ob die Beschlüsse oder Erlässe ihrem Interesse oder ihren unmittelbaren Zielen entsprechen und ob deren Annahme ihnen im Augenblick gelegen oder ungelegen erscheint. All das wird
20 getan werden, und zwar im Geiste einer eigennützigen und argwöhnischen Prüfung und ohne jene Kenntnis der gesamtnationalen Umstände und Gründe, die für ein richtiges Urteil nötig sind. [...]
In unserem Falle, also unter der Föderation, bedarf es
25 zur völligen Durchführung jeder wichtigen Maßnahme, die von der Föderation ausgeht, der Übereinstimmung des souveränen Willens von dreizehn Staaten. Es ist geschehen, was vorzusehen war: Die Maßnahmen der Union sind nicht durchgeführt worden; die
30 Pflichtverletzungen der Staaten haben Schritt für Schritt ein solches Ausmaß erreicht, dass schließlich alle Räder der nationalen Regierung zu einem be-

trüblichen Stillstand gekommen sind. Der Kongress besitzt derzeit kaum die Möglichkeit, die Formen der Verwaltung so lange aufrechtzuerhalten, bis die Staa- 35 ten Zeit haben werden, sich über einen leistungsfähigen Ersatz für den gegenwärtigen Schatten der Bundesregierung zu einigen.

Zit. nach: Herbert Schambeck u. a. (Hg.), Dokumente zur Geschichte der Vereinigten Staaten von Amerika, Duncker & Humblot, Berlin 1993, S. 20.*

1 Analysieren Sie die aktuellen Probleme im Verhältnis der Einzelstaaten und der Union.

2 Erörtern Sie den Lösungsvorschlag von Alexander Hamilton.

M 13 **James Madison (1751–1836) über das Prinzip der „checks and balances" (1788)**

Zu den Haupteinwänden, welche die achtenswerten Gegner der Verfassung vorbringen, gehört die ihr angelastete Verletzung jenes politischen Grundsatzes, der besagt, dass die gesetzgebende, die vollziehende und richterliche Gewalt deutlich voneinander ge- 5 trennt sein müssen. Es wird behauptet, dass diese für die Freiheit wesentliche Vorsichtsmaßregel beim Aufbau der Zentralregierung nicht berücksichtigt worden sei. Die verschiedenen Machtbefugnisse seien in einer Weise verteilt und miteinander vermischt, 10 die nicht nur jede Symmetrie und Schönheit der Form zerstöre, sondern auch die Gefahr heraufbeschwöre, dass wichtige Teile des Gebäudes unter dem Übergewicht anderer Teile zusammenbrechen können. [...] Schon bei oberflächlicher Betrachtung 15 der britischen Verfassung werden wir bemerken, dass gesetzgebende, vollziehende und richterliche Gewalt keineswegs gänzlich voneinander getrennt und unterschieden sind. Der Träger der vollziehenden Gewalt bildet einen integrierenden Bestandteil 20 der gesetzgebenden Autorität. Er allein hat das Recht, mit fremden Souveränen Verträge abzuschließen, die nach ihrem Abschluss mit gewissen Einschränkungen Gesetzeskraft erlangen. Alle Mitglieder des richterlichen Zweiges der Regierung werden 25 von ihm ernannt, können auf Antrag der beiden Häuser des Parlaments von ihm abgesetzt werden und bilden, wenn es ihm beliebt, sie zu konsultieren, ein ihm verfassungsmäßig zustehendes Ratskollegium. Ein Zweig der gesetzgebenden Körperschaft stellt 30 aufgrund der Verfassung ein zweites, größeres Ratskollegium für den Träger der vollziehenden Gewalt dar. Der gleiche Zweig ist jedoch andrerseits in Fällen von Hochverrat der einzige Träger der richterlichen Gewalt, während er in allen übrigen Fällen die höchs- 35

te Berufungsinstanz darstellt. Die Richter sind wieder so eng mit der gesetzgebenden Körperschaft verbunden, dass sie häufig an deren Beratungen teilnehmen, wenn ihnen auch keine gesetzgebende
40 Stimme zusteht.

Aus diesen Tatsachen, von denen Montesquieu ausging, kann mit voller Klarheit Folgendes geschlossen werden: Wenn Montesquieu sagt, „es kann keine Freiheit geben, wo gesetzgebende und vollziehende
45 Gewalt in ein und derselben Person oder in ein und derselben Körperschaft vereinigt sind oder wo die richterliche Gewalt von der gesetzgebenden und von der vollziehenden Gewalt getrennt ist", so meint er damit keineswegs, dass die drei Zweige der Regie-
50 rung untereinander auf ihre spezifische Tätigkeit nicht ein gewisses Maß von Einfluss ausüben oder einander nicht wechselseitig kontrollieren sollten.

Zit. nach: Alexander Hamilton u. a., Der Föderalist. Artikel 47, hg. von Felix Ermacora, Manzsche Verlagsbuchhandlung, Wien 1958, S. 277 ff.*

1 Erläutern Sie das Verhältnis von Gewaltenteilung und „checks and balances" nach James Madison.

2 Vergleichen Sie mit dem deutschen Grundgesetz.

3 **Vertiefung:** Informieren Sie sich in der Fachliteratur und im Internet über die „Federalist Papers". Arbeiten Sie die Kernthesen der Föderalisten heraus.
Tipp: deutsche Übersetzung: A. Hamilton, J. Madison, J. Jay, Die Federalist Papers. Vollständige Ausgabe, hg. und übersetzt von Barbara Zehnpfennig, C. H. Beck, München 2007.

M 14 **Der Historiker Hans-Ulrich Wehler über die Amerikanische Revolution als „Verfassungsrevolution" (1987)**
In der Tat ist die Amerikanische Revolution ihrer universalhistorischen Wirkung und Bedeutung nach hauptsächlich eine Verfassungsrevolution gewesen. Im Vergleich mit dieser politischen Quintessenz
5 machten die sozialen Veränderungen nur eine untergeordnete Komponente aus. Das entscheidende Resultat bildete die Gründung eines großen Flächenstaats in der Form einer föderativ organisierten Republik, welche auf die neuartige Legitimationsba-
10 sis der Volkssouveränität gestellt wurde, die öffentliche Ordnung in einer schriftlichen Verfassung regelte, gewählte Volksvertretungen einführte und außer der strikten Gewaltenteilung ein ungeahntes Maß von liberalen Freiheits- und demokratischen Gleich-
15 heitsrechten verwirklichte. Die einzelstaatlichen Verfassungen, bald auch die Unionsverfassung, garantierten unveräußerliche Menschen- und Bürger-

rechte; das Recht auf Widerstand gegen ein rechtsverletzendes Regime, die Eigentumsrechte und
20 zahlreiche naturrechtlich fundierte Zielvorstellungen der Aufklärung wurden gesetzlich verankert, darüber hinaus wurden sie feste Bestandteile jenes *American Creed*, der das neue Gemeinwesen als Integrationsideologie überwölbte.

Hans-Ulrich Wehler, Deutsche Gesellschaftsgeschichte, Bd. 1, C. H. Beck, München 1987, S. 347.

1 Ordnen Sie die von Wehler genannten politischen Neuerungen ein, indem Sie sie anhand der verschiedenen Verfassungsdokumente belegen.

M 15 **Der Historiker Udo Sautter über die Verfassungsrealität in Bezug auf Sklaverei und Religion (1998)**
Die Halbheit der amerikanischen Revolution äußerte sich besonders deutlich in der Beibehaltung der Sklaverei als Institution. Die volltönende Eingangspassage der Unabhängigkeitserklärung war mit Blick auf
5 die imperiale Verfassungsfrage geschrieben worden. Zu einer Verwirklichung des ihr zugrunde liegenden naturrechtlichen Konzepts innerhalb der amerikanischen Gesellschaft selbst konnte man sich nicht entschließen. Die Unangemessenheit dieses Verhaltens
10 wurde von nicht wenigen Zeitgenossen schmerzlich empfunden. Einige nördliche Staaten gingen auch mit gutem Beispiel voran. In Pennsylvania, Connecticut, Rhode Island, New York und New Jersey verabschiedete man in den 1780er-Jahren Gesetze, die auf
15 ein allmähliches Auslaufen der Sklaverei abzielten. Aber nur in Massachusetts und, durch Bundesgesetz, im Nordwest-Territorium schaffte man die Einrichtung sofort ab. Hier konnte man es sich wirtschaftlich leisten, hatte die Sklaverei doch nie eine bedeu-
20 tende Rolle gespielt. In allen Staaten von Maryland an südwärts hielt man am Hergebrachten fest. [...]
Die Beziehungen zum Schöpfer selbst behielten vielfach ebenfalls unterschiedlichen Wert. Zwar wurde die bevorzugte Stellung der anglikanischen Kirche in
25 den südlichen Staaten durch die Revolution erschüttert oder sogar ganz aufgegeben, aber meist bedeutete dies nur die Erweiterung der Zahl der bevorrechtigten Konfessionen. Virginias *Statute for Religious Freedom* (1786), von Jefferson konzipiert, blieb vor-
30 erst noch ein einsames Manifest sonst nicht angewandter Aufklärung. Wo die Kirche nicht direkt mit dem verhassten britischen Regime hatte identifiziert werden müssen, war man wesentlich weniger emanzipatorisch gesinnt. Der Pluralismus der Konfessio-
35 nen schuf in den Mittelstaaten die im Ganzen tole-

rantere Atmosphäre, obwohl zum Beispiel auch ein
so liberaler Staat wie Pennsylvania noch das passive
Wahlrecht zur Volksvertretung auf Protestanten beschränkte. Im puritanischen Neuengland hingegen
40 war man so unduldsam wie je und sicherte durch erzwungene Kirchensteuern und ähnliche Mittel die
Sonderstellung des Establishments. [...]
Wenn von einer weiter gehenden revolutionsbeding-
ten Veränderung der amerikanischen Verhältnisse
45 die Rede sein soll, so ist eher auf die durch die politi-

sche Umwälzung eröffneten Möglichkeiten zu verweisen als auf vollendete Entwicklungen.

*Udo Sautter, Geschichte der Vereinigten Staaten von Amerika,
6. Aufl., Kröner, Stuttgart 1998, S. 93 f.**

1 Fassen Sie die Aussagen des Autors zusammen.
2 Vergleichen Sie die Aussagen mit M 14.
3 Erörtern Sie auf der Basis von M 12 bis M 15, ob die
Amerikanische Revolution die Modernisierung
voranbrachte.
Tipp: siehe S. 146 f.

Unabhängigkeitskrieg 1775 bis 1783

M 16   General George Washington in Valley Forge, Winterquartier 1777/78,
Ölgemälde von Tompkins Harrison Matteson, 1854

1 Erläutern Sie die Kernaussage des Bildes.

M 17   **Der Historiker Jürgen Heideking über den
Amerikanischen Unabhängigkeitskrieg (2003)**
Während die amerikanischen, französischen und britischen Armeen den Kampf nach den klassischen Regeln von Bewegung, Belagerung und Feldschlacht
führten, versanken weite Teile des Landes im Bürger-

krieg oder erlebten zumindest bürgerkriegsähnliche 5
Zustände. Briten und Patrioten kämpften nicht nur
gegeneinander, sondern stets auch um die Gunst und
Kontrolle der lokalen Bevölkerung. Damit nahm die
Auseinandersetzung, insbesondere in der dünn be-
siedelten und schwer zugänglichen *back country* des 10

Südens, den Charakter eines Volks- und Guerillakrieges an, den die Patrioten entschlossener und mit mehr Geduld und Beharrungsvermögen zu führen verstanden. Die britische Strategie, von städtischen
15 Zentren oder festen Plätzen aus die umliegenden Landstriche zu „pazifizieren", bewirkte oft das genaue Gegenteil. Sie trieb viele Unentschiedene und Neutrale in die Arme der patriotischen Milizen und „Sicherheitskomitees", die überall dort vordrangen,
20 wo die Briten ihre militärische Präsenz nicht im erforderlichen Maße aufrechterhalten konnten. Der wichtigste Beitrag dieser für den konventionellen Kampf weniger geeigneten Verbände bestand in der Politisierung des Krieges: Sie bestraften die „Verrä-
25 ter", enteigneten loyalistischen Besitz, zogen die Schwankenden auf ihre Seite und vermittelten den Anhängern das Gefühl, für eine gerechte Sache zu kämpfen. Je länger der Krieg dauerte, desto weniger konnten die Briten die ihnen treu ergebenen Ameri-
30 kaner schützen, und desto mehr ging ihr Einfluss auf

die öffentliche Meinung verloren. Die Ausweitung der kolonialen Revolte zu einer breiten, aggressiven Volksbewegung kündigte bereits vor Yorktown die englische Niederlage an und ließ nach 1781 weitere militärische Anstrengungen vollends aussichtslos er-
35 scheinen. [...] In vieler Hinsicht nahmen die Briten also bittere Erfahrungen vorweg, die Kolonialmächte im Kampf gegen nationale Befreiungsbewegungen später immer wieder sammeln sollten.

Jürgen Heideking, Geschichte der USA, UTB, 3. Auflage, Tübingen 2003, S. 55 f.*

1 Beschreiben Sie die verschiedenen Formen des Krieges.
2 Erklären Sie die Einordnung des Unabhängigkeitskrieges als „nationale Befreiungsbewegung".
3 **Gruppenarbeit:** Setzen Sie sich auf der Basis von Kap. 3 und 4 mit dem Thema Revolution und Gewalt auseinander. Erstellen Sie dazu in Gruppenarbeit Placemats (siehe S. 156).

M 18 Entstehung der USA 1763–1795

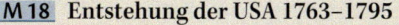

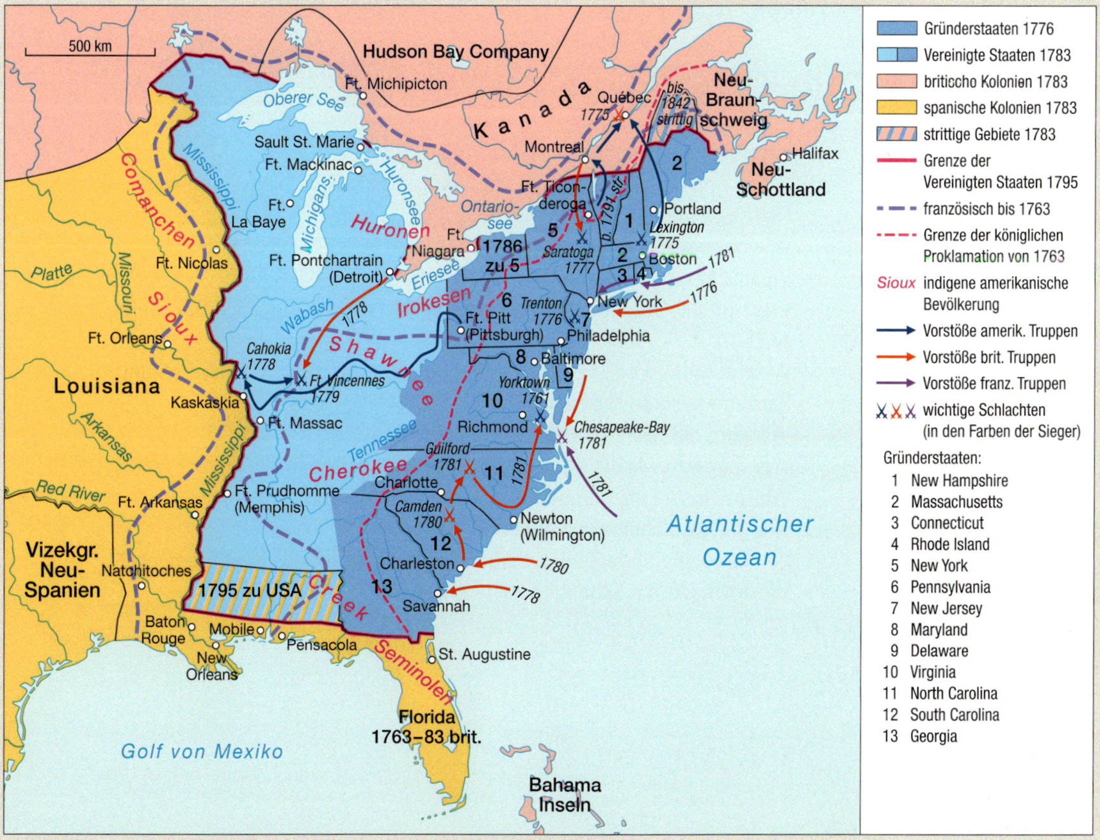

1 Analysieren Sie auf Basis der Karte den Entstehungsprozess der USA.
2 **Zusatzaufgabe:** siehe S. 147.

Verfassungsschaubilder interpretieren

Eine Verfassung bestimmt den gesetzlichen Rahmen eines Staates, indem sie die Staats-form, den organisatorischen Aufbau, die Aufgaben und die Beziehungen der einzelnen Institutionen sowie die Rechte der Bevölkerung festlegt. Verfassungsschaubilder bieten dabei eine Möglichkeit, die häufig umfangreichen und komplizierten Gesetzestexte gra-fisch und für den „Leser" damit vereinfacht und übersichtlich darzustellen. Die folgen- 5
den Arbeitsschritte fördern die Fähigkeit, Verfassungsschaubilder angemessen zu ana-lysieren und zu interpretieren. Als Vorläufer moderner Verfassungen gelten die Analysen bestehender Staats- und Regierungsformen in der griechischen Antike, wie sie z. B. Aris-toteles formulierte. Die moderne Verfassungsentwicklung begann in Europa im 17. Jahr-hundert mit der in England verabschiedeten *Bill of Rights*. Erstmals wurden die Rechte 10
des Einzelnen gegenüber dem Staat sowie die Gewaltenteilung festgeschrieben.
Die am 16. April 1871 vom Reichstag verabschiedete Verfassung des Deutschen Reiches glich inhaltlich weitgehend der Verfassung des Norddeutschen Bunds von 1867 und resultierte aus den Verträgen, die der Bund unter Führung Preußens infolge der militä-rischen Erfolge im Deutsch-Französischen Krieg von 1870 mit dem Großherzogtum 15
Baden und Hessen sowie dem Königreich Bayern und Württemberg zur Vorbereitung auf die Reichsgründung geschlossen hatte. Die Verfassung, die am 4. Mai 1871 in Kraft trat, existierte faktisch bis zum 9. November 1918 (Abdankung des Kaisers) und wurde formalrechtlich erst durch die Weimarer Reichsverfassung vom 14. August 1919 aufge-hoben. 20

Arbeitsschritte zur Interpretation

1. Historische Einord-nung	– Für welchen Staat gilt die Verfassung?
	– Wann und durch wen wurde die Verfassung verabschiedet und wann wurde sie in Kraft gesetzt?
	– Wie lange war die Verfassung gültig?
2. Verfassungsorgane	– Welche Verfassungsorgane sind dargestellt?
	– Wie sind die Organe zusammengesetzt und welche Aufgaben bzw. Befugnisse besit-zen sie?
3. Machtverteilung	– Welche Auskunft gibt das Schaubild über die staatliche Machtverteilung, die Macht-konzentration und -beschränkung?
	– Wie wird die Gewaltenteilung umgesetzt?
4. Rechte des Volkes	– Wer darf wen wie oft wählen?
	– Welche Rechte werden der Bevölkerung garantiert?
5. Struktur des Staates	– Um welche Staatsform handelt es sich?
	– Beinhaltet die Verfassung föderative oder/und zentralistische Elemente?
6. Kritik	– Worüber gibt das Schaubild keine Auskunft?

Übungsaufgabe

M1 **Die Verfassung des Deutschen Reiches von 1871**

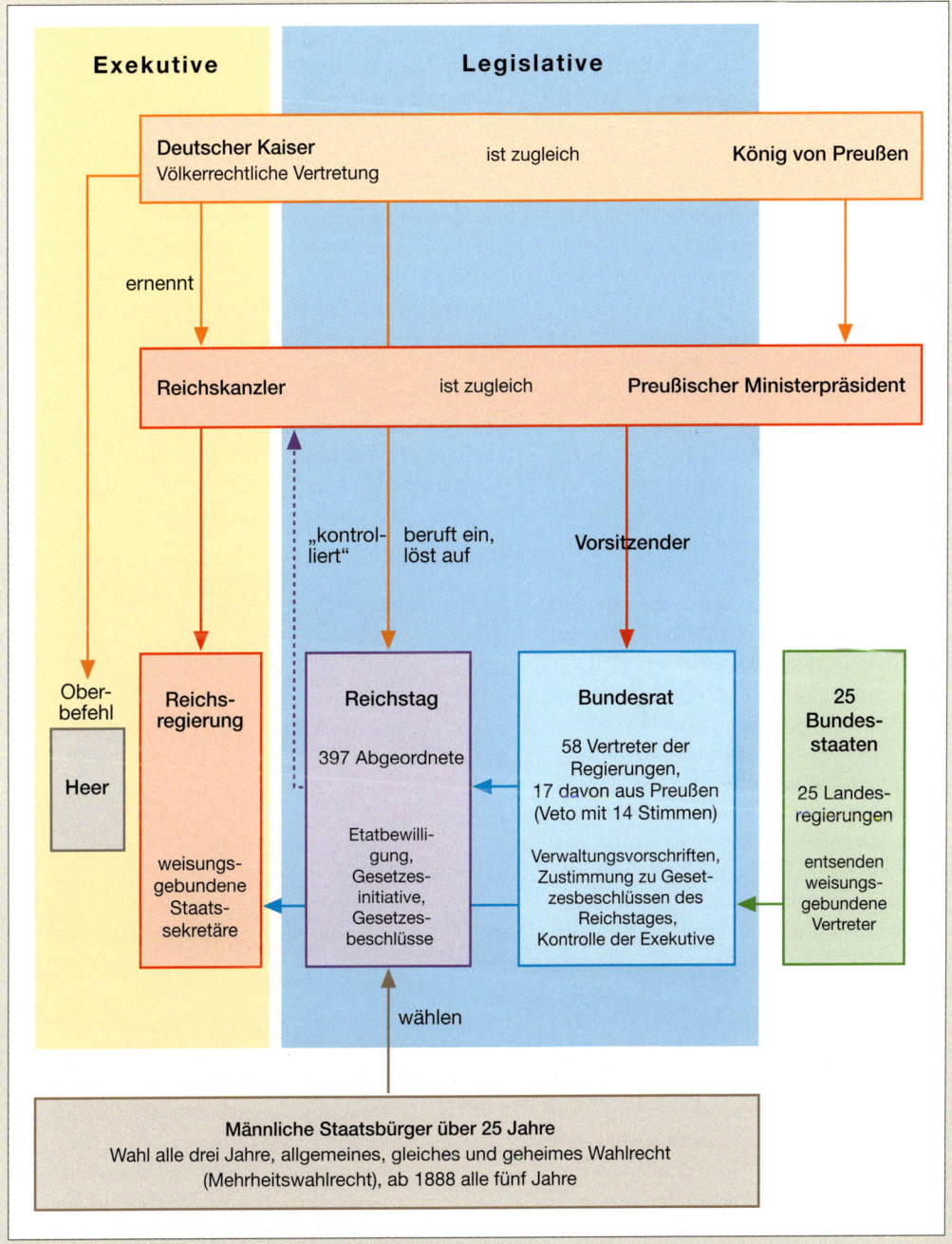

3 Interpretieren Sie das Verfassungsschaubild M 1 mithilfe der Arbeitsschritte.

► Lösungshinweise finden Sie auf S. 152 f.

Anwenden

M1 Der Historiker Volker Depkat über die Verfassung von 1787 (2016)

Die von der Verfassung von 1787 konstituierte Ordnung war etwas Noch-nie-Dagewesenes. Sie ist zu Recht als „Revolution in der Revolution" bezeichnet worden, wobei das Revolutionäre der Verfassung von
5 1787 vor allem darin zu sehen ist, dass die von ihr konstituierte Ordnung einer flächenstaatlichen Republik, die föderal organisiert war und in allen ihren Teilen auf dem Prinzip der Volkssouveränität gründete, ein historisches Novum war. Die Verfassung von
10 1787 stellte sowohl die Legislative als auch die von ihr getrennte Exekutive auf die Grundlage der Volkssouveränität. Die Verfassung selbst wurde direkt vom Volk gebilligt, das somit sowohl Souverän als auch Autor einer auf einem schriftlichen Dokument ru-
15 henden Verfassungsordnung war, der es sich im Anschluss selbst unterwarf. Unerhört war ferner, dass die Verfassung eine flächenstaatliche Republik begründete, die von Beginn an sogar noch auf Ausdehnung nach Westen angelegt war, denn neue Staaten
20 sollten gemäß Artikel IV, Abschnitt 3 in die Union aufgenommen werden dürfen. Das war ein kühner Bruch mit allem, was damals über Geschichte und Theorie von Republiken bekannt war. Bis 1787 war es nämlich weithin geteilte Überzeugung, dass republi-
25 kanisch verfasste Staaten allein in überschaubaren, flächenmäßig kleinen Gemeinwesen wie beispielsweise in den Städten oder kleinen Staaten wie den Niederlanden oder der Schweiz zu bestehen vermochten. Immer wenn Republiken in den Raum ex-
30 pandierten, schienen Freiheit und Demokratie an ihr Ende zu gelangen; sie lösten sich entweder auf oder entwickelten sich in eine Monarchie. Die Verfassungsväter kannten diese Ansichten, setzten sich dennoch über sie hinweg.
35 Zwei Aspekte der Verfassung sollten sich für die weitere Geschichte der USA als in besonderem Maße folgenreich erweisen. Da ist erstens die Tatsache, dass das Problem der Sklaverei ungelöst geblieben war. Zweitens sollte es sich als historisch folgenreich er-
40 weisen, dass der Text der Verfassung einige Dinge sehr ausführlich und eindeutig regelt, während er andere Punkte vage hält. Die Verfassung bestimmt die Organe, die Strukturen und die Verfahren des politischen Prozesses sowie Qualifikationen für die zen-
45 tralen politischen Ämter. Unbestimmt blieben jedoch der politische Charakter des Präsidentenamtes und sein Ort im politischen Prozess, die konkreten Zuständigkeiten der Bundesregierung im politischen

Tagesgeschäft sowie die spezifische Ausgestaltung des Verhältnisses von Bundesregierung und Einzel-
50 staaten. Die Klärung dieser offenen Fragen hatten die Verfassungsväter ganz bewusst dem die durch die Verfassung angestoßenen und regulierten politischen Prozess überlassen. Deshalb entfaltete sich Politik in den USA seit dem ausgehenden 18. Jahrhun-
55 dert als eine fortlaufende, kontroverse Interpretation und Re-Interpretation des Verfassungstextes, und das barg […] ein hohes Konfliktpotenzial, das bis hin zum Bürgerkrieg führen konnte.

Volker Depkat, Geschichte der USA, Kohlhammer, Stuttgart 2016, S. 79.*

M2 Banner im Präsidenten-Wahlkampf, 1800.
Das Banner wirbt für den Präsidentschaftskandidaten Thomas Jefferson mit den Worten: „Thomas Jefferson – President of the U.S.A., John Adams – no more"

1 Fassen Sie zusammen, welche Aspekte der Verfassung von 1787 der Autor als „Revolutionär" kennzeichnet.

2 Erläutern Sie die Kernpunkte der Dokumente, die der Verfassung vorangingen, und ordnen Sie diese in Bezug auf Ihre politischen Folgen ein.

3 Erstmals wurde in den USA 1789 ein Staatsoberhaupt, der Präsident, vom Volk gewählt. Analysieren Sie seine Kompetenzen. Arbeiten Sie die Folgen für das politische System heraus.

4 Nehmen Sie Stellung zur Rolle eines „politischen" Präsidenten in einer Demokratie.

Wiederholen

M3 „Constitution Cut", amerikanischer Druck, spätes 18. Jahrhundert

Zentrale Begriffe

13 Artikel der Konföderation
Anti-Föderalisten
Bundesstaat
checks and balances
Föderalisten
Gewaltenteilung
Kontinentalarmee
Milizen
Parteien
Präsident
Staatenbund
Unabhängigkeitserklärung
Union
Verfassung
Volkssouveränität

1 **Schaubild:** Stellen Sie die revolutionären Elemente der *Virginia Bill of Rights* und der Unabhängigkeitserklärung in einem Schaubild dar und illustrieren Sie inhaltliche Bezüge durch Pfeile.

2 Erklären Sie das System des „*checks and balances*" der amerikanischen Verfassung.

3 **Pro-und-Kontra-Diskussion:** Führen Sie eine Diskussion zwischen Föderalisten und Anti-Föderalisten durch. Stimmen Sie nach Abschluss der Diskussion in Ihrem Kurs ab. Welche Gruppe bekommt die Mehrheit?

4 Interpretieren Sie das Bildmaterial M 3.

5 **Wahlaufgabe:** Bearbeiten Sie entweder a) oder b).
Der 3. Präsident der USA Thomas Jefferson hat gesagt: „Schlechte Kandidaten werden von Bürgern gewählt, die nicht zur Wahl gehen." Erörtern Sie dieses Zitat, indem Sie
a) einen Essay verfassen,
b) ein Sachurteil erstellen.

6 Erläutern Sie die Rolle des Unabhängigkeitskrieges im Rahmen der Amerikanischen Revolution.

7 **Vertiefung:** Vergleichen Sie Ihre Ergebnisse aus Aufgabe 6 mit den Revolutionskriegen in Frankreich und dem Bürgerkrieg in Russland.

Formulierungshilfen
– Der Druck ist ... entstanden.
– Im Vordergrund sind ... dargestellt.
– Die einzelnen Personen repräsentieren ...
– Gestik und Farbgestaltung unterstreichen ...
– Als wichtiges Symbol im Zentrum fungiert ...
– Im Hintergrund sind ... dargestellt.
– Der englische und der lateinische Text bedeuten übersetzt ...
– Das Bild deutet die Verfassung als ...

M1 „Americans will always fight for liberty", Plakat, USA, 1943.
Im Dezember 1941 traten die USA in den Zweiten Weltkrieg ein, indem sie zunächst Japan, dann Deutschland und Italien den Krieg erklärten. Auf dem Plakat von 1943 heißt es: „Die Amerikaner werden immer für die Freiheit kämpfen."

1778 1943

AMERICANS
will **always** fight for liberty

1789 | Erstes Buch über die
Amerikanische Revolution
von David Ramsay

1804–1807 | Fünfbändige Biografie von John Marshall
über George Washington
1805 | Mercy Otis Warren veröffentlicht das Buch
„History of the American Revolution"

1858 | *Mount Vernon Ladies Association*
macht aus Washingtons Haus eine
Gedenkstätte

1861 | Gedicht von Henry Wadsworth
Longfellow *„Paul Revere's Ride"*

| 1800 | 1820 | 1840 | 1860 | 1880 |

„Amerika wurde zum Angriffsziel, weil wir in der Welt die strahlendste Fackel der Freiheit und der Selbstverwirklichung sind. Und niemand wird den Glanz dieses Lichtes auslöschen." Das sagte der 43. Präsident der USA, George W. Bush, in einer Fernsehansprache nach den Anschlägen vom 11. September 2001 und schwor die Bevölkerung so auf die „Verteidigung einer großen Nation" und ihrer Werte ein. Mit den Begriffen „Freiheit" und „Selbstverwirklichung" nahm er direkt Bezug auf die „selbstverständlichen Wahrheiten", die der Unabhängigkeitserklärung vom 4. Juli 1776 vorangestellt sind: *„Life, Liberty and the Pursuit of Happiness"*.

Immer wieder beschworen Präsidenten der USA die besondere Stärke, den Gemeinsinn, den Freiheitswillen und die „eiserne Entschlossenheit" ihrer Nation. Die Wurzeln für diesen wichtigen Bestandteil der amerikanischen Selbstwahrnehmung verortete man in der Zeit der Amerikanischen Revolution und den Gründungsjahren der Vereinigten Staaten von Amerika. Später kamen die Ideen vom *„Manifest Destiny"*, von der Auserwähltheit der Amerikaner zu expandieren, hinzu. Schon zu Beginn des 19. Jahrhunderts wurden Steuerstreit und Unabhängigkeitskrieg als Kampf um Freiheit und Selbstbestimmung gedeutet. Interne erbitterte Kämpfe um die Kompetenzen der zentralen Bundesinstitutionen, Aufstände und Proteste der Bevölkerung in den ersten Jahren der Republik wurden verdrängt. Stattdessen hob man die Gründung einer neuen Nation mit einem modernen demokratischen Staatswesen als Vorbild für alle anderen Staaten hervor. In besonderer Weise wurden die „Gründerväter" wie Washington, Jefferson und Hamilton zum Inbegriff dieser politischen Werte und darüber hinaus zu moralischen und persönlichen Vorbildern, die alle folgenden Politiker in den Schatten stellten. Die Mythen um Freiheitsliebe, Entschlossenheit und moralische Integrität der Revolutionäre sind bis heute wirksam und werden von den Massenmedien wie Filmen und TV-Serien, aber auch von Museen und Gedenkstätten immer wieder reaktiviert.

1 Beschreiben Sie weitere historische Ereignisse und Entwicklungen (Erster Weltkrieg, Zweiter Weltkrieg, Irakkrieg), bei denen die Amerikaner auf „Freiheit" und „Demokratie" als Motive für ihr Eingreifen bei internationalen Konflikten verwiesen. Arbeiten Sie Unterschiede und Gemeinsamkeiten heraus.

2 Vergleichen Sie die Plakate aus den USA und der DDR.
Tipp: Erstellen Sie ein Vergleichsraster, siehe S. 147.

M 2 „Erzwingt den Frieden", Entwurf von René Graetz (1908–1974), Plakat, DDR, nach 1949

1941	Das Denkmal *Mount Rushmore* mit vier in den Fels geschlagenen Präsidentenköpfen wird fertiggestellt

1948–1956 | Einrichtung des *National Historical Parc Pennylvania* in Philadelphia

1951 | Der *Boston Freedom Trail* wird eröffnet

1985 | Der Film „The Revolution" erscheint

2000 | Der Film „The Patriot" erscheint

| 1920 | 1940 | 1960 | 1980 | 2000 |

5   Die Rezeption der Gründungsphase

> **In diesem Kapitel geht es um**
> – die Rezeption der „American Revolution" in der Geschichtsschreibung, in der
>   Literatur und in Museen,
> – den Mythos der „Gründerväter" und seine Analyse,
> – den Beitrag von Historiengemälden zur Rezeption der Gründungsphase,
> – den Film „Der Patriot" aus dem Jahr 2000 und seine Deutungen der Revolution.

Rezeption und Geschichte

M 1 Grabstein für die Opfer des Boston-Massaker, Old Granary Burying Ground Boston, Fotografie, 2010.

Auf dem Grabstein wird auch an den zwölfjährigen Jungen Christopher Snider erinnert, der als „unschuldiges erstes Opfer im Kampf zwischen den Kolonisten und der Krone, der zur Unabhängigkeit führte", am 22. Februar 1770 starb. Aufgestellt wurde der Grabstein vom Ortsverband Boston 1906.

▶ **M 4: Joseph J. Ellis über die frühe Historiografie**

Mythos
Geschichte oder Ähnliches von der Entstehung eines Volkes oder der Welt, die Personen, Ereignisse etc. überhöht und glorifiziert

Der Vorgang der „Rezeption", also der **Aufnahme bzw. Wahrnehmung**, ist ein wichtiger Aspekt von Geschichte insgesamt. Da historische Ereignisse und Zusammenhänge im Rückblick immer gedeutet werden, also aus einer individuellen, zeit- und ortsgebundenen Sicht wahrgenommen und dargestellt werden, unterliegen im Prinzip alle historischen Quellen der Rezeption. Das gilt für sogenannte Überrest-Quellen, die nicht mit 5
einer Überlieferungsabsicht verfasst wurden, natürlich weniger als für Traditions-Quellen, die für bestimmte Adressaten und mit einer bestimmten Absicht erstellt wurden. Rezeption meint aber im engeren Sinne die **bewusste wissenschaftliche, museale oder künstlerische Verarbeitung von historischen Ereignissen, Personen und Entwicklungen**. Wichtige Bereiche der Rezeption bilden: die Geschichtsschreibung bzw. Ge- 10
schichtswissenschaft, Museen, Denkmäler oder die Gestaltung von Originalschauplätzen, die Literatur, die darstellende Kunst, insbesondere Historiengemälde und historische Porträts, sowie die moderne Populärkultur, zum Beispiel in Form von Kinofilmen oder Fernsehserien. Hinzu kommen nationale Traditionen wie Nationalfeiertage und der schulische Geschichtsunterricht, die ebenfalls zur Deutung und Verankerung 15
von bestimmten Ereignissen im Bewusstsein der Menschen beitragen. Und Rezeption hat selbst eine Geschichte, **Rezeptionsgeschichte**, denn die Wahrnehmung und Deutung verändert sich mit der Zeit, ist also ebenfalls zeit- und ortsgebunden.

„American Revolution"

Schon kurz nach der Revolution erschienen die ersten Geschichtswerke und bemühten sich um eine Interpretation der Ereignisse. Dabei kamen sie zu unterschiedlichen Ergebnissen, die zum Teil auf den anhaltenden Streit zwischen den Föderalisten und den Anti-Föderalisten bzw. Demokratischen Republikanern zurückzuführen sind. Die Amerikanische Revolution wurde einerseits als **Kampf um die individuelle Freiheit**, als ers- 5
ter Schritt zur Umsetzung liberaler Fortschritts- und Freiheitsideen interpretiert. Dies beinhaltete die Abgrenzung gegenüber dem traditionellen frühneuzeitlichen Europa sowie die Überordnung von Freiheit über staatliche Ordnung. In dieser Geschichte avancierte Thomas Jefferson, der 3. Präsident und Anti-Föderalist, zum Helden. Andererseits wurde die Amerikanische Revolution als **Gründung einer Nation mit einem** 10
stabilen modernen Staat und Gemeinwesen gedeutet. Die Bundesverfassung mit der Schaffung einer starken Zentralmacht wird damit zum Höhepunkt der Revolution und George Washington, John Adams sowie Alexander Hamilton zu den eigentlichen Revolutionären. Beide Rezeptionslinien zogen sich auch durch das 19. Jahrhundert und erhielten zum Teil mythologische* Dimensionen. Einig war man sich vor allem in den USA 15
in Bezug auf den Vorbildcharakter der neuen Republik und die besondere Mission der amerikanischen Nation für die Freiheit, die im Wesentlichen auf die Gründungsjahre zwischen 1776 und 1787 zurückgeführt wurden. Bis heute bildet die „Unabhängigkeit"

bzw. die „Amerikanische Revolution" einen zentralen Bezugspunkt amerikanischer
20 Identität.

Die **museale Aufbereitung** der Revolutionsjahre begann erst Mitte des 19. Jahrhunderts, als die „*Mount Vernon Ladies Association*" das frühere Anwesen von George Washington erwarb und in eine Gedenkstätte verwandelte. Erst Mitte des 20. Jahrhunderts folgten der *Boston Freedom Trail* (1951) und der *Independence National Historic Park* in
25 Philadelphia, die sich mit zentralen Ereignissen der Revolution an den Originalschauplätzen auseinandersetzen. Die **literarische Rezeption** in Form von Anekdotensammlungen und Gedichten erlebte ihren Höhepunkt im 19. Jahrhundert.

▶ **M 6: Bild** „*The Freedom Trail*"

▶ **M 7: Gedicht zu Paul Reveres Ritt**

M2 **Mount Rushmore, Fotografie, 2004.**
Das Mount Rushmore Memorial wurde 1941 fertiggestellt. Es besteht aus vier in die Felsen des Berges hineingearbeiteten Porträts der wichtigsten Präsidenten der USA: George Washington, Thomas Jefferson, Theodore Roosevelt und Abraham Lincoln. Vor dem Fels finden sich Tafeln mit Ausschnitten aus den wichtigsten Reden der Dargestellten.

„Gründerväter"

Stärker als die eigentlichen Revolutionsereignisse standen die wichtigsten Persönlichkeiten der Gründungsphase im Vordergrund der Rezeption. Als „*Founding Fathers*" (Gründerväter) werden die Unterzeichner von Unabhängigkeitserklärung und Verfassung sowie weitere führende Persönlichkeiten der Revolution bezeichnet. Ihnen werden
5 besondere Fähigkeiten wie Stärke, Integrität und Weitsicht zugeschrieben. Aus diesem Kreis von über hundert Personen stechen einige besonders heraus. An erster Stelle steht der General der Kontinentalarmee und 1. Präsident der USA **George Washington**. Hinzu kommen **John Adams**, **Benjamin Franklin** und **Thomas Jefferson** als Verfasser der Unabhängigkeitserklärung sowie **Alexander Hamilton**, **James Madison**
10 und **John Jay** als Autoren der „*Federalist Papers*" und Unterstützer der Verfassung. Die fast Heiligen ähnliche Verehrung der „*Fathers*", wie sie zunächst nur genannt wurden, beginnt in den 1830er-Jahren nach dem Tod der Gründergeneration und hält bis heute an. Praktisch in jeder größeren amerikanischen Stadt gibt es vor öffentlichen Gebäuden

M3 Statue von Alexander Hamilton (1755/57–1804) vor dem Finanzministerium in Washington, Fotografie, 2009

▶ **M 11: Michael Hochgeschwender über Geschichte und Populärkultur**

▶ **M 11 bis M 13: Der Film „Der Patriot"**

Museale Rezeption

 cornelsen.de/Webcodes
Code: tikiwu

oder an zentralen Plätzen Statuen der Gründer, nur Abraham Lincoln, Präsident der Bürgerkriegszeit, kann da mithalten. Die Grundlagen wurden jedoch schon in den ersten Jahren der Republik gelegt. Alle „Gründerväter" hinterließen zahlreiche Schriften, Briefe und Reden, in denen sie nicht nur ihre Ideen, sondern auch sich selbst schon im Bewusstsein ihrer historischen Bedeutung präsentierten. Hinzu kamen die zeitgenössischen Porträts von John Trumbull, Charles W. Peale und Gilbert Stuart, die Washington, Jefferson und die anderen als würdevolle und aufrechte Persönlichkeiten darstellten. Gerade auch weil die Revolution in Amerika nicht zu gewaltsamen Kämpfen zwischen den einzelnen Protagonisten führte, sondern der Streit letztlich mithilfe der Verfassung institutionalisiert und durch die Gründung von Parteien kanalisiert wurde, fand auch keine Diskreditierung der Hauptakteure statt. Washington, Jefferson und Hamilton konnten so ungebrochen als Helden des Unabhängigkeitsprozesses und als Urheber des neuen Staatswesens erinnert werden. 15 20 25

Populärkultur

Heute erfolgt die Rezeption von Geschichte nur noch zum Teil über Denkmäler, Museen, Gemälde oder Biografien. Einflussreicher ist die Populärkultur, allen voran Spielfilme und TV-Serien, die als Massenmedien für eine breite Rezeption sorgen. Vor allem in den USA spielen sie eine wichtige Rolle bei der Aktivierung von Geschichtsbildern und der Bestätigung der ideologischen Selbstsicht, sogar bei der Aufarbeitung bestimmter Traumata. Im Vergleich zu anderen historischen Themen wie dem Vietnamkrieg oder dem Bürgerkrieg diente die Amerikanische Revolution oft nur als Folie für klassische Westernfilme (*Drums along the Mohawk*, 1939; *The Last of the Mohicans*, 1992), in denen der Kampf gegen die indigene Bevölkerung und das harte Leben der Siedler im Vordergrund standen. Der erste Film, der sich direkt und kritisch mit der Revolution auseinandersetzte, erschien im Jahr 1985 unter dem Titel „Revolution" mit Al Pacino in der Hauptrolle, wurde aber kaum beachtet. Im Jahr 2000 veröffentlichte der deutsche Regisseur Roland Emmerich sein Werk „Der Patriot" mit Mel Gibson in der Hauptrolle als Familienvater, der vom Kriegsverweigerer über den Rache suchenden Milizführer und Einzelkämpfer zu einem führenden Teil der Kontinentalarmee wird. An der Kinokasse war der Film ein Erfolg, doch alle Kritiker waren sich einig, dass der Film eine einseitige und historisch irreführende Sicht präsentiert. Er bediente dabei viele Klischees und Mythen, u. a. ein konservatives Familienideal, das aktive Einstehen von jungen Männern für ihre Ideale oder die Legitimation von persönlicher Rache. Der Historiker Michael Hochgeschwender bilanziert in seiner Analyse der Amerikanischen Revolution in der modernen Populärkultur: „An Mythen kratzt man als Filmregisseur nicht ungestraft". Und gerade in Bezug auf die Amerikanische Revolution und seine „Gründerväter" sind mythische Verklärungen ein wichtiger Bestandteil der Rezeption. 5 10 15 20

1 Erläutern Sie die beiden Hauptlinien der frühen historiografischen Rezeption. Vergleichen Sie mit aktuellen wissenschaftlichen Analysen (Kapitel 1, M 6 und M 7).

2 Analysieren Sie auf der Basis von Internetseiten (siehe Webcode) die Darstellung von Geschichte in Museen und „Historical Parcs" in den USA.

3 **Arbeitsteilige Gruppenarbeit/Lernplakat:** Recherchieren Sie zu den sieben wichtigsten Gründervätern (Washington, John Adams, Franklin, Jefferson, Hamilton, Madison, Jay) biografische Informationen, Bilder, Schriften und Denkmäler. Fassen Sie die Informationen in einem Lernplakat zusammen.

4 **Filmpräsentation:** Wählen Sie einen Film oder eine Serie aus, die ein Ereignis der US-amerikanischen Geschichte behandelt. Stellen Sie die Produktion im Plenum vor und gehen Sie besonders auf die Frage ein, welchen Beitrag zur Rezeption dieses Ereignisses die Serie/der Film leistet.
   Tipp: siehe S. 147.

Hinweis zur Arbeit mit den Materialien
Die folgenden Materialien widmen sich den drei thematischen Schwerpunkten des Lehrplans. Am Anfang finden sich wissenschaftliche Texte zur **Rezeption der „American Revolution" in der** *Geschichtsschreibung (M 4) sowie im nationalen Gedächtnis der USA (M 5). Ergänzt werden diese durch Materialien zur musealen und literarischen Aufbereitung bestimmter Erinnerungsorte der Revolution, hier das Beispiel des Freedom Trails in Boston (M 6) sowie der „Held" Paul Revere und sein mythischer Ritt durch die Nacht (M 8). Im Anschluss stehen die* **„Gründerväter" der USA** *im Vordergrund und ihre Heroisierung durch Geschichtsschreibung und Denkmäler. Besondere Aufmerksamkeit wird George Washington gewidmet, dem General der Revolutionsarmee und ersten Präsidenten der USA (M 9, M 10). In diesem Rahmen wird auch ein Historiengemälde vorgestellt und so aufbereitet, dass seine Bedeutung erschlossen werden kann. In einem abschließenden Block wird am Beispiel des* **Films „Der Patriot"** *aus dem Jahr 2000 aufgezeigt, welchen Beitrag die Populärkultur zur Deutung und Verarbeitung, aber auch zur Mythologisierung historischer Prozesse leisten kann (M 11 bis M 13).*

Zur Vernetzung mit dem Kernmodul
Shmuel Eisenstadt (M 9, S. 99) betrachtet die Folgen von Revolutionen für die politischen Symbole und Kulturen im neuen System. Hier lassen sich Bezüge zur Rezeption herstellen.

„American Revolution"

M 4 Der amerikanische Historiker Joseph J. Ellis über die Rezeption der „Amerikanischen Revolution" durch zeitgenössische Historiker (2005)
Es gibt zwei seit langem etablierte Möglichkeiten, diese Geschichte zu erzählen. Beide sind Ausdruck der politischen Parteiungen und ideologischen Lager der Revolutionsära selbst [...]. Mercy Otis Warrens
5 *History of the American Revolution* (1805) definierte die Interpretation des „reinen Republikanismus", die auch die Version darstellte, für die sich die Republikanische Partei entschied und die daher später als „Jeffersonsche Interpretation" bezeichnet wurde. Sie
10 schildert die Amerikanische Revolution als Befreiungsbewegung, als klaren Bruch nicht nur mit der englischen Herrschaft, sondern auch mit den historischen Verderbtheiten europäischer Monarchie und Aristokratie. [...] Das revolutionäre Kernprinzip ist
15 dieser Interpretationstradition zufolge die individuelle Freiheit. Sie hat radikale und, modern gespro-

chen, libertäre Implikationen, weil sie jede Anpassung persönlicher Freiheit an staatliche Disziplin als gefährlich ansieht. [...]
20 Die alternative Interpretation erfuhr ihre umfassendste Artikulation erstmals durch John Marshall in seinem gewaltigen fünfbändigen Werk *The Life of George Washington* (1804–1807). Sie sieht die Amerikanische Revolution als beginnende Nationalbewegung, deren wenn auch latente Ursprünge weit in die
25 Kolonialzeit zurückreichen. Die Verfassungsvereinbarung von 1787–88 wird so zur natürlichen Erfüllung der Revolution, und die Führer der Föderalistischen Partei in den 1790er-Jahren – Adams, Hamilton und, am bedeutendsten, Washington – erscheinen
30 als die wahren Erben des revolutionären Vermächtnisses. [...] Das revolutionäre Kernprinzip ist aus dieser Sicht nicht individualistisch, sondern kollektivistisch, denn sie fasst den wahren Geist von 1776 als die tugendhafte Preisgabe persönlicher, staatlicher
35 und regionaler Interessen angesichts der höheren Ziele Amerikas als Nation, die sich zunächst in der Kontinentalarmee und später dann in der neu eingesetzten Bundesregierung verkörperten. Sie hat konservative, aber auch protosozialistische Implikatio-
40 nen, weil sie das Individuum nicht als die souveräne Einheit in der politischen Gleichung ansieht und ihr mehr an Regierungsdisziplin gelegen ist, die als konzentrierendes und kanalisierendes Instrument für nationale Entwicklung fungiert.
45
Joseph J. Ellis, Sie schufen Amerika. Die Gründergeneration von John Adams bis George Washington, C. H. Beck, München 2005, S. 27 f.*

1 Beschreiben Sie die Kernpunkte der verschiedenen Rezeptionslinien.
2 Erörtern Sie die frühe Rezeption der Amerikanischen Revolution.

M 5 Die Historikerin Charlotte A. Lerg über die Amerikanische Revolution heute (2010)
Die Amerikanische Revolution hat in den USA eine gesellschaftliche Bedeutung, die über rein wissenschaftliches Interesse weit hinausgeht. Gründungsmythen sind zentraler Bestandteil nationaler Identi-
5 tät; für die Vereinigten Staaten bildet die Unabhängigkeit 1776 eindeutig dieses definitorische Moment. Unzählige Mythen und Legenden, die sich um Ereignisse, Persönlichkeiten, Orte und Relikte jener Zeit ranken, gehören zum alltäglichen Leben der
10 Amerikaner – in der politischen Rhetorik ebenso wie in der vielfältigen Populärkultur. Als wichtiger Teil des öffentlichen Gedächtnisses prägen sie das Selbstverständnis der Weltmacht bis heute.

[...] Mit der engen Bindung des Nationalbewusst-
15 seins an die historischen Ereignisse war jedoch von
Anfang an ein ständiger Kampf um Deutungshoheit
und Interpretation verbunden. [...] Außer um Chro-
nologien der Ereignisse und Biografien der Akteure
drehten sich die Debatten in der Forschung zur ame-
20 rikanischen Unabhängigkeit seit dem 20. Jahrhundert vor allem um den folgenden Fragekomplex: Wer
oder was war die treibende Kraft? Waren es wirtschaftliche Interessen oder politische Ideen? Ging
die Dynamik von der kolonialen Elite oder von den
25 unteren Schichten aus? Mit der neueren Sozialge-
schichte kamen seit den 1960er-Jahren neue Frage-
stellungen hinzu: Welche Rolle spielten Minderhei-
ten, und was bedeutete die Revolution für sie?
Welchen Bezug hatten Schwarze, Frauen oder India-
30 ner zur Geschichte der Staatsgründung?

*Charlotte A. Lerg, Die Amerikanische Revolution, UTB, Tübingen
2010, S. 7.**

1 Erläutern Sie den Zusammenhang zwischen
„Gründungsmythos" und dem „Kampf um Deutungshoheit".

M6 Karte des „Freedom Trail" in Boston, Fotografie, 2015

1 Charakterisieren Sie die Rolle von Originalschauplätzen für die historische Rezeption.

M7 **Paul Revere's Ride, Gedicht von Henry Wads-
worth Longfellow (1861)**
*Der Goldschmied Paul Revere warnte 1775 durch einen
nächtlichen Ritt nach Concord die amerikanischen Milizen vor dem Anrücken der britischen Truppen.*

Listen, my children, and you shall hear
Of the midnight ride of Paul Revere,
On the eighteenth of April, in Seventy-Five:
Hardly a man is now alive
Who remembers that famous day and year.   5

[Es folgen zehn Strophen über die Stationen des Rittes]

It was two by the village clock,
When he came to the bridge in Concord town.
He heard the bleating of the flock,
And the twitter of birds among the trees,
And felt the breath of the morning breeze   10
Blowing over the meadows brown.
And one was safe and asleep in his bed
Who at the bridge would be first to fall,
Who that day would be lying dead,
Pierced by a British musket-ball.   15

You know the rest. In the books you have read,
How the British Regulars fired and fled,–
How the farmers gave them ball for ball,
From behind each fence and farmyard-wall,
Chasing the red-coats down the lane,   20
Then crossing the fields to emerge again
Under the trees at the turn of the road,
And only pausing to fire and load.

So through the night rode Paul Revere;
And so through the night went his cry of alarm   25
To every Middlesex village and farm,–
A cry of defiance, and not of fear,
A voice in the darkness, a knock at the door,
And a word that shall echo forevermore!
For, borne on the night-wind of the Past,   30
Through all our history, to the last,
In the hour of darkness and peril and need,
The people will waken and listen to hear
The hurrying hoof-beats of that steed,
And the midnight message of Paul Revere.   35

*https://www.poets.org/poetsorg/poem/paul-reveres-ride
(Download vom 8. 10. 2018).**

1 Interpretieren Sie das Gedicht, indem Sie die
Darstellung Paul Reveres, der Briten sowie der
„Farmer" bestimmen.

Übersetzung: Der Ritt von Paul Revere
🔴▶ cornelsen.de/Webcodes
➕🔊 Code: sedegu

„Gründerväter"

M8 Der Historiker Michael Hochgeschwender über „Revolution" und „Gründerväter" (2016)

Die Revolutionäre mochten tot sein, die Erinnerung an die Revolution blieb höchst lebendig, und dies bis in die Gegenwart hinein. Für die Vereinigten Staaten von Amerika stellt die Revolution der 1770er-Jahre 5 den zentralen, sakral aufgeladenen Referenzrahmen ihrer patriotischen Identität dar. Der bewaffnete Kampf gegen die ferne britische Kolonialmacht, die Weisheit und Voraussicht der Gründervätergeneration, die Verfassung und die Unabhängigkeitserklä- 10 rung als heilige, beinahe unfehlbare Texte der nationalen Zivilreligion, in die auch Washington, Jefferson, Franklin und andere *founding fathers* gemeinsam mit dem zweiten Gründer der Republik, Abraham Lincoln, als Heiligenfiguren integriert sind, all dessen 15 wird an Feiertagen gedacht. Der gesamte Überlieferungsschatz des frühen 19. Jahrhunderts, all die schönen Anekdoten und Erzählungen, die Gedichte und selbst noch Teile der oft hymnischen Geschichtsschreibung der romantischen Epoche werden mit 20 großem Eifer weitertradiert. [...] Die großen Präsidentendenkmäler in Washington, D.C., aber auch die Nationalparks etwa um Valley Forge oder die nationalen Gedenkstätten Mount Vernon und Monticello wurden erst im Laufe der zweiten Hälfte des 19. Jahr- 25 hunderts in die nationale Gedenkkultur integriert. Nicht selten verdankten sie sich privater Initiative, da der amerikanische Staat, dessen Nationalempfinden bis nach dem Bürgerkrieg vage und unscharf blieb, es nicht als seine zentrale Aufgabe empfand, fördernd 30 einzugreifen. Insofern entwickelte sich die amerikanische Identitätskultur von unten her, von Privatleuten, Medien und den Parteien, oder auf der mittleren Ebene der Einzelstaaten. Im Mittelpunkt standen dabei über mehr als ein Jahrhundert der schulische Un- 35 terricht und natürlich die obligatorische Feier des 4. Juli. Dabei wirkte sich der Glanz der Vergangenheit nicht unmittelbar günstig auf die Akzeptanz der jeweils aktuellen Politikergeneration aus. Verglichen mit den übermenschlichen Heroen des Gründungs- 40 mythos, mussten sie auswechselbar, parteiisch, ja unfähig wirken.

Michael Hochgeschwender, Die Amerikanische Revolution. Geburt einer Nation 1763–1815, C. H. Beck, München 2016, S. 431. *

1 Geben Sie wieder, welche Quellen der Rezeption der Autor nennt.
2 Erörtern Sie die Folgen für die aktuelle Politik.
3 **Zusatzaufgabe:** siehe S. 147.

M9 Der amerikanische Historiker Joseph J. Ellis im Vorwort zu seiner Washington-Biografie (2017)

Und bei Washington zeigt sich das Patriarchenproblem besonders eindringlich: wir sehen ihn auf Mount Rushmore, auf der Mall, auf den Dollarnoten und dem 25-Cent-Stück, aber immer als Ikone – fern, kühl, einschüchternd. [...] 5
Im Verlauf der amerikanischen Geschichte blieb unsere Reaktion auf Washington im Besonderen und auf die Gründerväter im Allgemeinen in eben dieses emotionale Muster verstrickt, ohnmächtig oszillierend zwischen Vergötterung und Verdammung. Im 10 Falle Washingtons reicht die Skala von den Märchen, die Pastor Weems von einem frommen jungen Mann erzählte, der keine Lüge über die Lippen brachte, bis zu verächtlichen Urteilen über den totesten, weißen Mann in der amerikanischen Geschichte. 15
Dieses Bild eines Helden/Schurken ist in Wirklichkeit die Vorder- und Rückseite derselben Medaille: eine Karikatur, die uns mehr über uns selbst sagt als über Washington. Die in der akademischen Welt gegenwärtig vorherrschende Meinung sieht Washing- 20 ton als Mitschuldigen an der Schaffung einer Nation, die imperialistisch, rassistisch, elitär und patriarchalisch gewesen ist. [...]
Wir sind sensibler geworden gegenüber den intellektuellen und emotionalen Gegebenheiten, die im kolo- 25 nialen Amerika eine revolutionäre Ideologie hervorgebracht haben; auch haben wir heute ein weitaus besseres Verständnis für die sozialen und politischen Kräfte, die Virginias Pflanzerklasse zur Rebellion getrieben haben. Auch unsere Einschätzung der strate- 30 gischen Alternativen, vor denen beide Seiten im Unabhängigkeitskrieg standen, hat sich verfeinert, hinzu kommt ein vertieftes Verständnis für die nicht miteinander zu vereinbarenden Versionen des „Geistes von 1776", die in den 1790er-Jahren zum Ausbruch 35 von politischem Parteienstreit führten. Washingtons Leben verlief ebenso wie seine zunehmend gefestigte Laufbahn im Kontext dieses verwickelten historischen Geschehens, das in seiner Gesamtheit einen neuen Rahmen für die Einschätzung seiner Entwick- 40 lung und seiner Leistung geliefert hat. [...]
Mir schien, Benjamin Franklin sei weiser gewesen als Washington, Alexander Hamilton brillanter, John Adams belesener, Thomas Jefferson intellektuell differenzierter und James Madison politisch scharfsin- 45 niger. Doch ausnahmslos jeder dieser prominenten Akteure war der Meinung, Washington sei ihm fraglos überlegen gewesen. In der Galerie der Großen, die so oft als Gründerväter zum Mythos gemacht werden, wurde Washington als *primus inter pares* aner- 50

kannt, als der Gründervater schlechthin. Wie kam das? In diesem Buch habe ich nach einer Antwort gesucht, die in den Tiefen des ehrgeizigsten, entschlossensten und kraftvollsten Menschen einer
55 Epoche verborgen ist, der es an würdigen Rivalen wahrhaft nicht gefehlt hat. Wie er so wurde und was er dann damit anfing – das ist die Geschichte, die ich erzählen will.

Joseph J. Ellis, Seine Exzellenz George Washington. Eine Biographie, übersetzt von Martin Pfeiffer, C. H. Beck, München 2005, S. 10.*

1 Überprufen Sie auf Basis von M 9, ob Joseph J. Ellis mit seiner Biografie zum Mythos um die „Gründerväter" beiträgt.

M 10 Porträt von George Washington, 1. Präsident der Vereinigten Staaten von Amerika, Ölgemälde von Jose Perovani, 1796.
Auf dem Tisch ist ein Stadtplan von Washington zu sehen.

1 Interpretieren Sie das Gemälde.
2 **Vertiefung:** Vergleichen Sie die Darstellung mit den Bildmaterialien von S. 72, 89 und 91.
   Tipp: siehe S. 147.

Der Film „Der Patriot" von 2000

M 11 Der Historiker Michael Hochgeschwender über den Film „Der Patriot" (2016)
Das mythische Amerika wurde und wird zuvörderst über Spielfilme und TV-Serien konstruiert, die ihren Zuschauern ein bisweilen kohärentes, oft aber auch durchaus kritisches Bild der amerikanischen Geschichte in emotionalisierter, unterhaltsamer Form 5 darbieten. Dies gilt indes nicht für die Epoche der Revolution, obwohl es sich um die Geburtsstunde der USA handelte. Nimmt man die Großproduktionen Hollywoods zum Maßstab, taucht die Amerikanische Revolution praktisch nicht auf. Zumindest verblasst 10 sie neben Westernproduktionen, Spielfilmen zum Bürgerkrieg, zum Kalten Krieg, zu Vietnam oder über einzelne Politiker. […] Das ist in der Tat […] erklärungsbedürftig, vor allem wenn man bedenkt, wie wichtig Hollywoodproduktionen ansonsten für das 15 Geschichtsbild und die ideologische Selbstsicht der USA sind. Die Bewältigung des Vietnamtraumas und selbst die verschiedenen Phasen nationaler Versöhnung nach dem Bürgerkrieg wurden im 20. Jahrhundert maßgeblich mithilfe von Filmen oder TV-Serien 20 durchgeführt. […]
Ganz anders [als der Film *The Last of the Mohicans* von 1992] *The Patriot*, ein Film, dessen unkritischer, anachronistischer Patriotismus bestens zum amerikanischen nationalen Triumphalismus zwischen 25 dem Sieg über die Sowjetunion im Kalten Krieg und den islamistischen Attentaten vom 11. September 2001 passt. Roland Emmerichs[1] Blockbuster behandelt eine Episode der Revolution, den Bürgerkrieg zwischen den Milizen der Whigs und Tories[2] sowie 30 der *British Legion* Banastre Tarletons[3] im westlichen South Carolina. Die von Mel Gibson dargestellte Figur Benjamin Martin ist dem Anführer der Whig-Milizen, Francis Marion, dem Sumpffuchs, der britische Colonel Tavington Banistre Tarleton nachempfun- 35 den. Während sich der Film in Detailfragen um Authentizität bemüht, sind seine politischen Generalisierungen mehr dem Gründungsmythos der USA als der historischen Realität geschuldet. Die Brutalität der Whig-Milizen und ihr durchaus interessengelei- 40 teter Kampf werden nicht berücksichtigt, die Motivation der Tories bleibt undeutlich, das Freiheitspathos bezieht sich auf einen transhistorischen, inadäquaten Freiheitsbegriff, die Briten werden einseitig als übermäßig brutal dargestellt, der Vernichtungskrieg 45 der Siedler gegen die Indianer wird nicht thematisiert. Vollkommen unrealistisch ist die Darstellung des schwarzen Sklaven Occam, der sich als Milizionär im Dienste der Revolution seine Freiheit er-

50 kämpft. […] Wohl gerade wegen dieser ideologisch motivierten Ungenauigkeit erfreute sich *The Patriot* eines enormen Publikumszuspruchs.

Michael Hochgeschwender, Die Amerikanische Revolution. Geburt einer Nation 1763–1815, C. H. Beck, München 2016, S. 433 f.*

1 *Roland Emmerich:* deutscher Regisseur (geb. 1955 in Stuttgart). Lebt und arbeitet vor allem in den USA. Führte Regie bei verschiedenen Blockbustern, u. a. *Independence Day* (1996).

2 *Whigs und Tories:* Bei Michael Hochgeschwender entsprechen die Whigs den „Patrioten" und die Tories den „Loyalisten".

3 *Banastre Tarleton:* britischer Offizier (1754–1833), der berüchtigt war für seine harte Kriegführung und Gewalt gegen Zivilisten.

M 12   **Der Hauptdarsteller Mel Gibson bei der Premiere des Films „Der Patriot" am 27. Juni 2000 in Los Angeles, Fotografie, 2000.**
Der australische Schauspieler Mel Gibson hat in seiner Karriere schon viele klassische Heldenrollen gespielt. In „Der Patriot" spielt er die Figur des Benjamin Martin, eines Witwers, zunächst als Anti-Held, der sich aus dem Unabhängigkeitskrieg heraushält, um sich um seine Familie zu kümmern. Als ein Sohn stirbt, wird er zum Milizenführer und unbarmherzigen Rächer. Schließlich wird er mit seiner Miliz Teil der regulären Armee und ist als solcher an der Entscheidungsschlacht von Yorktown beteiligt.

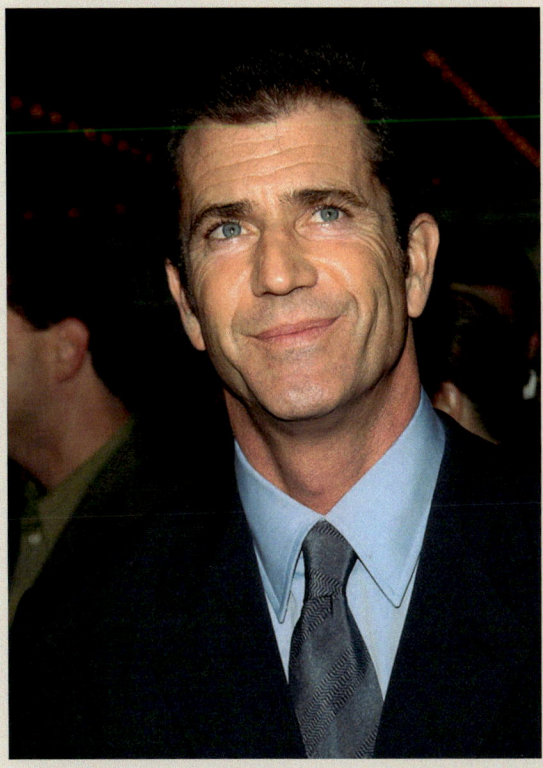

1 Sehen Sie sich den Film „Der Patriot" an und erstellen Sie eine Liste mit den wichtigsten Protagonisten und ordnen Sie diese in einer Mindmap an.

2 Analysieren Sie zwei ausgewählte Szenen in Bezug auf die filmsprachlichen Mittel (siehe unten).

3 Arbeiten Sie die Kernaussagen des Films heraus.

4 Nehmen Sie auf der Basis Ihrer eigenen Analyse des Films Stellung zu der Bewertung durch Michael Hochgeschwender (M 11).

5 **Zusatzaufgabe:** siehe S. 147.

Methode Historische Filme analysieren

cornelsen.de/Webcodes
Code: dabizu

M 13   **Auswahl wichtiger filmsprachlicher Mittel**

Kamera/ Einstellungsgröße	Unterschiedliche Einstellungsgrößen zeigen Nähe oder Distanz; Totale: Personen in Umgebung Halbnah: ganzer Körper → Gestik Nah: Brustbild → Mimik Detail: z. B. Gesicht → Gefühle
Kamera/ Blickwinkel	Normalsicht: vermittelt Objektivität der filmischen Darstellung Untersicht: Person wird als übermächtig gezeigt, manchmal auch karikiert Obersicht: Person klein, unbedeutend
Kamera/ Bewegung	Kameraschwenk/-fahrten: Begleitung, Verfolgung, Vorauseilen; schnelle Schwenks erzeugen Dramatik; Handlungsfluss kann beschleunigt werden, durch statische Kamera verlangsamt
Bilder	Licht erzeugt Stimmung, betont Wichtiges, rückt Unwichtiges in den Schatten; Farben können Realismus erzeugen, symbolische Bedeutung tragen und Emotionen hervorrufen
Schnitt und Montage	Schnelle Schnitte erzeugen Spannung; Einstellungen werden in Beziehung gesetzt und erzählen eine Geschichte
Ton	Geräusche zeigen Unsichtbares, unterstützen aber auch die Realität; Musik drückt Gefühle aus, unterstützt das Tempo und markiert Höhepunkte der Geschichte

Historische Gemälde interpretieren

Die Forschung unterscheidet zwei Typen von Historienbildern: **Historienbilder im engeren Sinn** stellen **Ereignisse** dar, die sich vor **der Lebenszeit des Malers** ereignet haben, während **Ereignisbilder zu Zeiten des Malers** entstanden. Bei beiden Typen wird das dargestellte Ereignis durch einen besonderen Moment, meist mit handelnden, wichtigen Personen, betont. Seit dem Ende des 18. Jahrhunderts bildete sich ein **moderner Typus des Historienbildes** heraus, der mit dem Anspruch auf historische Wahrheit antrat. Viele Künstler betrieben daher vor der Arbeit am Gemälde Quellen- bzw. Literaturforschung. Sie bemühten sich um eine realistische Darstellung, gestalteten aber das historische Ereignis nach ihren eigenen Vorstellungen bzw. nach denjenigen ihrer Auftraggeber, sie gaben dem historischen Moment eine bestimmte Deutung. Das 19. Jahrhundert stellte eine Blütezeit der Historienmalerei dar. Im Zeitalter der Nationalstaaten hatte sie die Funktion, eine nationale Identität zu formen. In der deutschen Historienmalerei bevorzugten die Künstler z. B. Themen aus der germanischen Vorzeit und dem Mittelalter. Durch Ausstellung in nationalen Museen, Verbreitung in Reproduktionen und Zeitschriften wurden diese Bilder sehr populär. Sie glorifizierten die nationale Geschichte und überhöhten somit die eigene Nation.

Arbeitsschritte zur Interpretation

1. Leitfrage   Welches historische Ereignis thematisiert das Bild?

2. Analyse   *Formale Aspekte*
- Wer ist der Künstler? Wer ist der Auftraggeber?
- Zu welchem Zweck entstand es? Wann entstand das Bild? Wo hing bzw. hängt es?
- Wie groß ist das Bild? Welche Materialien wurden verwendet?

Inhaltliche Aspekte
Beschreibung
- Welche Bildelemente sind zu sehen (Personen, Orte, Gegenstände, Landschaften, Symbole)?
- Wie sind die Personen dargestellt (Gestik, Mimik, Körperhaltung, Kleidung)?
- Wie ist die Bildkomposition (Personen, Umgebung, Gegenstände, Situation, Proportionen, Symbole in ihren Relationen) angelegt?
- Welche Darstellungsmittel wurden eingesetzt (Technik, Farben, Lichtwirkung, Perspektive)?

Deutung
- Welche Bedeutung haben Bildelemente, Bildkomposition und Darstellungsmittel?
- Was war die Intention des Malers? Welche Wirkung sollte beim zeitgenössischen Betrachter erzeugt werden?

3. Historischer Kontext
- In welchen historischen Zusammenhang lässt sich das Bild einordnen?
- Wie wurde es zeitgenössisch rezipiert? Wurde es verbreitet?

4. Urteil
- Welche Funktion sollte das Bild erfüllen? An wen richtete es sich?
- Entspricht das dargestellte Ereignis den historischen Fakten? (ggf. Vergleich mit wissenschaftlichen Erkenntnissen über das Ereignis)
- Wie lässt sich das Bild aus heutiger Sicht bewerten?

Übungsaufgabe

M1 „Die Unterzeichnung der Verfassung der Vereinigten Staaten von Amerika 1787",
Ölgemälde von Howard Chandler Christy, 1940.

Auf dem Bild sieht man George Washington stehend auf dem Podest, nachdem er die Verfassung unterzeichnet hat. Weitere bekannte Persönlichkeiten sind im Vordergrund Benjamin Franklin (hellblauer Anzug, sitzend) und Alexander Hamilton (hinter Franklin, ihm ins Ohr sprechend). Insgesamt sind auf dem Bild 39 von 55 Unterzeichnern der Verfassung dargestellt. Das Bild war eine Auftragsarbeit und hängt im Repräsentantenhaus im Kapitol in Washington.

1 Interpretieren Sie das Gemälde M 1 mithilfe der Arbeitsschritte.
▶ Lösungshinweise finden Sie auf S. 153 f.

Anwenden

M1 **Der deutsche Historiker Jürgen Heideking über George Washington (1997)**

George Washington steht am Beginn der amerikanischen Nationalgeschichte. An allen wesentlichen Entwicklungen, die den Wandel der dreizehn Kolonien zur Union souveräner Republiken und dann zum
5 ersten modernen Bundesstaat vorantrieben, war er maßgeblich beteiligt. In Virginia und im Kontinentalkongress gehörte er zu denen, die der englischen Kolonialpolitik am entschiedensten entgegentraten; als Oberbefehlshaber der amerikanischen Truppen
10 organisierte und lenkte er den militärischen Widerstand, [...] überzeugt von der Notwendigkeit einer starken Zentralregierung, wirkte er 1787/88 an der Ausarbeitung und Annahme einer neuen Verfassung mit; und im Präsidentenamt schuf er die Grundlagen
15 für einen republikanischen Bundesstaat, in dem die Amerikaner ihre nationale Identität finden konnten.
[...] Im Unterschied zu vielen republikanischen Theoretikern, die Misstrauen gegen Regierungsmacht
20 und speziell gegen zentralisierte Regierungsmacht für einen Wert an sich hielten, sah Washington in einer starken, energisch handelnden Bundesregierung die beste Gewähr für Freiheit und Sicherheit der Bürger. Das [...] föderative Element behagte ihm nicht
25 sonderlich, weil er die Staatenregierungen im Krieg eher als Störfaktoren kennengelernt hatte. [...] Andererseits hatte Washington die Bedeutung des revolutionären Prinzips der Volkssouveränität erkannt und wusste, dass er die Macht der Bundesregierung nur
30 auf die Zustimmung seiner Landsleute gründen konnte.
[...] Nach acht Jahren Präsidentschaft zog Washington mit vollem Recht eine positive Bilanz. Zwar waren keineswegs alle Hoffnungen in Erfüllung gegan-
35 gen. [...] Auch verdankte er viel den Mitarbeitern, an erster Stelle Hamilton. Sein konsultativer Führungsstil darf jedoch nicht darüber hinwegtäuschen, dass er alle wichtigen Entscheidungen, speziell in außenpolitischen Fragen, selbst traf, und dass die Talente
40 seiner Berater nur durch ihn voll zur Geltung kamen. Was ihm an Brillanz fehlte, machte er durch eine solide, methodische Regierungsweise, durch Pflichtbewusstsein, Berechenbarkeit und Verlässlichkeit mehr als wett. Von seinen Eigenschaften, Fähigkeiten und
45 geistigen Voraussetzungen her war er wohl am besten geeignet, die Brücke vom alten, kolonialen Amerika über die Revolution zum neuen, konstitutionell-demokratischen Bundesstaat zu schlagen. Er

personifizierte die durch Recht und Gesetz begrenzte Regierungsmacht, er schuf die Voraussetzungen für 50 die Integration und Expansion einer kontinentalen amerikanischen Republik, und er wurde schon zu Lebzeiten zum Symbol des „nationalen Charakters", an dessen Formung ihm so sehr gelegen war. Historische Größe bewies er nicht in herkömmlicher Weise 55 durch Machtusurpation oder Machterweiterung, sondern durch den verantwortungsbewussten, maßvollen Gebrauch demokratisch legitimierter Macht und die Ermöglichung eines geordneten, friedlichen Machtwechsels. 60

Jürgen Heideking, George Washington 1789–1797, in: Christof Mauch (Hg.), Die Präsidenten der USA, C. H. Beck, erweiterte Auflage, München 2018 [1. Auflage 1997], S. 57f., 63f., 73f.*

M2 **Marmorstatue von George Washington, 1840.**
Die Statue befindet sich im „National Museum of American History" in der „National Mall" in Washington D.C. George Washington gibt nach dem Sieg im Unabhängigkeitskrieg das Schwert dem Volk zurück.

1 Fassen Sie die Kernaussagen Heidekings zu Washington zusammen.
2 Erläutern Sie den „Gründervater-Mythos" in der Rezeption der amerikanischen Geschichte.
3 Arbeiten Sie heraus, ob Jürgen Heideking auch den Mythos von Washington als Gründervater bedient.
4 Interpretieren Sie die Symbolik der Statue (M2) und stellen Sie sie den Kernaussagen des Textes (M1) gegenüber.
5 Setzen Sie sich mit der These Heidekings auseinander, dass Washington am „Beginn der amerikanischen Nationalgeschichte" stand.

Wiederholen

M 3 „Die Helden der Revolution. George Washington an der Seite von Johann De Kalb, Baron von Steuben, Kazimierz Pulaski, Tadeusz Kosciuszko, Lafayette, John Muhlenberg und anderen Offizieren", kolorierter Stich von Frederick Girsch, ca. 1870

Zentrale Begriffe

„American Revolution"
„Gründerväter"
Historienfilme
Historiengemälde
Historiografie
Originalschauplätze
Populärkultur
Rezeption

1 Die Amerikanische Revolution wurde sowohl als „Kampf um die Freiheit" als auch als „Gründung der amerikanischen Nation" rezipiert. Ordnen Sie Informationen und Erkenntnisse aus Kapitel 4 diesen beiden „Geschichten" zu.

2 **Gruppenarbeit/Wahlaufgabe:** Führen Sie eine Recherche durch zu dem Thema museale Aufbereitung der Amerikanischen Revolution bzw. von Geschichte in den USA. Bearbeiten Sie in der Gruppe a), b) oder c).
   a) Erstellen Sie eine Präsentation zum *Boston Freedom Trail*.
   b) Erstellen Sie eine Präsentation zur *National Mall* in Washington D.C.
   c) Erstellen Sie eine Präsentation zu *Mount Vernon Museum and Educational Center*.
   Tipp: Die Internetadressen finden Sie unter dem Webcode von S. 82

3 Interpretieren Sie das Bild M 3 mithilfe der Arbeitsschritte von S. 88. Siehe auch die sprachlichen Formulierungshilfen.

4 Vergleichen Sie Ihre Erkenntnisse aus Aufgabe 3 mit M 10, S. 86, sowie mit M 2, S. 90.

5 Erläutern Sie, wie die Historiengemälde zum „Gründerväter-Mythos" beigetragen haben.

6 **Vertiefung:** In Deutschland nennt man die Mitglieder des Parlamentarischen Rates von 1948 „Mütter und Väter des Grundgesetzes". Erörtern Sie, warum „Gründungsprozesse" oft orientiert an führenden Persönlichkeiten erinnert werden.

Formulierungshilfen

– Das Bild zeigt eine Szene aus …
– Es sind folgende Personen dargestellt: … Ihre Kleidung/Gestik/Körperhaltung …
– Die Landschaft ist … und vermittelt eine … Atmosphäre.
– Die Lichtgestaltung rückt … in den Vordergrund.
– Wichtiges Symbol ist …
– Durch die räumliche Nähe von … wird ein Zusammenhang hergestellt zwischen …
– Das Bild deutet Washington als …

Hinweise zur Arbeit mit den Materialien

Der Materialteil zum Kernmodul widmet sich Theorien zur „Revolution" (M 1–M 6) und zur „Modernisierung" (M 7–M 9).

- *M 1 (Alexis de Tocqueville) bietet die Möglichkeit, die Abgrenzung zwischen Reform und Revolution am Beispiel von Frankreich zu diskutieren.*
- *M 2 (Crane Brinton) stellt ein umfassendes Raster für Ursachen und Abläufe von Revolutionen zur Verfügung.*
- *M 3–M 4 (Karl Marx, Friedrich Engels, Wladimir Lenin) erläutern die zentrale Rolle von Revolutionen im „Fortschritt" der Geschichte aus Sicht des Kommunismus. Es wird die Dominanz ökonomischer Ursachen betont.*
- *M 5 (James C. Davies) setzt sich mit enttäuschten individuellen Erwartungen als Ursache für Revolutionen auseinander und bietet die „J-Kurve" als Modell an.*
- *M 6 (Hannah Arendt) legt den Schwerpunkt auf den Begriff der Freiheit, den Aspekt der Gewalt (Revolutionskriege) und auf die Frage nach der Institutionalisierung der demokratischen Ideen.*
- *M 7 (Max Weber) und M 8 (Hans-Ulrich Wehler) bestimmen die Elemente des europäischen Modernisierungsprozesses.*
- *M 9 (Shmuel Eisenstadt) zeigt die Vielfalt von Modernen im globalen Kontext sowie die Rolle von Revolutionen in diesem Prozess auf.*

Theorien Vergleich

■▶ cornelsen.de/Webcodes
✚◀) Code: xesapu

Themenfelder des Kernmoduls	Materialhinweise Kernmodul	Thematische Anknüpfungspunkte des verbindlichen Wahlmoduls	Kapitel des verbindlichen Wahlmoduls	Materialhinweise zum verbindlichen Wahlmodul
Revolution/Reform	M 1 Alexis de Tocqueville	Französische Revolution	Kapitel 7	M 8, M 10–M 15
Zentrale Elemente von Revolutionen	M 2 Crane Brinton	Steuerstreit, *Boston Tea Party*, Loyalisten und Patrioten, Kontinentalkongress	Kapitel 3	M 5, M 9–M 15, M 18–M 20
		Unabhängigkeit/Verfassung	Kapitel 4	M 5–M 13
Historischer Materialismus	M 3/M 4 Marx, Engels, Lenin	Russische Revolution	Kapitel 8	M 7–M 14, M 17
Ursachen von Revolutionen	M 5 James C. Davies	Ursprünge des Konflikts	Kapitel 2	M 13–M 18
		Steuerstreit, *Boston Tea Party*	Kapitel 3	M 5, M 10–M 15
		Französische Revolution	Kapitel 7	M 5–M 9
		Russische Revolution	Kapitel 8	M 7–M 8
Revolution/Freiheit	M 6 Hannah Arendt	Unabhängigkeitserklärung/Amerikanische Verfassung: Ideal und Realität	Kapitel 4	M 5–M 13
Revolution/Gewalt		Unabhängigkeitskrieg		M 17–M 18
Modernisierung in Europa	M 7/M 8 Max Weber, Hans-Ulrich Wehler	Gesellschaft in den Kolonien	Kapitel 2	M 9–M 12
		Stempelsteuerkongress, Kontinentalkongress	Kapitel 3	M 8, M 9, M 12–M 14, M 21
		Amerikanische Verfassung	Kapitel 4	M 5–M 13
Vielfalt von Modernen/Revolution und Moderne	M 9 Shmuel Eisenstadt	Rezeption	Kapitel 5	M 4, M 5, M 8–M 10
		Russische Revolution	Kapitel 8	M 7, M 8, M 12

Revolutionstheorien

M1 Alexis de Tocqueville (1805–1859) über die Französische Revolution (1856)

Die Revolution ist nicht, wie man geglaubt hat, darauf ausgegangen, das Reich des religiösen Glaubens zu zerstören; sie ist trotz des gegenteiligen Anscheins, im Wesentlichen eine soziale und politische Revolu-
5 tion gewesen; und im Bereich der Institutionen der letztgenannten Art hat sie keineswegs dahin gestrebt, die Unordnung zu verewigen, sie gewissermaßen dauernd zu machen, die Anarchie zu methodifizieren, wie einer ihrer Hauptgegner sagte, sondern viel-
10 mehr die Macht und die Rechte der Staatsregierung auszudehnen. Sie sollte nicht, wie andere gemeint haben, den Charakter verändern, den unsere Zivilisation bis dahin gehabt hatte, und den Fortschritt derselben hemmen, ja auch nicht einmal eines der
15 Grundgesetze wesentlich abändern, auf denen in unserem Abendland die menschlichen Gesellschaften beruhen. Betrachtet man sie gesondert von allen Nebenumständen, die zu verschiedenen Zeiten und in verschiedenen Gegenden ihre Physiognomie vorü-
20 bergehend verändert haben, so sieht man deutlich, dass diese Revolution nur die Wirkung gehabt hat, jene politischen Institutionen, die mehrere Jahrhundert hindurch bei den meisten europäischen Völkern die ungeteilte Herrschaft gehabt hatten und die man
25 gewöhnlich unter dem Namen Feudalwesen zusammenfasst, abzuschaffen, um an deren Stelle eine gleichförmigere soziale und politische Ordnung einzuführen, deren Grundlage die Gleichheit war.
Dies genügte, um eine ungeheure Revolution zu ver-
30 anlassen; denn abgesehen davon, dass jene alten Einrichtungen mit fast allen religiösen und politischen Gesetzen Europas vermischt und gleichsam verflochten waren, hatten sie überdies eine Menge Ideen, Gefühle, Gewohnheiten und Sitten erzeugt, die
35 mit ihnen innig verwachsen waren. Es bedurfte einer furchtbaren Konvulsion[1], plötzlich aus dem Gesellschaftskörper einen Teil herauszuziehen und zu vernichten, der derart an allen seinen Organen haftete. Das ließ die Revolution noch größer erscheinen, als
40 sie es war; sie schien alles zu zerstören, denn was sie zerstörte, hing mit allem zusammen und bildete gleichsam mit allem einen einzigen Körper.
Wie radikal auch die Revolution gewesen sein mag, so hat sie doch weit weniger Neuerungen gebracht,
45 als man gewöhnlich annimmt [...]. Mit Recht sagt man von ihr, dass sie alles vernichtet hat oder im Zuge ist zu vernichten [...], was in der alten Gesellschaft von den aristokratischen und feudalen Einrichtungen herrührte, alles, was sich in irgendeiner

Weise damit verknüpfte, alles, was in welchem Grade 50 es auch sein mochte, das geringste Gepräge derselben trug. Sie hat von der alten Welt nur das beibehalten, was jenen Einrichtungen stets fremd geblieben war oder ohne sie bestehen konnte. Weniger als jede andere Erscheinung ist die Revolution ein zufälliges 55 Ereignis gewesen. Sie ist allerdings der Welt ganz unerwartet gekommen, und war sie nur die Vollendung der langwierigsten Arbeit, der plötzliche und gewaltsame Abschluss eines Werkes, an dem zehn Menschenalter gearbeitet hatten. Wäre sie nicht eingetre- 60 ten, so würde das alte Gebäude trotzdem, hier früher, dort später, überall zusammengestürzt sein; es würde nur nach und nach stückweise gefallen sein, statt plötzlich einzustürzen. Die Revolution hat auf einmal, durch eine krampfhafte und schmerzliche An- 65 strengung, ohne Übergang, ohne Warnung und schonungslos vollbracht, was sich nach und nach von selbst vollbracht haben würde. Das war ihr Werk.

Alexis de Tocqueville, Der alte Staat und die Revolution, übersetzt von Theodor Oelckers, Verlag J. G. Hoof, Münster 2007, S. 38 ff. *

1 *die Konvulsion:* medizinischer Ausdruck für Schüttelkrampf

1 Fassen Sie die Ziele und die Folgen der Französischen Revolution zusammen.
2 Nehmen Sie Stellung zu der These, dass die Veränderung „sich nach und nach von selbst vollbracht haben würde" (Z. 67 f.).

M2 Der amerikanische Historiker Crane Brinton (1898–1968) über Ursachen und Phasen von Revolutionen (1938/1965)

Selbst wenn man Zugeständnisse gegenüber denen macht, die darauf bestehen, dass historische Ereignisse einzigartig sind, so bleibt es doch richtig, dass die vier untersuchten Revolutionen[1] einige erstaunliche Gemeinsamkeiten aufweisen. [...] 5
Erstens waren alle diese Gesellschaften im Großen und Ganzen im ökonomischen Aufstieg begriffen, als die Revolution begann, und die revolutionären Bewegungen hatten ihre Wurzeln eher bei den vermögenden Leuten, die sich mehr eingeschränkt und verär- 10 gert als total unterdrückt fühlten. Sicher gingen diese Revolutionen nicht auf die unterdrückten, die hungernden und elenden Menschen zurück. Die Revolutionäre waren keine Verzweifelten. Die Revolutionen wurden aus der Hoffnung heraus geboren und ihre 15 Ideen waren optimistisch.
Zweitens findet man in den vorrevolutionären Gesellschaften zwar tatsächlich sehr starke Klassenunterschiede, aber diese waren deutlich komplexer als Marxisten zugeben würden. Es handelte sich 1640, 20

1776 und 1789 um keinen Kampf des feudalen Adels gegen das Bürgertum bzw. 1917 des Bürgertums gegen das Proletariat. Die stärksten Emotionen entwickelten sich bei den Männern und Frauen, die Geld
25 verdienten oder zumindest genug Geld zum Leben hatten und die verbittert die Unvollkommenheit des sozial privilegierten Adels wahrnahmen. [...] Revolutionen sind wahrscheinlicher, wenn die sozialen Klassen näher beieinander liegen als weit voneinan-
30 der getrennt. [...] Es ist schwer zu sagen, warum in manchen Gesellschaften mit fast gleichgestellten Klassen eine stärkere Verbitterung herrschte als in anderen.
Drittens gibt es das Phänomen der Übertragung der
35 Gefolgschaft der Intellektuellen. [...] Wir müssen einfach nur feststellen, dass dies bei allen vier Gesellschaften beobachtet werden kann.
Viertens war der Regierungsapparat ineffizient, teilweise aufgrund von Vernachlässigung, teilweise we-
40 gen fehlender Anpassung der alten Institutionen an die neuen Bedingungen der Gesellschaft [...], in Folge von ökonomischem Wachstum, Herausbildung neuer Klassen, neuer Transportmöglichkeiten, neuer Wirtschaftsmethoden. Diese Bedingungen be-
45 lasteten den Regierungsapparat in unerträglicher Weise, da dieser noch auf einfachere Rahmenbedingungen ausgerichtet war.
Fünftens begann die herrschende Klasse, genauer gesagt einige von ihnen sich selbst zu misstrauen, oder
50 sie verloren ihren Glauben an die Traditionen und Gebräuche ihrer Klasse, wurden zu Intellektuellen, Menschenfreunden oder liefen zu den rebellierenden Gruppen über. Vielleicht führte ein größerer Teil als früher ein unmoralisches, ausschweifendes Leben,
55 wobei man nicht sagen kann, ob dies bereits ein Symptom für den Verlust von Traditionen in der herrschenden Klasse war. Jedenfalls war die herrschende Klasse politisch rückständig.
Die dramatischen Ereignisse, die die Dinge in Bewe-
60 gung brachten [...], standen bei drei der vier Revolutionen in engem Zusammenhang mit der Finanzverwaltung des Staates. Beim vierten Beispiel Russland brach die Verwaltung unter der Last des erfolglosen Krieges zusammen und hatte damit nur zum Teil fi-
65 nanzielle Gründe. Aber in allen untersuchten Gesellschaften trat die Ineffizienz und die Unzulänglichkeit der Regierungsstrukturen bereits in der ersten Phase der Revolution offen zutage. Es gibt eine Phase – die ersten Wochen oder Monate –, in der es so aussieht,
70 als wenn die Regierung verhindern könnte, dass die wachsende Aufregung in einen Sturz der Regierung mündet. Diese Versuche der Regierung, in allen vier Fällen war es der Einsatz von Gewalt, scheiterten.

Und dieses Scheitern bildete den Wendepunkt und
75 brachte die Revolutionäre an die Macht. [...]
Die Ereignisse, die wir der ersten Phase zugeordnet haben, liefen natürlich nicht bei allen vier Revolutionen in der gleichen Form oder Reihenfolge oder mit den gleichen Inhalten ab. Aber wir haben die wichtigsten Bestandteile aufgelistet und sie weisen bei al-
80 len Gemeinsamkeiten auf: finanzieller Zusammenbruch; Organisation der Unzufriedenen, um den drohenden Zusammenbruch zu verhindern; Forderungen, die bei Umsetzung die faktische Absetzung der Regierenden bedeutet hätten; Einsätze von Ge-
85 walt durch die Regierung und ihr Scheitern; und das Ergreifen der Macht durch die Revolutionäre. [...]
[A]ber mit ihrem Machtantritt wird deutlich, dass sie keine Einheit sind. Die Gruppe, die die erste Phase dominiert, nennen wir die Moderaten [...]. In drei der
90 vier Revolutionen wurden sie früher oder später abgesetzt, getötet oder gingen ins Exil. Man kann in England, Frankreich und Russland einen Prozess beobachten, bei dem nach einer Reihe von Krisen – einige gingen mit Gewalt, Straßenkämpfen und Ähnli-
95 chem einher – eine Gruppe von Männern abgesetzt und eine andere, radikalere an die Macht gebracht wird. [...]
Die Regierung der Extremisten haben wir als Periode der Krise definiert. Dieses Stadium wurde während
100 der Amerikanischen Revolution nicht erreicht, obwohl die Behandlung der Loyalisten, der Druck, die Armee zu unterstützen [...] durchaus als Phänomene des Terrors wie in den anderen Gesellschaften betrachtet werden können. Wir können uns hier nicht
105 mit der Frage beschäftigen, warum die Amerikanische Revolution kurz vor Erreichen der echten Krisensituation stoppte, warum die Moderaten niemals verdrängt wurden, zumindest nicht vor 1800.

Crane Brinton, A summary of Revolutions, in: James C. Davies (ed.), When men revolt and why. A reader in political violence and revolution, 1971, S. 318–325. Übersetzt von Silke Möller.*

1 Englische Revolution 1688/89, Amerikanische Revolution, Französische Revolution und Russische Revolution

1 Beschreiben Sie die Ursachen von Revolutionen.
2 Charakterisieren Sie die Phasen der Revolution.
3 Ordnen Sie die Ereignisse der Amerikanischen Revolution den verschiedenen Phasen zu.
4 **Vertiefung:** Begründen Sie auf der Basis Ihrer Kenntnisse über die Amerikanische Revolution, warum diese keine „echte Krisensituation" erreichte.
5 **Zusatzaufgabe:** siehe S. 147.

M3 Karl Marx und Friedrich Engels in ihrer Schrift „Zur Kritik der Politischen Ökonomie" (1859)

In der gesellschaftlichen Produktion ihres Lebens gehen die Menschen bestimmte, notwendige, von ihrem Willen unabhängige Verhältnisse ein, Produktionsverhältnisse[1], die einer bestimmten Ent-
5 wicklungsstufe ihrer materiellen Produktivkräfte[2] entsprechen. Die Gesamtheit dieser Produktionsverhältnisse bildet die ökonomische Struktur der Gesellschaft, die reale Basis, worauf sich ein juristischer und politischer Überbau erhebt und welcher be-
10 stimmte gesellschaftliche Bewusstseinsformen entsprechen. Die Produktionsweise des materiellen Lebens bedingt den sozialen, politischen und geistigen Lebensprozess überhaupt. Es ist nicht das Bewusstsein der Menschen, das ihr Sein, sondern umgekehrt
15 ihr gesellschaftliches Sein, das ihr Bewusstsein bestimmt. Auf einer gewissen Stufe ihrer Entwicklung geraten die materiellen Produktivkräfte der Gesellschaft in Widerspruch mit den vorhandenen Produktionsverhältnissen oder, was nur ein juristischer Aus-
20 druck dafür ist, mit den Eigentumsverhältnissen, innerhalb deren sie sich bisher bewegt hatten. Aus Entwicklungsformen der Produktivkräfte schlagen diese Verhältnisse in Fesseln derselben um. Es tritt dann eine Epoche sozialer Revolution ein. Mit der
25 Veränderung der ökonomischen Grundlage wälzt sich der ganze ungeheure Überbau langsamer oder rascher um. In der Betrachtung solcher Umwälzungen muss man stets unterscheiden zwischen der materiellen, naturwissenschaftlich treu zu konstatie-
30 renden Umwälzung in den ökonomischen Produktionsbedingungen und den juristischen, politischen, religiösen, künstlerischen oder philosophischen, kurz, ideologischen Formen, worin sich die Menschen dieses Konflikts bewusst werden und ihn aus-
35 fechten. Sowenig man das, was ein Individuum ist, nach dem beurteilt, was es sich selbst dünkt, ebenso wenig kann man eine solche Umwälzungsepoche aus ihrem Bewusstsein beurteilen, sondern muss vielmehr dies Bewusstsein aus den Widersprüchen des
40 materiellen Lebens, aus dem vorhandenen Konflikt zwischen gesellschaftlichen Produktivkräften und Produktionsverhältnissen erklären. Eine Gesellschaftsformation geht nie unter, bevor alle Produktivkräfte entwickelt sind, für die sie weit genug ist,
45 und neue höhere Produktionsverhältnisse treten nie an die Stelle, bevor die materiellen Existenzbedingungen derselben im Schoß der alten Gesellschaft selbst ausgebrütet worden sind. Daher stellt sich die Menschheit immer nur Aufgaben, die sie lösen kann,
50 denn genauer betrachtet wird sich stets finden, dass die Aufgabe selbst nur entspringt, wo die materiellen Bedingungen ihrer Lösung schon vorhanden oder wenigstens im Prozess ihres Werdens begriffen sind.

Zit. nach: Klaus Körner (Hg.), Karl Marx Lesebuch, dtv, München 2008, S. 171 f.

1 *die Produktionsverhältnisse:* die „gesellschaftlichen" Beziehungen, die die Menschen bei der Produktion, beim Austausch, bei der Verteilung und beim Verbrauch von Produkten eingehen
2 *die Produktivkräfte:* die natürlichen Ressourcen, die Arbeitskräfte sowie die Produktionsmittel und das technische Wissen eines Landes

1 Erläutern Sie die Zusammenhänge zwischen Mensch, Gesellschaft und Ökonomie.
   Tipp: Visualisieren Sie die Zusammenhänge in einem Schaubild. Weitere Hinweise siehe S. 147.
2 Arbeiten Sie Ursachen und Phasen von Revolutionen nach Marx und Engels heraus.
3 **Vertiefung:** Vergleichen Sie mit dem von Crane Brinton (M 2) vorgeschlagenen Modell.

M4 Die Revolutionstheorie von Wladimir I. Lenin (1920)

Das Grundgesetz der Revolution, das durch alle Revolutionen und insbesondere durch alle drei russischen Revolutionen des 20. Jahrhunderts[1] bestätigt worden ist, besteht in Folgendem:
Zur Revolution genügt es nicht, dass sich die ausge- 5
beuteten und unterdrückten Massen der Unmöglichkeit, in der alten Weise weiterzuleben, bewusst werden und eine Änderung fordern; zur Revolution ist es notwendig, dass die Ausbeuter nicht mehr in der alten Weise leben und regieren können. Erst dann, 10
wenn die „Unterschichten" das Alte *nicht mehr wollen* und die „Oberschichten" *in der alten Weise nicht mehr können*, erst dann kann die Revolution siegen.
Mit anderen Worten kann man diese Wahrheit so ausdrücken: Die Revolution ist unmöglich ohne eine 15
gesamtnationale (Ausgebeutete und Ausbeuter erfassende) Krise. Folglich ist zur Revolution notwendig:
erstens, dass die Mehrheit der Arbeiter (oder jedenfalls die Mehrheit der klassenbewussten, denkenden, 20
politisch aktiven Arbeiter) die Notwendigkeit des Umsturzes völlig begreift und bereit ist, seinetwegen in den Tod zu gehen;
zweitens, dass die herrschenden Klassen eine Regierungskrise durchmachen, die sogar die rückständigs- 25
ten Massen in die Politik hineinzieht (das Merkmal einer jeden wirklichen Revolution ist die schnelle Verzehnfachung, ja Verhundertfachung der Zahl der zum politischen Kampf fähigen Vertreter der werktä-

30 tigen und ausgebeuteten Masse, die bis dahin apathisch war), die Regierung kraftlos macht und es den Revolutionären ermöglicht, diese Regierung schnell zu stürzen.

Wladimir I. Lenin, Der „linke Radikalismus", die Kinderkrankheit im Kommunismus, in: W. I. Lenin, Ausgewählte Werke in sechs Bänden, Bd. V, Dietz Verlag, Berlin 1975, S. 538 f.

1 Revolutionen von 1905, vom Februar und Oktober 1917.

1 Fassen Sie zusammen, welche Elemente zu Lenins „Grundgesetz der Revolution" gehören.
2 **Gruppenarbeit:** Überprüfen Sie in drei Arbeitsgruppen die Theorie Lenins anhand der Amerikanischen, Französischen und Russischen Revolution.

M5 **Bedürfnisbefriedigung und Revolution, die J-Kurve von James C. Davies (1962)**

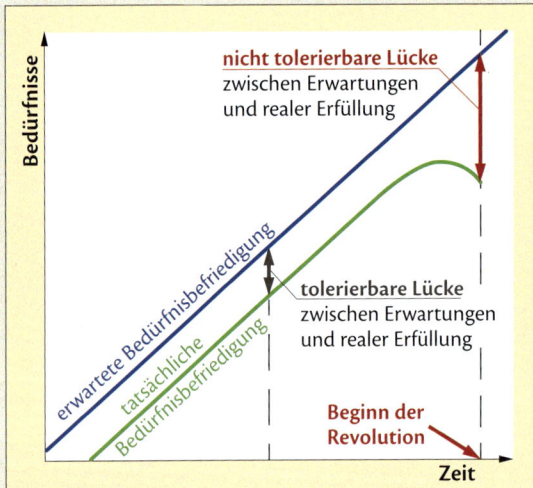

1 Erläutern Sie die in der Grafik dargestellten Zusammenhänge.
2 Setzen Sie sich mit den Thesen von James C. Davies auseinander, indem Sie sie auf die Amerikanische Revolution anwenden.
Tipp: siehe S. 147.

M6 **Hannah Arendt (1906–1975) in ihrer Schrift „Über die Revolution" (1963)**

Was die Amerikanische Revolution in der Unabhängigkeitserklärung vor bald zweihundert Jahren proklamierte, dass ein Volk nach dem anderen „unter den Mächten der Erde den unabhängigen und glei-
5 chen Rang erlangen würde, auf den ein jedes gemäß den Gesetzen der Natur und ihres Gottes Anspruch habe", ist mit einer manchmal fast beängstigenden Geschwindigkeit wahr geworden. Und in einer solchen sich über die ganze Erde erstreckenden Situati-

on gibt es nichts mehr, wofür es sich zu kämpfen 10 lohnte, als das, was das Älteste ist und von allem Anfang an, jedenfalls im Abendland, das eigentliche Wesen von Politik bestimmt – nämlich die Sache der Freiheit gegen das Unheil der Zwangsherrschaft jeglicher Art. 15

Dieser Tatbestand ist bemerkenswert und versteht sich keineswegs von selbst. Unter dem Kreuzfeuer jener Zweige der Psychologie und der Gesellschaftswissenschaften, deren Sinn und Ziel die Entlarvung ist, konnte es wohl scheinen, als sei dem Begriff der 20 Freiheit nun wirklich der Garaus gemacht worden. Selbst die Revolutionäre, von denen man doch eigentlich hätte annehmen dürfen, dass sie unausrottbar in einer Tradition verwurzelt sind, von der man noch nicht einmal sprechen kann, ohne das Wort 25 Freiheit in den Mund zu nehmen, sind bekanntlich nur zu bereit, Freiheit zu den „kleinbürgerlichen Vorurteilen" zu rechnen; gerade sie haben vergessen, dass das Ziel der Revolution heute wie seit eh und je nichts anderes sein kann als eben Freiheit. Aber nicht 30 weniger verblüffend als dies Verschwinden der Freiheit aus dem revolutionären Vokabular dürfte wirken, dass Wort und Begriff plötzlich wieder aufgetaucht sind, um die ernsteste aller gegenwärtigen politischen Diskussionen zu ordnen und zu artikulie- 35 ren, nämlich die Debatte über die Kriegsfrage, d.h. über die Berechtigung der Gewalt in der Politik. Geschichtlich gesehen, gehört der Krieg zu den ältesten Phänomenen der aufgezeichneten Vergangenheit, während es Revolutionen im eigentlichen Sinne vor 40 der Neuzeit nicht gibt, die Revolution als politisches Phänomen also zu den modernsten Gegebenheiten gehört.

Für die Modernität der Revolution ist vermutlich nichts so charakteristisch wie, als dass sie von vorn- 45 herein beanspruchte, die Sache der Menschheit zu vertreten, und zwar gerade weil die Menschheit im achtzehnten Jahrhundert nicht mehr als eine „Idee" war. Es handelte sich nicht nur um Freiheit, sondern um Freiheit für alle, und dies mag der Grund sein, 50 warum die Revolution selbst, im Unterschied zu den revolutionären Ideologien, umso moderner und zeitgemäßer geworden ist, je mehr die „Idee" der Menschheit sich durch die moderne Technik zu einer handgreiflichen Realität entwickelt hat. [...] Was aber nun 55 den Freiheitsbegriff anlangt, so ist er zwar mit dem Wesen der Revolution von Anfang an verbunden, hat aber ursprünglich mit Krieg und Kriegszielen kaum etwas zu tun. Daran ändert auch die Tatsache nichts, dass Befreiungskriege in der historischen Erinnerung 60 der Völker oft mit einem besonderen Nimbus[1] umgeben worden sind oder dass in der Kriegspropaganda,

die von den „Heiligsten Gütern der Nation" spricht, die Freiheit als Schlagwort immer wieder auftaucht.
65 Denn all dies besagt keineswegs, dass darum die Befreiungskriege in Theorie und Praxis als die einzigen „gerechten Kriege" galten.

Hannah Arendt, Über die Revolution, Piper, München 2011, S. 9 ff.*

1 *der Nimbus:* Heiligenschein, Ruhmesglanz

1 Analysieren Sie die Rolle des Begriffes Freiheit in der Geschichte von Revolutionen.
2 Erläutern Sie, was Hannah Arendt unter „Modernität" von Revolutionen versteht.

Theorien zur Modernisierung

M7 **Der deutsche Historiker Hans-Ulrich Wehler über den modernisierungshistorischen Ansatz von Max Weber (2000)**
„Welche Verkettung von Umständen hat dazu geführt", lautete seine Ausgangsfrage, „dass gerade auf dem Boden des Okzidents, und nur hier, Kulturerscheinungen auftreten, welche doch [...] in einer Ent-
5 wicklungsrichtung von universeller Bedeutung und Gültigkeit lagen". Die allgemeinste und zugleich hochspezifische Voraussetzung bildet, Weber zufolge, der einzigartige, alle Realitätsdimensionen durchziehende und prägende Rationalismus der okziden-
10 talen Kultur. Dieser Grundzug sei wiederum abhängig von „der Fähigkeit und Disposition der Menschen zu bestimmten Arten praktisch-rationaler Lebensführung". Ihre „wichtigsten formenden Elemente" seien „die magischen und religiösen Mächte und die im
15 Glauben an sie verankerten ethischen Pflichtvorstellungen".
Deshalb arbeitete Weber die unterschiedlichen, aber jeweils das Realitätsverständnis und seine Denkfiguren formenden, daher auch verhaltensleitenden reli-
20 giösen „Weltbilder" heraus. Obwohl Weber aus theoretischen Gründen keine strenge Hierarchie der westlichen Modernisierungsursachen entwickelte, wird man doch mit dem Einfluss des religiösen „Weltbildes" beginnen können: mit dem Sonderfall des jü-
25 disch-christlichen Monotheismus. Dank seiner strengen Architektonik, dem transzendenten Gott auf der einen Seite und seiner irdischen Gemeinde auf der anderen Seite, die sich in seinem Auftrag die Welt untertan machen soll, führt es zu der „Entzauberung"
30 der diesseitigen Welt. Gemeint ist damit [...] vor allem auch die Durchsetzung eines zunehmend säkularisierten Weltverständnisses, das auf die rationale Erschließung und Bewältigung schlechthin aller Probleme baut. [...]

35 Als nicht minder folgenreich erwies sich die Trennung von Staat und Kirche, die beide unter heftigen Konflikten ihre eigenen autonomen Sphären entwickelten [...]. Überhaupt führten die Freiräume für die politischen Herrschaftsinstitutionen, die Kirchen,
40 die ständischen Selbstverwaltungsorgane, die Korporationen zu einem parzellierten Rechts- und Machtsystem. Daraus ging ein fragiler, häufig gefährdeter, aber die unterschiedlichen Kräfte austarierender „pluralistischer" Balancezustand hervor, unter des-
45 sen Schutzdach sich in relativer Autonomie neue Entwicklungen anbahnen und durchsetzen konnten – die Grundlage des gesellschaftlichen und politischen Liberalismus im Westen. Obwohl ein florierender Handels- und Gewerbekapitalismus etwa in den
50 katholischen oberitalienischen Städten entstand, maß Weber dem Protestantismus, insbesondere der Rigidität seiner calvinistischen Variante, eine extrem hohe Bedeutung für die innerweltlich-asketische Verhaltenssteuerung bei, die der Entfaltung des moder-
55 nen Kapitalismus zugutekam. [...]
Nur hier entstand aus römischem und germanischem Erbe ein rationales Recht, das imstande war, den „Rechtsapparat wie eine technisch rationale Maschine funktionieren" zu lassen. Seinen Kern bildeten
60 zuverlässig geschützte private Eigentumsrechte, deren Bedeutung nach dem Urteil des Juristen Weber schlechterdings nicht überschätzt werden könne.
Nur im Westen ist auch der Staat ein rationales Kunstprodukt im Sinne einer dauerhaften „politi-
65 schen Anstalt mit rational gesatzter Verfassung, rational gesatztem Recht und einer an rational gesatzten Regeln und Gesetzen orientierten Verwaltung durch Fachbeamte". Wenn der Kapitalismus „des berechenbaren Rechts und der Verwaltung nach formalen Re-
70 geln bedarf", stellt beides mit verlässlicher Sicherheit nur der westliche Staat, der sein Herrschaftssystem auch als homogenen Rechtsbezirk ausbaut und sich „das Monopol der physischen Gewaltsamkeit" sichert. Während des inneren Staatsbildungsprozesses
75 wird der Feudalismus überwunden, das Privatrecht gesichert, die Despotie, aufs Ganze gesehen, vermieden, der Staatsapparat institutionell fest verankert.
In der staatlichen Bürokratie, die dabei in den Mittelpunkt rückt, sieht Weber ein weiteres westliches Uni-
80 kat, zu dem er nirgendwo sonst eine analog einflussreiche Verwaltungsinstitution findet. [...] Weber ist von der organisationstechnischen Überlegenheit der westlichen Bürokratie als Herrschaftsinstrument und Herrschaftsträger so überzeugt, dass er ihr auch
85 in universalhistorischer Perspektive eine unwiderstehliche Durchsetzungskraft zubilligt.

Zugleich sind die allmählich entstehenden europäischen Staaten seit dem ausgehenden 15. Jahrhundert in ein welthistorisch einzigartiges, da ein monolithisches Großreich vermeidendes Staatensystem eingebunden, in dem eine unabhängige, die spätere ökonomische Konkurrenz modellartig vorwegnehmende Rivalität aller Mitglieder herrscht, die diese zur pausenlosen Anspannung aller Kräfte anhält. Unter solchen extremen Wettbewerbsbedingungen tritt der Staat in ein symbiotisches Verhältnis zum Kapitalismus, der staatliche Ressourcen ebenso stärkt, wie der Staatsapparat dem Kapitalismus zuverlässige Rahmenbedingungen und Unterstützung gewährleistet. [...]

Von besonders folgenreicher Bedeutung ist die „Eigenart der Sozialordnung des Okzidents". Dabei steht an erster Stelle der Aufstieg „des abendländischen Bürgertums", das nur dort in selbstständigen Stadtgemeinden das wirtschaftliche und politische Leben ordnet und dauerhaft – ein einzigartiges Phänomen im Konkurrenzkampf der Eliten – den Adel als Machtoligarchie verdrängt. Nur hier arbeitet sich auch der Sozialtypus des „Bourgeois" als eines marktwirtschaftlich und später produktionskapitalistisch orientierten Unternehmers empor. Nur hier entsteht die Rechtsfigur des „Staatsbürgers". Nur hier setzen sich Erwerbs- und Berufsklassen durch, die auf der Güter- und Leistungsverwertung auf Märkten, aber auch auf hoher sozialer und geografischer Mobilität beruhen.

Diesem Bürgertum gelingt die epochale Leistung, eine „nirgends sonst auf der Erde entwickelte, allein an den Chancen des Marktes orientierte", dauerhafte, „rationale Betriebsorganisation" zu schaffen, in deren Arbeits- und Herrschaftsverband, auch dank der „Trennung von Haushalt und Betrieb", formell freie Lohnarbeit, maschinelle Ausrüstung und Produktionsablauf kombiniert und durch „rationale Buchführung" kontrolliert werden.

Damit entsteht die Schlüsselorganisation für die „schicksalsvollste Macht unseres modernen Lebens", denn der Kapitalismus bestimmt „heute", auch hier teilte Weber völlig Marx' Urteil, „den Lebensstil aller Einzelnen, die in dieses Triebwerk hineingeboren werden, mit überwältigendem Zwang", der letztlich in ein „stahlhartes Gehäuse" führe. Mit dieser Unternehmensform wird auch die institutionelle Voraussetzung für ein weiteres Unikat geschaffen, das „Proletariat als Klasse".

[...] Weber ist nie der Illusion vom Primat einer einzigen Modernisierungskraft erlegen, sei es des religiösen „Weltbildes" oder des Kapitalismus. Vielmehr geht es ihm immer um die Gesamtkonfiguration westlicher Eigenarten mit historisch wechselnden Impulszentren.

Hans-Ulrich Wehler, Modernisierung und Modernisierungstheorien, in: ders., Umbruch und Kontinuität. Essays zum 20. Jahrhundert, C.H. Beck, München 2000, S. 222–227.*

1 Charakterisieren Sie die Rolle von religiösen Weltbildern für die Herausbildung der Moderne.

2 Gliedern Sie die Folgen der „Entzauberung der Welt" nach Weber.

3 Mindmap: Visualisieren Sie Elemente der Moderne und ihre Verbindungen untereinander in einer Mindmap.
Tipp: Zur Methode der Mindmap siehe S. 155

M 8 **Der Historiker Hans-Ulrich Wehler über Modernisierung und Geschichte (1975)**

In diesem Modernisierungsprozess setzten sich angeblich vor allem sechs Subprozesse durch:

1. Wirtschaftliches Wachstum als eine kumulative Dauerbewegung industrieller Expansion [...].

2. „Strukturelle Differenzierung", [...]. Aus dem alteuropäischen „ganzen Haus" gliedert sich eine zunehmend arbeitsteilige Wirtschaft, aus Herrschaft als individueller Verfügungsgewalt über einen Personenverband die überindividuelle Staatsorganisation eines Territoriums, aus dem öffentlichen Leben die bürgerliche Privat- und Intimsphäre aus. Auf einer Integrationsebene müssen dann [...] die Differenzierungen wieder vermittelt werden, etwa im Konsens über allgemein akzeptierte Werte.

3. Wertewandel, z.B. im Sinne von Parsons[1] als Übergang von partikularistischen, diffusen, unspezifischen zu universalistischen, funktional spezifizierten Wertemustern, die in Sozialisationsprozessen verinnerlicht und handlungsleitend werden.

4. Mobilisierung. Sie wird verstanden als Erzeugung von räumlicher und sozialer Mobilität, aber auch als Erhöhung der Erwartungen (kulturelle Mobilisierung, *Revolution of Rising Expectations*) und als Verfügbarmachung von Ressourcen und Mitteln.

5. Partizipation. Je komplizierter die Differenzierung, umso mehr [...] seien Vermittlungsmechanismen erforderlich, die Teilnahme unabweisbar machen. Und je erfolgreicher die Mobilisierung von Ressourcen sei, umso wichtiger würden Entscheidungsgremien, in denen zur Legitimierung von Präferenzentscheidungen Mitwirkung notwendig werde.

6. Institutionalisierung von Konflikten. Um die Tradition ungeregelter Konflikte überwinden zu können, die noch im 19. Jahrhundert (z.B. im Konflikt zwischen Kapital und Arbeit) tendenziell an die Grenze des Bürgerkriegs führen konnten, sei eine Vermei-

dungsstrategie erforderlich, die Konflikte dadurch einhegt, dass sie organisations- und verfahrensabhängig gemacht werden. [...]

40 Den Hauptgewinn des Modernisierungsprozesses sehen viele Theoretiker [...] in der wachsenden Herrschaft des Menschen über seine natürliche und soziale Umwelt, anders gesagt: in der anhaltenden Ausweitung der Steuerungs- und Leistungskapazitä-
45 ten.

Hans-Ulrich Wehler, Modernisierungstheorie und Geschichte, Vandenhoeck & Ruprecht, Göttingen 1975, S. 16 f.*

1 *Talcott Parsons:* amerikanischer Soziologe (1902–1979), Begründer der strukturell-funktionalistischen Theorie

1 Geben Sie die sechs Subprozesse der Modernisierung mit eigenen Worten wieder.
2 Weisen Sie nach, dass die Amerikanische Revolution den Modernisierungsprozess vorangetrieben hat, indem Sie zu jedem Subprozess Beispiele aus der Geschichte der Revolution nennen.
3 **Vertiefung:** Theoretiker bezeichnen die heutige Zeit als Phase der Postmoderne, also „Nachmoderne". Begründen Sie diese Zuordnung auf der Basis von Webers und Wehlers Definitionen der Moderne.

M9 Der israelische Soziologe Shmuel N. Eisenstadt über Revolutionen und Moderne (2006)

Die großen Revolutionen können nicht isoliert betrachtet werden, sondern nur im Rahmen der kulturellen Bedingungen und der übergeordneten historischen Prozesse. Zudem muss man berücksichtigen,
5 dass sie nur eine Variante der zahlreichen Veränderungsprozesse darstellen, die in modernen Gesellschaften möglich sind.

So hat die vorangegangene Analyse deutlich gezeigt, dass sich die revolutionäre Form gesellschaftlicher
10 Veränderung und Transformation, die sich in voller Ausprägung in den großen Revolutionen zeigt, in sehr spezifischen gesellschaftsgeschichtlichen Kontexten entwickelte. Diese Kontexte können in unterschiedlichen Gesellschaften in unterschiedlichen
15 Zeiten gegeben sein. In ihnen entwickelte sich die spezifische Verbindung zwischen Revolutionen und der Moderne.

Die großen Revolutionen stellten den Höhepunkt und die Konkretisierung der sektiererischen[1] und he-
20 terodoxen[2] Potenziale dar, die sich in den Achsenzeit-Kulturen[3] entwickelten – besonders in den Kulturen, in denen das politische Forum als zumindest eines der Foren für die Umsetzung der transzendentalen Visionen angesehen wurde. [...] Während die-
25 ser Revolutionen wurden die sektiererischen Aktivi-

täten aus den Randbereichen und den isolierten Teilen der Gesellschaft herausgeholt und nicht nur mit Rebellion, Volksaufständen und Protestbewegungen verwoben, sondern auch mit dem Kampf im
30 politischen Zentrum. Sie wurden in das allgemeine politische Forum und dessen Zentren transponiert. Die Themen und Symbole des Protests wurden zu einem grundlegenden Bestandteil des zentralen gesellschaftlichen und politischen Symbolrepertoires der
35 neuen Regime. [...]

Die großen Revolutionen stellen eines der einschneidendsten Ereignisse der Menschheitsgeschichte in Bezug auf gesellschaftliche und politische Veränderung dar. Die einzigartigen Merkmale dieser Revolu-
40 tionen liegen darin begründet, dass sie durch einen sehr intensiven Auseinandersetzungsprozess zusammengeführt wurden, der durch den Einfluss internationaler Kräfte sowie mehrerer Dimensionen gesellschaftlichen Wandels (Wechsel des politischen
45 Regimes, neue Prinzipien der politischen Legitimation, Veränderungen in den Klassenstrukturen) in engem Zusammenhang mit neuen Formen der politischen Wirtschaft verstärkt wurde. [...]

[...] Diese Revolutionen – so bedeutend und ein-
50 schneidend sie auch waren – sind nur eines von vielen wichtigen Mustern gesellschaftlicher und kultureller Veränderungen, das nur in sehr spezifischen historischen Situationen auftritt. Andere Kombinationen struktureller und institutioneller Faktoren wie
55 z. B. in Japan, Indien, Südasien oder Lateinamerika führten zu andersgearteten Veränderungsprozessen und neuen Formen politischer Regime. Dabei handelt es sich nicht nur um „misslungene" Scheinrevolutionen. Sie sollten nicht an den Revolutionen ge-
60 messen werden. Sie zeigen vielmehr die Bedeutung und Berechtigung anderer Muster der gesellschaftlichen Veränderung oder Transformation und sollten in diesem Sinne untersucht werden.

Shmuel Eisenstadt, Die großen Revolutionen und die Kulturen der Moderne, übersetzt von Ulrike Brandhorst, Verlag für Sozialwissenschaften, Wiesbaden 2006, S. 144 f.*

1 *sektiererisch:* einer Sekte anhängend
2 *heterodox:* andersgläubig
3 *Achsenzeit-Kulturen:* Der Begriff stammt ursprünglich von Karl Jaspers. Damit sind China, Indien, Orient und Okzident gemeint, die in einer Übergangszeit bedeutende Fortschritte gemacht haben.

1 Analysieren Sie Rolle und Form von Revolutionen in der Moderne nach Eisenstadt.
2 Überprüfen Sie, inwiefern Eisenstadt über andere Revolutionstheorien des Kernmoduls hinausgeht.
Tipp: siehe S. 147.
3 **Zusatzaufgabe:** siehe S. 147.

M1 „La République", Ölgemälde von Sébastien-Melchior Cornu, 1848.
Die Frauenfigur hält eine Papierrolle mit der Aufschrift „Volkssouveränität" in der Hand. Auf dem Sockel stehen die Begriffe „Freiheit", „Gleichheit" und „Brüderlichkeit".

1789	Januar: Emmanuel Sieyès', „Was ist der Dritte Stand?" erscheint		
	5. Mai: Eröffnung der Generalstände		
	17. Juni: Der Dritte Stand der Generalstände erklärt sich zur Nation		
	14. Juli: Sturm auf die Bastille		
	4. Aug.: Abschaffung der Privilegien		
	26. Aug.: Erklärung der Menschen- und Bürgerrechte		
	5./6. Okt.: Zwangsumsiedlung des Königs nach Paris		
1790			

1791	20./21. Juni: Fluchtversuch der königlichen Familie	
	3. Sept.: liberale Verfassung, Frankreich wird konstitutionelle Monarchie	

1792	20. April: Frankreich erklärt Österreich und Preußen den Krieg	
	10. Aug.: Sturm auf die Tuilerien	
	21./22. Sept.: Frankreich wird Republik	
1793	21. Jan.: König Ludwig XVI. wird hingerichtet	
1793–1794	Zeit der Terrorherrschaft unter Führung Robespierres	
1794	27. Juli: Sturz Robespierres	
1795	23. September: Direktorialverfassung	
1795–1799	Direktorium übernimmt Herrschaft	
1795		

Die Französische Revolution gilt als wichtiger Meilenstein für die Entwicklung der Menschenrechte und der Demokratie in Europa und weltweit. Lange Zeit fungierte sie in der europäischen Geschichtswissenschaft als Epochengrenze zwi-
5 schen Früher Neuzeit und Neuzeit bzw. als das Ereignis, das den endgültigen Durchbruch zur Moderne brachte, indem sie den Wandel von einer absolutistischen Monarchie in eine Republik vollzog. Sie legte mit ihren Prinzipien Freiheit, Gleichheit und Brüderlichkeit sowie ihren Verfassungen dar-
10 über hinaus die Grundlage für das Modell der modernen Gesellschaftsordnung, das bis in die Gegenwart die Basis des Selbstverständnisses demokratischer Staaten bildet. Inzwischen wird die „epochale" Bedeutung der Französischen Revolution in der historischen Forschung etwas zurückgenom-
15 men. Viele Elemente der feudalen Gesellschaft in Frankreich seien schon vor der Revolution in Auflösung begriffen gewesen. Und im politischen Bereich hätte man sich am Vorbild der konstitutionellen Monarchie in Großbritannien sowie den Verfassungsdokumenten der Vereinigten Staaten orien-
20 tiert. Die Französische Revolution bündelte also die Erfahrungen der Englischen und der Amerikanischen Revolution und schuf vor allem mit der Erklärung der Menschen- und Bürgerrechte von 1789 ein Dokument mit Vorbildfunktion, das bis heute universale Gültigkeit hat.

1 **Cluster:** Reaktivieren Sie Ihr Vorwissen zur Französischen Revolution, indem Sie in Ihrem Kurs ein Cluster mit Begriffen, Personen und Ereignissen erstellen.
Tipp: siehe S. 147 f.
2 Analysieren Sie das Bild „Die Republik" (M 1) hinsichtlich seiner Bildelemente und seiner Kernaussage.
Tipps: Nutzen Sie die methodischen Arbeitsschritte S. 88.
3 Vergleichen Sie die Bilder M 1 und M 2.
4 **Vertiefung:** Erläutern Sie die politische Bedeutung der Nachbildung der Freiheitsstatue in Paris.

M 2 Nachbildung der Freiheitsstatue von New York auf der Ile au Cygne in Paris, Fotografie, o. J.
Die Statue wurde zum 100. Jahrestag der Revolution 1889 in Paris aufgestellt und blickt nach Westen in Richtung New York. Auf der Tafel in der Hand steht: „IV. Juliet 1776, XIV. Juliet 1789". Es gibt noch vier weitere Freiheitsstatuen in Paris.

7   Wahlmodul: Die Französische Revolution

> **In diesem Kapitel geht es um**
> – die Konfliktlinien vor der Französischen Revolution,
> – die Formen des Protestes,
> – die politischen Ideen und die Verfassungsfragen,
> – die Rezeption der Französischen Revolution.

Krise des Ancien Régime

Ancien Régime
Bezeichnung für Frankreich vor der Revolution 1789; es war politisch vom Absolutismus und sozial von der mittelalterlichen Ständegesellschaft geprägt.

▶ **M 5: Gerd van den Heuvel über die Grundbesitzverteilung**

▶ **M 7: Beschwerdeschrift aus Colmar**

▶ **Kap. 4: Unabhängigkeitserklärung und Unabhängigkeitskrieg**

Gegen Ende des 18. Jahrhunderts geriet das französische **Ancien Régime*** in eine tiefe gesellschaftlich-politische Krise, die sich zu einer Staatskrise ausweitete und schließlich zum Ausbruch der Revolution führte. Die Geschichtswissenschaft macht dafür ein komplexes Ursachenbündel verantwortlich:
– die katastrophale Finanzlage infolge der hohen **Staatsverschuldung,**   5
– die wachsende **Verarmung der Bevölkerung,** vor allem des Dritten Standes (Bürgertum und Bauern) aufgrund von Hungersnöten und einer hohen Steuer- und Abgabenlast,
– die Verkrustung der aus dem Mittelalter stammenden Ständegesellschaft durch Beharren des Ersten und Zweiten Standes (Geistlichkeit und Adel) auf **Privilegien** wie   10
z.B. der Steuerfreiheit,
– die erfolglosen Versuche König Ludwigs XVI., eine **Finanz- und Steuerreform** durchzusetzen.
Die Revolutionäre beriefen sich zudem auf die **Aufklärung,** die zum geistigen Wegbereiter wurde. Vorbildwirkung hatte hier vor allem die **Amerikanische Revolution (1763–**   15
1787), in deren Zentrum die Errichtung eines neues politischen Systems auf der Basis von verschiedenen Verfassungsdokumenten stand.

M 1   Das Erwachen des Dritten Standes, anonymes koloriertes Flugblatt, 1789.
Im Hintergrund: die Schleifung der Bastille.

Die Phasen der Französischen Revolution	
1770–1789	Die vorrevolutionäre Phase: Krise des Ancien Régime
1789–1791	Die liberale Phase der Revolution
1791–1794	Radikalisierung der Revolution (1791–1793) und Terrorherrschaft („La Grande Terreur"), auch: Jakobinerherrschaft (1793 bis 1794)
1794–1799	Die Verbürgerlichung der Revolution (auch: Herrschaft der Thermidorianer und des Direktoriums)
1799–1815	Die nachrevolutionäre Phase: Herrschaft Napoleons

Die liberale Phase: Freiheit und Rechtsgleichheit

Die liberale Phase der Französischen Revolution (1789–1791) ist gekennzeichnet durch das Nach- und Ineinander verschiedener Revolutionen: die **Verfassungsrevolution**, die **Revolution der Stadtbürger und die Revolution der Bauern**. Als König Ludwig XVI. im Frühjahr die **Generalstände*** zur Behebung der Finanzkrise einberief, verlangten die
5 Vertreter des Dritten Standes grundlegende Veränderungen. Vor allem der geforderte neue Abstimmungsmodus (nach „Köpfen", nicht nach Ständen) stieß auf Widerstand des Königs und großer Teile des Adels. Daraufhin erklärte sich der Dritte Stand am 17. Juni 1789 zur **Nationalversammlung**, die nach dem Prinzip der Volkssouveränität politische Mitbestimmungsrechte (Gesetzgebung, Steuerbewilligung) beanspruchte.
10 Am 20. Juni 1789 schworen die Abgeordneten, erst nach der Verabschiedung einer Verfassung auseinanderzugehen (**Ballhausschwur**). Angesichts der Unnachgiebigkeit des Königs erklärte sich die Nationalversammlung am 9. Juli zur **Verfassunggebenden Versammlung**.
In den Städten kam es aufgrund der katastrophalen wirtschaftlichen Lage zum Sturz
15 der alten königlichen und zur Bildung neuer bürgerlicher Stadträte sowie zum Ausbruch spontaner Gewalt. Am 14. Juli 1789 eroberten etwa 8 000 bewaffnete Pariser Bürger die Bastille, die alte Stadtfestung. Obwohl militärisch ohne Bedeutung erlangte der Sturm auf die Bastille Symbolkraft für die gesamte Französische Revolution. Unter dem Eindruck gewaltsamer Bauernunruhen auf dem Land verabschiedete die Nationalver-
20 sammlung in der Nacht vom 4. auf den 5. August 1789 den Verzicht auf feudale Abgaben und auf alle steuerlichen Privilegien. Damit war die mittelalterliche Feudalordnung beseitigt.

Generalstände
Im Mittelalter entstandene Ständeversammlung des Ancien Régime, die seit 1614 nicht mehr einberufen worden war. Sie setzte sich aus dem Ersten Stand (Klerus), dem Zweiten Stand (Adel) und dem Dritten Stand (die nicht privilegierte Bevölkerung = ca. 98 %) zusammen. Die Abstimmung erfolgte nach Ständen, sodass Klerus und Adel den Dritten Stand stets mit 2 : 1 überstimmen konnten.

▶ **M 11: Gemälde Ballhausschwur**

Erklärung der Menschenrechte

Als Grundlage der neuen Ordnung verabschiedete die Nationalversammlung am 26. August 1789 die Erklärung der Menschen- und Bürgerrechte, die sich erstmals auf alle Menschen in allen Ländern bezog. Mit diesem umfassenden Geltungsanspruch gilt die Erklärung als Schlüsseldokument für die europäische Verfassungsentwicklung. Sie
5 wurde in der Nationalversammlung vor ihrer Verabschiedung heftig debattiert und war im Ergebnis ein Kompromiss, der auf zahlreichen Entwürfen und Ergänzungen basierte. Diskutiert wurde beispielsweise die Frage, ob und inwieweit die Franzosen den Amerikanern folgen sollten. Wie die amerikanischen Rechtskataloge bestimmt die französische Erklärung zunächst die natürlichen Rechte des Menschen und definiert deren
10 Schutz als Zweck der staatlichen Herrschaftsordnung. Darüber hinaus proklamiert sie die Souveränität der Nation: Unter Berufung auf Rousseau sollten die Gesetze den allgemeinen Willen (*volonté générale*) zum Ausdruck bringen. Hierin zeigt sich „die repu-

▶ **M 14: Erklärung der Menschen- und Bürgerrechte**

Jean-Jacques Rousseau
Rousseau (1712–1778) war ein wichtiger Philosoph der Aufklärung. Sein politisches Hauptwerk heißt „Vom Gesellschaftsvertrag oder Prinzipien des Staatsrechts" und erschien 1762.

blikanisch-demokratische Idee der Gleichursprünglichkeit von Menschenrechten und Volkssouveränität" (Matthias Koenig).

Obwohl die Erklärung der Bürger- und Menschenrechte aufgrund ihres revolutionären 15 und universalistischen Pathos eine globale Ausstrahlungskraft hatte, wurde sie auch vehement kritisiert. Ungeklärt blieb das Verhältnis von Freiheit und Gleichheit, das Verhältnis von Rechten und Pflichten sowie die Frage, für wen die Menschenrechte Gültigkeit besitzen. Denn die Erklärung galt nur für erwachsene, Steuer zahlende Männer. Frauen besaßen – auch in den USA – keine politischen Rechte. 20

Verfassung von 1791

Nach zweijähriger Beratung verabschiedete die Nationalversammlung am 3. September 1791 eine Verfassung, die auch der König zehn Tage später widerwillig mit seiner Unterschrift bestätigte. Sie sah die Bildung einer **konstitutionellen Monarchie** vor und verwirklichte entsprechend den Ideen der Aufklärung die Prinzipien der Gewaltenteilung und der Volkssouveränität. Vorangestellt wurde der neuen Verfassung die Menschen- 5

▶ M 15: Verfassung von 1791   rechtserklärung von 1789. Allerdings gelang es den Revolutionären nur zum Teil, die politischen Konsequenzen aus ihr zu ziehen. So ließ beispielsweise das indirekte Zensuswahlrecht nicht alle Franzosen zur Wahl der Nationalversammlung zu. Ungeachtet dieser Inkonsequenz entstand mit der französischen Verfassung von 1791 erstmals ein demokratisch legitimierter Nationalstaat auf dem europäischen Kontinent. Außerdem 10 ebnete sie den Weg zur modernen **parlamentarischen Demokratie** und wurde neben der amerikanischen Verfassung zum Leitbild aller Verfassungen des 19. Jahrhunderts.

M 2 Die französische Verfassung von 1791

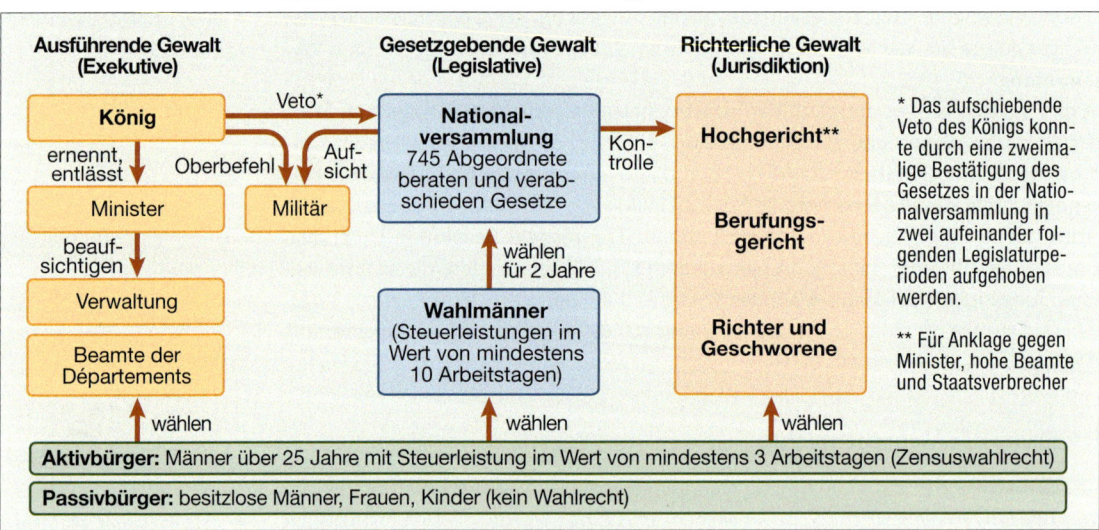

Radikalisierung der Revolution

Trotz der Verabschiedung der Verfassung beruhigten sich die politischen Verhältnisse in Frankreich nicht. Im Gegenteil: Die Revolution radikalisierte sich und mündete in einer Terrorherrschaft (**„La Terreur"**, 1791–1794). Verursacht wurde diese Entwicklung durch eine Reihe außen- und innenpolitischer Faktoren: Zum einen arbeiteten der König und Teile der Aristokratie gegen die Umsetzung der Verfassung. Werteverfall des 5 Geldes, Arbeitslosigkeit und weiterhin steigende Lebensmittelpreise verschärften außerdem die soziale Krise und führten zu „Teuerungsunruhen". Schließlich verursachte

der drohende Krieg gegen die europäischen Monarchien die Furcht, Österreich und Preußen könnten die französischen Emigranten unterstützen, ihre Macht zurückzuer-
10 langen.

Nach Beginn der Koalitionskriege (1792–1809) zwischen Frankreich und den europäischen Großmächten beschleunigten sich die Ereignisse: Im August 1792 stürmten Sansculotten* die Tuilerien, das königliche Stadtschloss, nahmen die Königsfamilie fest und zwangen die Legislative, **Neuwahlen zu einem Nationalkonvent** auszurufen. Der neue
15 Nationalkonvent, der am 21. September 1792 erstmals zusammentrat, erklärte die Abschaffung der Monarchie sowie die Errichtung der „unteilbaren Republik". Und er verurteilte den König wegen „Verschwörung gegen die Freiheit" zum Tode und ließ ihn am 21. Januar 1793 öffentlich guillotinieren. Die neue **Verfassung von 1793** sah ein allgemeines Wahlrecht und Elemente der direkten Mitbestimmung vor, trat jedoch nicht in
20 Kraft, weil die Jakobiner* eine revolutionäre Diktatur errichteten.

„Schreckensherrschaft": Despotismus der Freiheit?

Zu den entscheidenden politischen Akteuren wurden in dieser Phase (1793–1794) die Jakobiner. Zusammen mit den Sansculotten machten sie die Girondisten* für die Koalitionskriege sowie für königstreue Bauernaufstände verantwortlich und entmachteten sie. Am 6. April 1793 errichteten die Jakobiner einen Wohlfahrtsausschuss, der unter der
5 Führung Robespierres* die Regierungsgewalt übernahm. In der Folgezeit vereinigte diese Institution immer mehr Macht auf sich und übte eine „Schreckensherrschaft" (*La Terreur*) aus. Diese war gekennzeichnet durch Einschränkungen der Bürgerrechte sowie durch Revolutionstribunale, die Zehntausende zum Tode verurteilten. Robespierre legitimierte die Revolutionsdiktatur mit dem zentralen Argument, sie sei nur vorläufig. Die
10 Republik müsse sich mithilfe von Terror gegen die militärische Belagerung von außen und die Konterrevolution im Innern behaupten.

Zu den Kennzeichen der Schreckensherrschaft gehörten aber auch die Verkündung sozialer Grundrechte, z. B. das Recht auf Arbeit, das Recht auf Bildung, sowie einer Reihe sozialpolitischer Maßnahmen wie die Festsetzung von Höchstpreisen für Getreide und
15 die öffentliche Unterstützung von Armen und Kranken. Robespierre, der als kompromissloser Verfechter der Gleichheitsidee galt, berief sich dabei auf Aufklärer wie Montesquieu und Rousseau, die in der Forderung nach Gleichheit nicht nur ein rechtliches, sondern auch ein soziales Problem erkannt hatten. Sie waren der Meinung, dass der Schutz des privaten Eigentums zwar Aufgabe des Staates sein sollte, ungleiche Besitz-
20 verteilung jedoch eine Gefahr für die Demokratie darstellte. Die Diskussion über die Frage, wie soziale Gleichheit zu verwirklichen sei, reichte von der Einschränkung des Privateigentums (Jakobiner) bis zur Herstellung möglichst gleicher Besitzverhältnisse (Sansculotten).

Das Direktorium: Rückkehr zu den liberalen Anfängen?

Mit den militärischen Erfolgen des Volksheeres gegen die europäischen Monarchien ließ sich die Diktatur nicht mehr rechtfertigen. Als der Terror zunehmend auch Konventsmitglieder bedrohte, formierte sich eine Opposition gegen Robespierre, der am 27. Juli 1794 verhaftet und am nächsten Tag mit 21 seiner engsten Anhänger guilloti-
5 niert wurde. Nach dem Ende der Jakobinerdiktatur begann die Herrschaft des Direktoriums (1794–1799), in der das Besitzbürgertum seine Macht wiederherstellte. Der Konvent knüpfte an die Verfassungen von 1789 bzw. 1791 an und verabschiedete am 22. August **1795 die Direktorialverfassung**. Die Wahl eines fünfköpfigen Direktoriums als oberstes Exekutivorgan sollte die Machtkonzentration in den Händen eines Einzel-
10 nen verhindern. Die Gewaltenteilung war gewährleistet, allerdings wurde das Wahl-

Politische Gruppierungen
– **Sansculotten:** Sie repräsentierten die politisierten kleinbürgerlichen Schichten und prägten seit dem Sturm auf die Tuilerien 1792 das politische Geschehen. Sie verteidigten die Republik und wollten Formen direkter Demokratie durchsetzen.
– **Jakobiner:** Sie waren radikale Demokraten und wollten die Republik. Sie stützten sich auf Kleinbürger und Arbeiter.
– **Girondisten:** Sie waren liberale Demokraten, strebten eine konstitutionelle Monarchie an und repräsentierten das Besitzbürgertum.

M 3 Maximilian de Robespierre (1758–1794), Gemälde, französische Schule, um 1790

Französische Verfassungen
🔊 cornelsen.de/Webcodes
Code: tehefa

recht wieder an das Einkommen gebunden (Zensuswahlrecht) und die unter den Jakobinern eingeführten sozialen Grundrechte abgeschafft. Die neue Regierung, das Direktorium, stützte sich primär auf das Militär. Als im Sommer 1799 die royalistische Opposition in der Armee und der jakobinische Widerstand in den Städten zunahm, stürzte General Napoleon Bonaparte (1769–1821) am 9. November 1799 das Direktori-   15
um, übernahm die Regierungsgewalt und erklärte die Revolution für beendet.

Napoleon – der Erbe der Revolution?

M4 Napoleon Bonaparte (1769–1821) als Erster Konsul, anonymes Gemälde, um 1800

Mit der Konsularverfassung vom 13. Dezember 1799 begann die nachrevolutionäre Phase (1799–1815). Napoleon war für zehn Jahre „Erster Konsul", fungierte als oberster Befehlshaber und verfügte über die Gesetzesinitiative. Sukzessive baute er seine Herrschaft aus: 1802 ließ er sich das Konsulat auf Lebenszeit übertragen und zwei Jahre spä-   5
ter durch Senatsbeschluss und Plebiszit zum **Kaiser der Franzosen** krönen. Obwohl Napoleon die Alleinherrschaft ausübte, genoss sein autoritäres Regime in der Bevölkerung eine hohe Akzeptanz. Sie basierte nicht nur auf seinen militärischen Erfolgen und dem Bedürfnis nach innenpolitischer Sicherheit und Ordnung, sondern auch auf dem gewährten Schutz der errungenen bürgerlichen Freiheiten. So schuf er mit dem *Code civil* von 1804 eine einheitliche Gesetzgebung, in der die Freiheit des Einzelnen, der   10
Schutz des Eigentums, die Trennung von Staat und Kirche, die Zivilehe und Ehescheidung sowie die Rechtsgleichheit – allerdings zunächst nur für die männliche Bevölkerung – garantiert wurde. Mit dem Zivilprozessbuch von 1806 und dem Strafprozessbuch von 1808 wurden zudem neue Prinzipien für Gerichtsverhandlungen festgelegt. Über die Einführung in von Frankreich besetzten Territorien, wie z. B. die nordwestdeut-   15
schen Gebiete, wirkte diese weit über Frankreich hinaus und beeinflusste die Rechtsentwicklung in Europa.
Nach der **Entmachtung Napoleons** verabschiedete der Senat im April 1814 eine entsprechend dem Modell von 1791 erarbeitete Verfassung (*charte constitutionelle*) einer **konstitutionellen Monarchie** und berief den Bruder des letzten Königs auf den   20
Thron.

1 Beschreiben Sie auf Basis der Darstellung die Veränderungen auf der politischen Ebene in Frankreich von 1789 bis 1814.
   Tipp: siehe S. 148.
2 **Partnerarbeit/Kurzvortrag:** Fertigen Sie in Partnerarbeit einen Kurzvortrag zu einem zentralen Akteur oder einer politischen Gruppierung der Revolution an (Robespierre, Napoleon, Emmanuel Joseph Sieyès, Jakobiner, Sansculotten, Girondisten).
3 **Vertiefung:** Begründen Sie, warum man die Französische Revolution als Totalrevolution bezeichnet.
4 **Zusatzaufgabe:** siehe S. 148.

Hinweise zur Arbeit mit den Materialien
*Die Materialien zum Wahlmodul „Die Französische Revolution" sollen in erster Linie der Herausarbeitung verschiedener **Vergleichsaspekte zur Amerikanischen Revolution** dienen. Sie gliedern sich in insgesamt vier Themenblöcke.*
*Zunächst geht es um die **Konfliktlinien vor der Französischen Revolution**. Wirtschaftliche und soziale Probleme vor allem der Landbevölkerung (M 5 bis M 7) spielen in Frankreich ebenso eine Rolle wie die Forderung nach einer angemessenen politischen Vertretung der Mehrheit der Bevölkerung, besonders scharf formuliert von Emmanuel Joseph Graf Sieyès (M 8). Im zweiten Teil werden unterschiedliche **Formen des Protestes** beleuchtet. Sie reichen von einem zeitgenössischen Bericht über die ersten Brotunruhen in Paris (M 9) über einen Sekundärtext zur Ausbreitung von „Revolutionskomitees" (M 10) bis hin zum Ballhausschwur in der Nationalversammlung (M 11). Ein weiterer zeitgenössischer Text formuliert Bedenken bezüglich einer möglichen Radikalisierung der Revolution (M 12). Den zentralen Vergleichsaspekt zur Amerikanischen Revolution in der Forschung bilden die **politischen Ideen und Verfassungsfragen**. Um Parallelen und Unterschiede zu erarbeiten sind ein wissenschaftlicher Text (M 13) sowie folgende Dokumente der Französischen Revolution abgedruckt: die Erklärung der Menschen- und Bürgerrechte (M 14) sowie die Verfassung von 1791 (M 15). Abschließend soll die **Rezeption der Revolution** in Form von nationalen Symbolen und Feiertagen betrachtet werden (M 16, M 17).*

Zur Vernetzung mit dem Kernmodul
Hier bietet sich als Erstes ein Bezug zu der Analyse der Französischen Revolution durch den Franzosen Alexis de Tocqueville an (M 1). Die Ursachen der Revolution lassen sich mit der J-Kurve (M 5) sowie mit den von Crane Brinton erarbeiteten Strukturen von Revolutionen (M 2) analysieren. Aspekte der Modernisierung (Weber M 7, Wehler M 8) können in Bezug zu den sozialen und politischen Veränderungen gesetzt werden.

Konfliktlinien vor der Französischen Revolution

M 5 **Der Historiker Gerd van den Heuvel über Bevölkerungsentwicklung und Grundbesitzverteilung am Ende des Ancien Régime (1982)**
Die Bevölkerung Frankreichs wuchs im Laufe des 18. Jahrhunderts von ca. 20 auf ca. 27 Millionen an. Vor der Revolution zählte der Klerus rund 130 000 und der Adel 350 000 Personen; der Dritte Stand umfasste etwa 98 Prozent der Bevölkerung, darunter ca. 22,5 Millionen Bauern. Klerus und Adel verfügten bei Ausbruch der Revolution über rund 10 bzw. 25 Prozent des Grundbesitzes, während Stadtbürger und Bauern im Verhältnis zu ihrem Anteil an der Bevölkerung nur 25 bzw. 35 Prozent des Landes besaßen. 10

Gerd van den Heuvel, Grundprobleme der französischen Bauernschaft 1730–1794, Oldenbourg, München 1982, S. 40.

M 6 **Bäuerliche Sozialstruktur im nördlichen Pariser Becken 1685 und 1789**

Soziale Gruppen	1685		1789	
	(Tsd.)	(%)	(Tsd.)	(%)
Großpächter	243	10,2	252	8,4
Unabhängige Mittelbauern	236	9,9	91	3,0
Kleinbauern	701	29,5	1021	33,0
Dienstboten, Knechte	146	6,1	337	11,2
Handwerker	269	11,3	479	15,9
Händler	166	7,0	132	4,4
Verschiedene	141	5,9	298	9,9
Witwen	474	20,0	400	13,3

Gerd van den Heuvel, Grundprobleme der französischen Bauernschaft 1730–1794, Oldenbourg, München 1982, S. 43.

1 Analysieren Sie die Veränderungen in der Bevölkerungsstruktur (M 5 und M 6).
2 Erklären Sie, warum die Grundbesitzverteilung in Frankreich für Konfliktstoff sorgte (M 5).

M 7 **Aus den Beschwerdeschriften der Gemeinde Colmare (22. März 1789)**
1. Wenn der Klerus und der Adel so wie wir zahlten, dann würde das den Staat erheblich stärken, wodurch er im Stande wäre, dem unterdrückten Volk Erleichterung zu verschaffen.
2. Wir erbitten die Abschaffung der indirekten Steuern und der Salzsteuer. [...] 5
5. Wir erbitten ferner die Abschaffung einer großen Zahl von Ämtern. Wir halten die Abschaffung des Amtes des Einnehmers der Taille[1], des Obersteuereinnehmers, der Direktoren, Kontrolleure und anderer Hilfsangestellter für notwendig. [...] 10
8. Wir fühlen uns auch berechtigt, eine Bemerkung zum Frondienst auf den großen Straßen zu machen. Wir halten es für natürlicher, dass diejenigen für Kosten und Unterhalt aufkommen, die sie beschädigen, 15

aber ohne Behinderung des Handels. Wenn indessen neue Straßen gebaut werden müssen, soll das wie in früherer Zeit erfolgen. [...]

10. Wir bitten um die Abschaffung überflüssiger Mönche und Nonnen.

11. Wir bitten, dass Gemeindeland und leere Flächen zum Vorteil des Staates bestellt werden.

12. Wir bitten, dass alle Maschinen jeder Art, wie die zum Baumwollspinnen, abgeschafft werden, da sie der Bevölkerung Schaden zufügen.

Zit. nach: Geschichte in Quellen, Bd. 4, bearb. von Wolfgang Lautemann, bsv, München 1987, S. 150 f.*

1 *die Taille:* direkte Steuer

1 Erläutern Sie die Inhalte und Ziele der Forderungen.
2 **Vertiefung:** Vergleichen Sie mit dem Streit um die Stempelsteuer in den nordamerikanischen Kolonien.
Tipp: Lesen Sie hierzu S. 22 ff. nach.

M8 Emmanuel Joseph Sieyès über den politischen Willen der Nichtprivilegierten (Januar 1789)

Emmanuel Joseph Graf Sieyès (1748–1836) war seit 1780 bischöflicher Generalvikar, im Vorfeld der Revolution entfachten seine revolutionären (Flug-)Schriften eine Diskussion über die politische Situation im Ancien Régime: Freiheit und Repräsentation treten in das Zentrum seiner Analyse vom Januar 1789:

Der Plan dieser Schrift ist ganz einfach. Wir legen uns nur drei Fragen vor:

1. Was ist der Dritte Stand? – *Alles.*

2. Was ist er bis jetzt in der politischen Ordnung gewesen? – *Nichts.*

3. Was verlangt er? – *Etwas zu werden.*

Man wird in der Folge sehen, ob diese Antworten richtig sind. Nachher werden wir die Mittel betrachten, welche man angewendet hat, und untersuchen, welche Mittel man ergreifen muss, damit der Dritte Stand wirklich etwas wird.

Wir werden also zeigen:

4. was zu seinen Gunsten die Minister versucht haben und was die Privilegierten selbst vorschlagen;

5. was man hätte tun sollen;

6. was dem Dritten Stand zu tun übrig bleibt, um den Platz einzunehmen, der ihm gehört.

Der Dritte Stand ist eine vollständige Nation

[...] Alle öffentlichen Dienstgeschäfte lassen sich im jetzigen Zustande unter die vier bekannten Benennungen, nämlich des Kriegsdienstes, der Rechtspflege, der Kirche und der Staatsverwaltung, bringen. Es wäre überflüssig, sie einzeln durchzugehen, um zu zeigen, dass der Dritte Stand überall neunzehn Zwanzigstel dazu hergibt, mit diesem Unterschiede, dass er mit allem, was wirklich beschwerlich ist, und mit allen Diensten belastet wird, welche der privilegierte Stand zu tun sich weigert. Die einträglichen und ehrenvollen Stellen sind allein von den Gliedern des privilegierten Standes besetzt. [...]

Diese Ausschließung ist ein gesellschaftliches Verbrechen und eine wahre Feindseligkeit gegen den Dritten Stand. [...]

Was ist eine Nation? Eine Gesellschaft von Verbundenen, welche unter einem gemeinschaftlichen Gesetz leben und deren Stelle durch eine und dieselbe gesetzgebende Versammlung vertreten wird. Ist es nun nicht zu gewiss, dass der Adelsstand Vorrechte, Erlassungen genießt, welche er seine Rechte zu nennen sich erdreistet und welche von den Rechten des großen Ganzen der Bürger abgesondert sind? Er tritt dadurch aus der gemeinen Ordnung, aus dem gemeinschaftlichen Gesetz heraus. Also machen schon seine bürgerlichen Rechte aus ihm ein eigenes Volk in der Nation. [...]

Was ist der Dritte Stand bis jetzt gewesen? Nichts

Kurz zusammengefasst: Der Dritte Stand hat bis jetzt bei den Reichsständen keine wahren Stellvertreter gehabt; er befand sich also nicht im Besitz seiner politischen Rechte.

Was verlangt der Dritte Stand? Etwas zu werden

[...] Er will haben 1., dass wahre Stellvertreter bei den Reichsständen, d.h. Abgeordnete, aus seinem Stand genommen werden, welche die Ausleger seines Willens und die Verteidiger seines Interesses sein können.

Allein wozu würde es ihm nützen, den Reichsständen beizuwohnen, wenn das dem seinigen entgegengesetzte Interesse dort die Oberhand hätte? Er würde durch seine Gegenwart die Unterdrückung, deren ewiges Opfer er sein würde, nur bestätigen. Also ist es wohl gewiss, dass er bei den Reichsständen nicht stimmen kann, wenn er da nicht einen wenigstens gleichen Einfluss mit den Privilegierten haben soll. Er verlangt 2. ebenso viele Stellvertreter wie die beiden anderen Stände zusammen. Da aber diese Gleichheit der Stellvertretung vollkommen täuschend sein würde, wenn jede Kammer ihre abgesonderte Stimme hätte, so verlangt der Dritte Stand also 3., dass die Stimmen nach den Köpfen und nicht nach den Ständen genommen werden sollen. Das sind die Forderungen, welche unter den Privilegierten Feueralarm zu verbreiten schienen; sie haben geglaubt, dass dadurch die Verbesserung der Missbräuche unvermeidlich würde. Die bescheidene Absicht des Dritten Standes ist es, bei den Reichsständen den gleichen Einfluss wie die Bevorrechtigten zu haben.

Emmanuel Joseph Sieyès, Qu'est-ce que le Tiers Etat? Paris 1789, S. 6 f., 27 f., zitiert nach: Irmgard und Paul Hartig, Die Französische Revolution, Klett, Stuttgart 1997, S. 37 f.*

1 Fassen Sie die politischen Forderungen von Sieyès zusammen.
2 Erläutern Sie Parallelen zu den Argumenten der Kolonisten in Nordamerika in Bezug auf die Verbindung von politischer Repräsentanz und legislativer Gewalt (siehe Kap. 2 und 3).

Formen des Protestes

M 9 **General de Besenval berichtet über Hungerunruhen (Juli 1789)**

General de Besenval, vom Herzog de Broglie, dem Kriegsminister, mit der Verteidigung von Paris im Juli 1789 betraut, berichtet:
Seit acht Jahren habe ich im Auftrag des Königs das Kommando über die Provinzen im Innern des Landes, bestehend aus den Provinzen Ile de France ohne die Stadt Paris, Soissonnais, Berry, Bourbennais, Or-
5 léanais, Touraine und Maine. Die zahlreichen Aufgaben in den ausgedehnten Gebieten vermehrten sich im April des Jahres 1789 noch durch den spürbaren Mangel an Getreide, der eine nahe Hungersnot ankündigte. Die Knappheit an Brot und die ungewisse
10 Zukunft verbreiteten Angst und Schrecken und steigerten die allgemeine Unruhe. Auf den Märkten kam es zu Tumulten und die Transporte der Regierung in die am stärksten betroffenen Gebiete wurden abgefangen: Das zwang mich, die mir zur Verfügung ste-
15 henden Truppen aufzuteilen, um die vielen Märkte, die mir unterstanden, zu schützen, die Ordnung aufrechtzuerhalten, die Getreidetransporte zu sichern und Ruhe in den Gebieten herzustellen, in denen verwegene Banditen Gewalttaten begingen. Bis zum
20 12. Juli, an dem die Revolution ausbrach, hatte ich die Genugtuung, in meinem Befehlsbereich den Frieden wahren zu können, ohne dass sich ein ärgerlicher Zwischenfall ereignete, [...] obgleich die große Zahl von Kommandos, die ich stellen musste, es unmög-
25 lich machte, in jedem Fall einen Offizier an die Spitze zu stellen. Die Befehle, die ich gegeben hatte, wurden genau und pünktlich ausgeführt, so vollkommen war zu dieser Zeit die Disziplin. Ich habe schon gesagt, dass ich in Paris überhaupt keine Befehlsgewalt hat-
30 te, wo in normalen Zeiten die allgemeine Verwaltung dem Parlament unterstand und alle Einzelheiten in den Händen des *Ministre de la Maison* lagen. Die im-

mer stärker werdende Unruhe sowie die Knappheit der Lebensmittel erzwangen die Anwendung der in ähnlichen Fällen gebräuchlichen Mittel, das heißt, 35 die beiden Regimenter der Palastwache und der Schweizergarde wurden eingesetzt, um die Ordnung aufrechtzuerhalten.

Die Französische Revolution in Augenzeugenberichten, hg. von Georges Pernoud und Sabine Flaissier, Klett, Stuttgart 1989, S. 22.*

1 Beschreiben Sie die Situation auf dem Land rund um Paris im Sommer 1789.
2 Arbeiten Sie typische Elemente der ersten Phase einer Revolution heraus, wie sie Crane Brinton darstellt.
  ▶ Kap. 6, M 2, S. 93 f.

M 10 **Der Historiker Rolf Reichardt über die Herausbildung politischer Organisationen (1999)**
Ein grundlegendes Massenphänomen der Französischen Revolution [war]: jenes Netz meist spontan gegründeter Revolutionsklubs oder Volksgesellschaften, das sich, ausgehend von den städtischen Zentren, 1791/92 über das ganze Land verbreitete 5 und zur Zeit seiner größten Dichte, um die Jahreswende 1793/94, bis zu 6 000 Sozietäten umfasste. Tulle gehört zu den Städten mit über 4 000 Einwohnern, die landesweit sämtlich einen Revolutionsklub aufweisen, während diese Quote bei Orten mit 2 000 bis 10 3 000 Einwohnern auf 87 % und bei den Dörfern auf 13 % sinkt. Das war freilich immer noch genug, um die wichtigsten revolutionären Schlagworte auch auf dem platten Lande bekannt zu machen. Insgesamt traten 15 bis 30 % aller erwachsenen Männer (in Tulle 15 20 %) einem Revolutionsklub bei. Verglichen mit den 850 Freimaurerlogen der 1780er-Jahre, bedeutete dies nicht nur quantitativ, sondern auch qualitativ eine neue Dimension; denn während die Logen der Aufklärungszeit ziemlich unpolitische Geheimgesell- 20 schaften und nur ein Sozietätsmodell unter anderen (Akademien, Salons, Lesekabinette) waren, waren die revolutionären Volksgesellschaften zugleich öffentlich und politisch und galten zu ihrer Zeit als die einzige legitime Form der Vereinigung. 25

Rolf E. Reichardt, Das Blut der Freiheit, Fischer, 2. Auflage, Frankfurt/M. 1999, S. 84 f.

1 Charakterisieren Sie die Veränderungen der politischen Organisationsformen.
2 Analysieren Sie die Bedeutung von Vernetzung und Kommunikation während einer Revolution.
3 **Flugblatt:** Entwerfen Sie ein Flugblatt mit politischen Forderungen vom Juli 1789.
4 **Zusatzaufgabe:** siehe S. 148.

M 11 Der Schwur im Ballhaus am 20. Juni 1789, von Jacques-Louis David, Ölgemälde, um 1790

1 Arbeiten Sie die wichtigsten Bildelemente heraus und formulieren Sie eine Gesamtaussage.
Tipp: Nutzen Sie die Arbeitsschritte zur Bildanalyse von S. 88.

M 12 **Der deutsche Pädagoge und Sprachforscher Johann Heinrich Campe (1746–1818), in einem Brief aus Paris (14. August 1789)**
In Paris ist unterdes nichts Neues vorgefallen. Das Volk hält sich, trotz der fortdauernden Anarchie und trotz des knappen Brotvorrats, kleine unbedeutende Auftritte abgerechnet, noch immer ruhig – zum Er-
5 staunen aller, welche wissen, was die Worte Volk, Anarchie und Brotmangel in Verbindung miteinander zu bedeuten haben. [...] Ob indes dieser unerhörte Zustand von Mäßigung und Ruhe bei fortwährender Gesetzlosigkeit und Zerrüttung der bürgerlichen Ver-
10 hältnisse noch lange andauern wird? [...] Es kann daher und wird wahrscheinlich noch zu blutigen Auftritten kommen, weil es unmöglich scheint, dass die neue Konstitution so geschwind vollendet und an allen ihren Teilen an die Stelle der alten gesetzt werden
15 könnte, als nötig wäre, wenn man jener Verwilderung zuvorkommen wollte. Unterdes werden die geheimen Bemühungen der Aristokraten, die neue Freiheit, wo möglich, in ihren Keimen zu zerknicken,

fortdauern; unterdes werden der Adel und die Geistlichkeit, sowohl in der Nationalversammlung als 20 auch im Lande, ihre letzten Kräfte aufbieten, um der Vollendung des größten Denkmals unseres Jahrhunderts, einer auf Vernunft und Menschenrecht gegründeten Konstitution, tausend Hindernisse und Schwierigkeiten in den Weg zu legen; unterdes wird 25 das Volk immer argwöhnischer, immer eifersüchtiger auf seine neue Freiheit, an die es noch nicht gewöhnt ist, immer rascher in seinem Verfahren, immer unbändiger und zügelloser werden; und – der Menschenfreund wendet mitleidig seine Augen von den 30 Gräueln weg, welche die Folgen sein können!

Johann Heinrich Campe, Briefe aus Paris zur Zeit der Revolution (1790), zit. nach: Irmgard und Paul Hartig, Die Französische Revolution im Urteil der Zeitgenossen und der Nachwelt, Klett, Stuttgart 1980, S. 6 f.*

1 Erläutern Sie die Lageanalyse von Campe.
2 Setzen Sie sich mit seinen Befürchtungen für die Zukunft auseinander.

Politische Ideen und Verfassungsfragen

M 13 Der Historiker Hans Fenske über „Staatsformen im Zeitalter der Revolutionen" (2007)

Noch in der Mitte des 18. Jahrhunderts hatte die uneingeschränkte Monarchie im Diskurs [Reden] über die Staatsformen die weitaus meisten Verfechter, wobei freilich zur Voraussetzung gemacht wurde, dass
5 der Herrscher sich dem Gemeinwohl verpflichtet fühle und die Gesetze achte. Aber die Anhänger einer konstitutionellen Monarchie nach dem Vorbild Englands, das seit 1689 Verfassungsstaat war, gewannen stetig an Boden. Der erste moderne Verfassungsstaat,
10 also ein auf dem Willen der Nation beruhendes, gewaltenteilig organisiertes und die Menschenrechte garantierendes Gemeinwesen, wurde indessen nicht in Europa, sondern in Nordamerika errichtet, nachdem es wegen der Zuständigkeiten bei der Steuerer-
15 hebung zwischen der britischen Krone und den Kolonisten zu einem langwierigen Streit und schließlich zum Kriege gekommen war. Das alles wurde in Europa sehr aufmerksam beobachtet. Die einflussreichsten Teilnehmer an der Debatte über die Neugestal-
20 tung des Staates in Frankreich am Vorabend der Revolution und in ihrer ersten Phase zielten auf eben dies, auf einen auf der Volkssouveränität beruhenden gewaltenteiligen Rechtsstaat. Am Ende stand nach schwersten Erschütterungen allerdings nur ein auto-
25 ritärer Rechtsstaat mit pseudokonstitutioneller Fassade.

Hans Fenske, Staatsformen im Zeitalter der Revolutionen, in: Alexander Gallus/Eckehard Jesse (Hg.), Staatsformen von der Antike bis zur Gegenwart, 2., aktual. Aufl., Böhlau, Köln 2007, S. 184f.

1 Beschreiben Sie die englischen und amerikanischen Einflüsse auf die politische Debatte in Frankreich.
2 **Mindmap:** Gliedern Sie die zentralen Ideen der *Bill of Rights* und der Unabhängigkeitserklärung in einer Mindmap.
Tipp: Lesen Sie dazu erneut M 5 und M 7, S. 66 ff.

M 14 Erklärung der Menschen- und Bürgerrechte durch die französische Nationalversammlung (26. August 1789)

Die als Nationalversammlung vereinigten Vertreter des französischen Volkes betrachten die Unkenntnis der Menschenrechte, die Vergessenheit oder Missachtung, in die sie geraten sind, als die einzigen Ursa-
5 chen der öffentlichen Missstände und der Verderbtheit der Regierungen. Daher haben sie beschlossen, in einer feierlichen Erklärung die angestammten, unveränderlichen und heiligen Rechte des Menschen darzutun, auf dass diese Erklärung jeglichem Gliede

10 der menschlichen Gesellschaft ständig vor Augen sei und ihm seine Rechte und Pflichten für und für ins Gedächtnis rufe; auf dass die Handlungen der gesetzgebenden sowie die der ausübenden Gewalt jederzeit am Endzweck jeder politischen Einrichtung gemes-
15 sen werden können und so mehr Achtung finden mögen: dass die Forderungen der Bürger, nunmehr auf klare und unerschütterliche Prinzipien begründet, stets der Aufrechterhaltung der Verfassung und dem Wohl aller dienen.

20 So erkennt und verkündet die Nationalversammlung angesichts des Höchsten Wesens und unter seinen Auspizien die Rechte des Menschen und des Bürgers wie folgt:

Art. 1. Frei und gleich an Rechten werden die Menschen geboren und bleiben es. Die sozialen Unter-
25 schiede können sich nur auf das gemeine Wohl gründen.

Art. 2. Der Zweck jedes politischen Zusammenschlusses ist die Bewahrung der natürlichen und unverlierbaren Menschenrechte. Diese Rechte sind
30 Freiheit, Eigentum, Sicherheit und Widerstand gegen Bedrückung.

Art. 3. Jegliche Souveränität liegt im Prinzip und ihrem Wesen nach in der Nation: Keine Körperschaft und kein Einzelner kann eine Autorität ausüben, die
35 sich nicht ausdrücklich von ihr herleitet.

Art. 4. Die Freiheit besteht darin, alles tun zu können, was anderen nicht schadet. Also hat die Ausübung der natürlichen Rechte bei jedem Menschen keine anderen Grenzen als die, den anderen Mitgliedern
40 der Gesellschaft den Genuss der gleichen Rechte zu sichern. Diese Grenzen können nur durch das Gesetz bestimmt werden.

Art. 5. Das Gesetz hat nur das Recht, Handlungen zu verbieten, die der Gesellschaft schädlich sind. Was
45 nicht durch das Gesetz verboten ist, darf nicht verhindert werden, und niemand kann gezwungen werden, etwas zu tun, was das Gesetz nicht befiehlt.

Art. 6. Das Gesetz ist der Ausdruck des Gemeinwillens. Alle Bürger haben das Recht, persönlich oder
50 durch ihre Vertreter an seiner Schaffung mitzuwirken. Es muss für alle das gleiche sein, mag es nun beschützen oder bestrafen. Alle Bürger sind vor seinen Augen gleich. Sie sind in der gleichen Weise zu allen Würden, Stellungen und öffentlichen Ämtern zuge-
55 lassen, je nach ihrer Fähigkeit und ohne andere Unterschiede als ihre Tüchtigkeit und Begabung.

Art. 7. Niemand darf angeklagt, verhaftet oder gefangen gehalten werden, es sei denn in den vom Gesetz bestimmten Fällen. [...] Wer Willkürakte anstrebt,
60 befördert, ausführt oder ausführen lässt, ist zu bestrafen; aber jeder Bürger, der durch ein Gesetz geru-

fen oder erfasst wird, muss augenblicklich gehorchen; durch Widerstand macht er sich schuldig.

65 Art. 8. Das Gesetz darf nur unbedingt und offensichtlich notwendige Strafen festsetzen und niemand darf bestraft werden, es sei denn kraft eines bereits vor seinem Delikt erlassenen, veröffentlichten und legal angewandten Gesetzes.

70 Art. 9. Jeder wird so lange als unschuldig angesehen, bis er als schuldig erklärt worden ist; daher ist, wenn seine Verhaftung als unerlässlich gilt, jede Härte, die nicht dazu dient, sich seiner Person zu versichern, auf dem Gesetzeswege streng zu unterdrücken.

75 Art. 10. Niemand darf wegen seiner Überzeugungen behelligt werden, vorausgesetzt, dass ihre Betätigung die durch das Gesetz gewährleistete öffentliche Ordnung nicht stört.

Art. 11. Die freie Mitteilung seiner Gedanken und 80 Meinungen ist eines der kostbarsten Rechte des Menschen. Jeder Bürger darf sich also durch Wort, Schrift und Druck frei äußern; für den Missbrauch dieser Freiheit hat er sich in allen durch das Gesetz bestimmten Fällen zu verantworten.

85 Art. 12. Die Sicherung der Menschen- und Bürgerrechte macht eine öffentliche Gewalt notwendig; diese Gewalt wird demnach zum Nutzen aller eingesetzt, nicht aber zum Sondervorteil derjenigen, denen sie anvertraut ist.

90 Art. 13. Für den Unterhalt der öffentlichen Gewalt und für die Ausgaben der Verwaltung ist eine allgemeine Steuer vonnöten: Sie ist gleichmäßig auf alle Bürger zu verteilen nach Maßgabe ihres Vermögens.

95 Art. 14. Die Bürger haben das Recht, selbst oder durch ihre Vertreter die Notwendigkeit einer öffentlichen Auflage zu prüfen, sie zu bewilligen, ihren Gebrauch zu überwachen und ihre Teilbeträge, Anlage, Eintreibung und Dauer zu bestimmen.

100 Art. 15. Die Gesellschaft hat das Recht, von jedem öffentlichen Beauftragten ihrer Verwaltung Rechenschaft zu fordern.

Art. 16. Eine Gesellschaft, deren Rechte nicht sicher verbürgt sind und bei der die Teilung der Gewalten 105 nicht durchgeführt ist, hat keine Verfassung.

Art. 17. Da das Eigentum ein unverletzliches und heiliges Recht ist, darf es niemandem genommen werden, es sei denn, dass die gesetzlich festgestellte öffentliche Notwendigkeit es augenscheinlich verlangt, 110 und nur unter der Bedingung einer gerechten und im Voraus zu entrichtenden Entschädigung.

Zit. nach: Walter Markov u. a. (Hg.), Die Französische Revolution, Propyläen, Berlin 1989, S. 66 ff.*

1 Erläutern Sie die Präambel der Erklärung.

2 Arbeiten Sie Rechte und Pflichten der Bürger heraus.

3 Charakterisieren Sie die Rolle der Gesellschaft.

4 **Vertiefung:** Vergleichen Sie mit dem Grundgesetz der Bundesrepublik.

   Tipp: siehe S. 148.

M 15 **Die Verfassung von 1791**

Den Beginn der Verfassung bildete die Erklärung der Menschen- und Bürgerrechte vom 26. August 1789.

Titel III. Von den öffentlichen Gewalten

Art. 1. Die Souveränität ist einheitlich, unteilbar, unveräußerlich und unverjährbar. Sie gehört der Nation. Kein Teil des Volkes und keine einzelne Person kann sich ihre Ausübung aneignen. 5

Art. 2. Die Nation, von der allein alle Gewalten ihren Ursprung haben, kann sie nur durch Übertragung ausüben. Die französische Verfassung ist eine Repräsentativverfassung. Ihre Repräsentanten sind die gesetzgebende Körperschaft und der König. 10

Art. 3. Die gesetzgebende Gewalt ist einer Nationalversammlung übertragen, die aus Abgeordneten besteht, die durch das Volk frei und auf Zeit gewählt werden, um sie mit Billigung des Königs auf die Art auszuüben, die nachstehend bestimmt wird. 15

Art. 4. Die Regierung ist monarchisch. Die ausführende Gewalt ist dem König übertragen, um unter seiner Autorität durch die Minister und andere verantwortliche Beamte auf die Art ausgeübt zu werden, die nachstehend bestimmt wird. 20

Art. 5. Die richterliche Gewalt ist den durch das Volk auf Zeit gewählten Richtern übertragen.

Kapitel I. Von der gesetzgebenden Nationalversammlung

Art. 1. Die Nationalversammlung, welche die gesetz- 25 gebende Körperschaft bildet, ist immerwährend und ist nur aus einer Kammer zusammengesetzt.

Art. 2. Sie wird alle zwei Jahre durch Neuwahlen gebildet. [...]

Art. 5. Die gesetzgebende Körperschaft kann durch 30 den König nicht aufgelöst werden.

Abschnitt I. Zahl der Abgeordneten. Grundlagen der Abordnung

Art. 1. Die Zahl der Abgeordneten der gesetzgebenden Körperschaft beträgt 745 nach Maßgabe der 83 35 Departements, aus denen sich das Königreich zusammensetzt, und ohne Rücksicht auf diejenigen, welche den Kolonien bewilligt werden dürfen.

Art. 2. Die Abgeordneten werden auf die 83 Departements nach den drei Verhältnissen des Gebietes, der 40 Bevölkerung und der direkten Besteuerung verteilt.

Abschnitt II. Urversammlungen. Bestellung der Wahlmänner

45 Art. 1. Um die gesetzgebende Nationalversammlung zu wählen, treten die aktiven Bürger alle zwei Jahre in den Städten und den Kantonen zu Urversammlungen zusammen. [...]

Kapitel II. Vom Königtum, der Regentschaft und den
50 *Ministern*
Abschnitt I. Vom Königtum und dem König
Art. 1. Das Königtum ist unteilbar und dem regierenden Hause im Mannesstamm nach dem Rechte der Erstgeburt erblich übertragen. [...]
55 Art. 2. Die Person des Königs ist unverletzlich und heilig. Sein einziger Titel ist König der Franzosen.
Art. 3. Es gibt in Frankreich keine Autorität, die über dem Gesetze steht. Der König regiert nur durch dieses. Und nur im Namen des Gesetzes kann er Gehor-
60 sam verlangen. [...]

Kapitel III. Von der Ausübung der gesetzgebenden Gewalt
Abschnitt I. Macht und Aufgaben der gesetzgebenden Nationalversammlung
65 Art. 1. Die Verfassung überträgt ausschließlich der gesetzgebenden Körperschaft die folgenden Vollmachten und Aufgaben:
1. Gesetze vorzuschlagen und zu beschließen. Der König kann allein die gesetzgebende Körperschaft
70 auffordern, eine Sache in Beratung zu nehmen;
2. die öffentlichen Ausgaben festzusetzen;
3. die öffentlichen Steuern anzusetzen, ihre Art, Höhe, Dauer und Erhebungsweise festzulegen. [...]
Art. 2. Der Krieg kann nur durch ein Dekret der ge-
75 setzgebenden Körperschaft, das auf förmlichen und notwendigen Vorschlag des Königs erlassen und von ihm bestätigt wird, beschlossen werden. [...]
Abschnitt III. Von der königlichen Bestätigung
80 Art. 1. Die Beschlüsse der gesetzgebenden Körperschaft werden dem König vorgelegt, der ihnen seine Zustimmung verweigern kann.
Art. 2. Im Falle, dass der König seine Zustimmung verweigert, ist diese Verweigerung nur von aufschiebender Wirkung.

Günther Franz (Hg.), Staatsverfassungen,Wissenschaftliche Buchgesellschaft, 2. Auflage, München 1964, S. 309 ff.*

1 Analysieren Sie die Aufgaben von Legislative und Exekutive.
 Tipp: Beziehen Sie das Verfassungsschaubild von S. 104 sowie die Arbeitsschritte von S. 74 mit ein.
2 Vergleichen Sie mit dem amerikanischen System des *„checks and balances"*.

Rezeption

M 16 **Statue der Republik, Paris, Fotografie, 2012**

1 *„La Republique"* ist ein Synonym für Frankreich. Erläutern Sie den Zusammenhang von Französischer Revolution und nationalem Selbstverständnis.

M 17 **Feuerwerk über dem Hafen von Marseille am Nationalfeiertag, Fotografie, 14. Juli 2013**

1 Recherchieren Sie Bilder vom französischen Nationalfeiertag und vergleichen Sie mit Bildern von den Feierlichkeiten in den USA am 4. Juli.

Anwenden

M1 **Der Journalist Rainer Traub über Thomas Jefferson und die Französische Revolution (2010)**

Jeffersons Frankreich-Begeisterung hielt sich während seiner Zeit als US-Gesandter in Paris – von 1785 bis 1789 – in Grenzen; voll entflammte sie erst nach seiner Rückkehr in die USA. Er war zwar ein scharfer
5 Gegner der Monarchie als Institution, glaubte aber zunächst an die guten Absichten Ludwigs XVI. Im Übrigen traute er den Franzosen keine Revolution zu. Seine Skepsis begründete der Botschafter im November 1788 in einem Brief an Washington mit einem
10 echt puritanischen Argument: Die französische Nation sei zwar „von unserer Revolution aufgeweckt" worden und spüre „ihre Stärke". Doch drohe jeder politische Fortschritt an den lockeren Sitten der Franzosen, an der „Allmacht" der Sexualität und am „Ein-
15 fluss der Frauen in der Regierung" zu scheitern.
Am 11. Juli 1789 äußerte sich Jefferson in einem Brief an [Thomas] Paine dann doch beeindruckt darüber, dass die Nationalversammlung „die alte Regierung gestürzt" habe und entschlossen dabei sei, „das Kö-
20 nigreich an allen vier Ecken in Brand zu setzen". Seine Achtung stieg weiter, als das Bürgertum nach dem Bastille-Sturm die militärische Macht an sich gerissen hatte und Lafayette Pariser Kommandant geworden war: „Eine gefährlichere Kriegsszene als jene, die
25 Paris in den letzten fünf Tagen bot", schrieb er demselben Briefpartner, „habe ich in Amerika nie gesehen."
Ende 1789 kehrte der Botschafter in die USA zurück, um dort auf Präsident Washingtons Wunsch Außen-
30 minister zu werden. Die Verteidigung der Französischen Revolution machte Jefferson nun zur Chefsache. Er identifizierte sie mit der „heiligen Sache der Freiheit", als deren Garant sich der Autor der amerikanischen Unabhängigkeitserklärung sah.
35 Auch die gewalttätigsten Auswüchse in Frankreich rechtfertigte Jefferson nun als unvermeidlichen Preis des Fortschritts: Man könne nicht erwarten, „den Übergang vom Despotismus zur Freiheit in einem Federbett zu erleben". Ein Landsmann, der den Terror
40 kritisierte, wurde 1793 energisch von ihm zurechtgewiesen. „Die Freiheit der ganzen Erde" hänge vom Ausgang des Kampfes in Frankreich ab: „Wurde je zuvor ein solcher Preis mit so wenig unschuldigem Blut errungen? Ich selbst war zutiefst erschüttert über das
45 Schicksal einiger Märtyrer, die für diese Sache ihr Leben ließen, doch lieber hätte ich die halbe Welt verwüstet, als ihr Scheitern gesehen; wären in jedem

Land nur ein Adam und eine Eva übrig geblieben, und wären sie aber frei, so wäre das besser als der jetzige Zustand."
50

Rainer Traub, Schlüssel und Kerker (Auszug), SPIEGEL GESCHICHTE 1/2010, Seite 92ff., http://www.spiegel.de/spiegel/ spiegelgeschichte/d-68812755.html (Download vom 13.6.2018).

M2 **Anonymes Flugblatt, das eine Bilanz des Terrors zieht, Ende 1794.**
Robespierre guillotiniert den Henker. Zu seinen Füßen die Verfassung von 1791 und 1793; auf der Grabespyramide steht die Aufschrift: „Hier ruht ganz Frankreich".

1 Erläutern Sie die Einstellung von Thomas Jefferson zur Französischen Revolution (M1).
2 Beschreiben Sie die in M1 genannten historischen Ereignisse und Jeffersons Deutung.
3 Interpretieren Sie das Flugblatt M2.
4 Nehmen Sie Stellung zu Jeffersons Schlussfolgerung: „wären in jedem Land nur ein Adam und eine Eva übrig geblieben, und wären sie aber frei, so wäre das besser als der jetzige Zustand".

Wiederholen

M3 Sturm auf die Bastille, 14. Juli 1789, Ölgemälde, französische Schule, 18. Jahrhundert

Zentrale Begriffe

Brüderlichkeit
Code civil
Direktorium
Dritter Stand
Freiheit
Girondisten
Gleichheit
Jakobiner
Menschen- und Bürgerrechte
Sansculotten
La Terreur
Verfassung
Volkssouveränität

1 Beschreiben Sie auf der Basis der Darstellung S. 102 ff. die verschiedenen Phasen der Französischen Revolution, indem Sie für jede Phase einige Stichworte nennen und diese kurz erläutern.
   Tipp: Nutzen Sie die Tabelle S. 103.
2 Charakterisieren Sie die Darstellung des Sturms auf die Bastille in M 3. Greifen Sie bei Bedarf auf die Formulierungshilfen zurück.
3 Erklären Sie, warum der Sturm auf die Bastille zum Auslöser der Revolution wurde. Beziehen Sie die Thesen zu Ursachen von Revolutionen von Crane Brinton (Kap. 6 Kernmodul, M 2) in Ihre Überlegungen mit ein.
4 **Wahlaufgabe:** Bearbeiten Sie entweder Aufgabe a), b) oder c).
   Vergleichen Sie die Französische Revolution mit der Amerikanischen Revolution, indem Sie Unterschiede und Gemeinsamkeiten der folgenden Themenbereiche in einer Tabelle gegenüberstellen:
   a) Konfliktlinien vor der Revolution,
   b) Protestformen und Verlauf,
   c) politische Ideen und Verfassungen.
5 Die Französische Revolution gilt in der Geschichtswissenschaft als „klassisches Revolutionsmodell", weil sie Umbrüche auf politischer, sozialer und wirtschaftlicher Ebene herbeiführte. Überprüfen Sie diesen Befund auf Basis der Darstellung und der Materialien.
6 **Vertiefung:** Setzen Sie sich mit der Französischen Revolution als Epochengrenze zwischen Früher Neuzeit und Neuzeit auseinander, indem Sie die Auswirkungen der Revolution auf die benachbarten Länder ermitteln.

Formulierungshilfen
– Auf dem Bild ist/sind … zu sehen.
– Im Vordergrund des Bildes ist/sind … dargestellt.
– Im Hintergrund sieht man …
– Die dargestellten Personen …
– Folgende Gegenstände/Symbole werden verwendet …
– Die … Farbgebung des Bildes erzielt die Wirkung, dass …
– Das Gemälde deutet die historischen Ereignisse folgendermaßen …

Wahlmodul: Die Russische Revolution

M1 Lenin auf der Tribüne, Gemälde von Aleksandr Gerasimov, 1947

1861 | Aufhebung
der Leibeigenschaft

Russland ist eine Weltmacht mit einer wechselvollen Geschichte. Die Revolutionen von 1917, die das Ende des russischen Zarenreiches herbeiführten und den Beginn des Sowjetstaats einleiteten, stellen eine tiefgreifende historische und politische Zäsur dar. In der Februarrevolution gingen Menschen aller Gesellschaftsschichten massenhaft auf
5 die Straße und forderten „Brot", „Frieden" und die Abdankung des Zaren, dessen autokratisches Regime sie für die schlechte Lage verantwortlich machten. Eine Verhaftungswelle von Regimekritikern beschleunigte die politische Radikalisierung der Bevölkerung. Am 23. Februar 1917 schlossen sich auch die Soldaten den Protesten an und wurden zusammen mit den Arbeitern zu den Hauptträgern der Revolution, die in Ar-
10 beiter- und Soldatenräten die politische Führung beanspruchten und gemäßigt linke, sozialistische Ideen vertraten. Damit standen sie in Konkurrenz zu den liberalen Kräften der Duma, dem seit 1906 existierenden russischen Parlament, das mit der Bildung einer provisorischen Regierung ebenfalls Anspruch auf die Führung erhob. Unter dem allgemeinen Druck dankte der Zar ab, es kam zu einer Phase der „Doppelherrschaft" von
15 Provisorischer Regierung und den Arbeiter- und Soldatenräten.
Anfang April 1917 trat der radikale Sozialist und Bolschewik Wladimir Iljitsch Lenin auf den Plan. Gleich nach seiner Rückkehr aus dem Exil in der Schweiz forderte er eine Fortsetzung der Revolution, um die alleinige Macht der Arbeiter, die von Marx und Engels als Vollendung des Kommunismus propagierte „Diktatur des Proletariats" zu erreichen.
20 Doch Provisorische Regierung und gemäßigte Sozialisten setzten sich mithilfe des Militärs noch einmal durch. Erst im Oktober 1917 sorgten die sich weiter verschärfenden Versorgungskrisen und der andauernde Krieg für einen Umschwung. Am 24. Oktober besetzten Arbeiter und Soldaten unter bolschewistischer Führung nach einem genauen Masterplan wichtige Orte in Petrograd und Moskau und verhafteten die Mitglieder der
25 Regierung, am 26. Oktober trat die erste Sowjetregierung zusammen. Die Oktoberrevolution war vollzogen, doch Historiker sprechen hier eher von einem Staatsstreich. Im Gegensatz zur Amerikanischen Revolution und Französischen Revolution haben die politischen Ideen der Russischen Revolution mit dem Ende der Sowjetunion 1990/91 an Bedeutung verloren.

1 Fassen Sie Ihre Kenntnisse der Amerikanischen und der Französischen Revolution zusammen, indem Sie jeweils in einer Mindmap zentrale Begriffe und Ereignisse darstellen.
2 Erläutern Sie die Grundzüge von Febuarrevolution und Oktoberrevolution.
3 Interpretieren Sie das Gemälde M 1.
4 Stellen Sie Hypothesen bezüglich der Rolle Lenins in der Russischen Revolution auf und überprüfen Sie diese nach Bearbeitung des Kapitels.

1917 | 23. Feb.: Streik von Arbeitern in Petrograd (St. Petersburg)
27. Feb.: In Petrograd und Moskau bilden sich Arbeiter- und Soldatenräte
2. März: Die Duma bildet eine Provisorische Regierung unter Fürst Lwow; Zar Nikolaus II. dankt ab
3./4. April: Rückkehr von Lenin aus dem Exil und Verkündung seiner „Aprilthesen"
3.–24. Juni: Erster Allrussischer Sowjetkongress der Arbeiter- und Soldatenräte
Juli: Julikrise: Bewaffnete Massendemonstrationen und Straßenschlachten
24. Okt.: Beginn der „Oktoberrevolution": Bolschewiki besetzen wichtige Plätze in Petrograd; Verhaftung der Provisorischen Regierung
25. Okt.: Menschewiki und Sozialrevolutionäre verlassen aus Protest den Sowjetkongress
26. Okt.: „Rat der Volkskommissare" bildet die Regierung unter Führung von Lenin und Trotzki
12. Nov.: Wahlen zur Verfassungsgebenden Versammlung
1918 | 5./6. Januar: Die Verfassungsgebende Versammlung wird von den Bolschewiki gewaltsam aufgelöst
Friede von Brest-Litowsk, Rückzug Russlands aus dem Ersten Weltkrieg
10. Juli: Verkündung der Verfassung der „Russländischen Sozialistischen Föderativen Sowjetrepublik"
1918–1921 | März 1918: Beginn des Bürgerkriegs zwischen der kommunistischen Roten Armee und den Weißen Garden

95 | Gründung der Russischen Sozialdemokratischen Arbeiterpartei   **1905** | Erste Russische Revolution   **1914–1918** | Erster Weltkrieg   **1924** | Tod Lenins und Machtkampf um die Führung

95 | 1900 | 1905 | 1910 | 1915 | 1920 | 1925

8   Wahlmodul: Die Russische Revolution

> **In diesem Kapitel geht es um**
> – die Gründe, die zum Ausbruch der Revolution in Russland führten,
> – die Formen des Protestes während der Februar- und der Oktoberrevolution,
> – die politischen Ideen der beteiligten Parteien und Akteure,
> – die Rezeption.

Die Ursachen der Revolution

M1 **Zar Alexander II. (1818–1881), Stich, anonym, o. J.**

In Russland waren die politischen, sozialen und ökonomischen Verhältnisse zu Beginn des 20. Jahrhunderts anders als in den west- und mitteleuropäischen Ländern. Die Aufhebung der **Leibeigenschaft**, die erst 1861 als Teil eines Reformprogramms von Zar Alexander II. erfolgte, hatte das Leben auf dem Land nicht nachhaltig modernisiert. Noch immer befand sich das meiste Land in der Hand von adeligen Gutsbesitzern, die Bauern   5
bekamen nur kleinere Parzellen von der Gemeinde zugeteilt, deren Erträge kaum zum Leben reichten. Sie konnten zudem nicht frei über die Art der Bewirtschaftung entscheiden und durften nicht ihren Wohnort wechseln. Und der Bildungsstand war auf dem Land deutlich niedriger als in der Stadt. Drei von vier Erwachsenen waren Analphabeten. Verschärft wurde die Lage auf dem Land durch die **Bevölkerungsexplosi-**   10
on. Hatte Russland 1860 etwa 60 Millionen Einwohner, so waren es 1913 bereits 174 Millionen. Doch auch in der Stadt gab es viele strukturelle Probleme. Die **Industrialisierung** hatte in Russland deutlich später begonnen. Der zaristische Staat förderte die Modernisierung der Industrie, jedoch ohne ihre sozialen Folgen durch politische Modernisierung abzusichern. Die **autokratische Herrschaft** des Zaren zeigte sich vor allem im   15
System eines Polizeistaates, der die lückenlose Überwachung der Untertanen zum Ziel hatte. So blieb kaum Spielraum für eine öffentliche Diskussion über Probleme und Reformideen. Die politische Opposition wurde verfolgt, verhaftet und zum Teil verbannt. Viele gingen ins westeuropäische Exil und radikalisierten sich.

Im Jahr 1905 verschärften sich u. a. wegen des Krieges gegen   20
Japan die sozialen und politischen Spannungen im Land. Es kam zu einer Streikbewegung der Arbeiter in den Städten und Bauernaufständen in weiten Teilen des Landes. Da die Armee größtenteils loyal blieb, wurden die Aufstände blutig niedergeschlagen. Trotzdem sah sich Zar Nikolaus II. zu Zugeständnis-   25
sen gezwungen. 1906 wurde eine **Verfassung** mit einem Parlament, der Reichsduma, gewährt. Aber deren Rechte blieben gering. Es gab keine Verantwortlichkeit der Minister gegenüber dem Parlament und keine Kontrolle der Regierung. Vor allem über Krieg und Frieden entschied allein der Zar. Den-   30
noch spricht man aufgrund der politischen Veränderungen von der Revolution von 1905. Es kam nicht zu Veränderungen der sozialen und wirtschaftlichen Strukturen. Nur wenige Bauern (Kulaken) profitierten von einem Schuldenerlass sowie von der Erlaubnis aus der Dorfgemeinschaft auszutreten und   35
ihr Land als Eigentum in eigener Verantwortung zu bewirtschaften.

M2 **Die gesellschaftliche Schichtung 1913.**
Die Zahlen sind Schätzungen. Gestrichelte Linien deuten an, dass sich seit der Bauernbefreiung von 1861 die alte geburtsständische Gliederung verändert. Ein Teil des Adels sank auf das Niveau mittlerer Bauern ab.

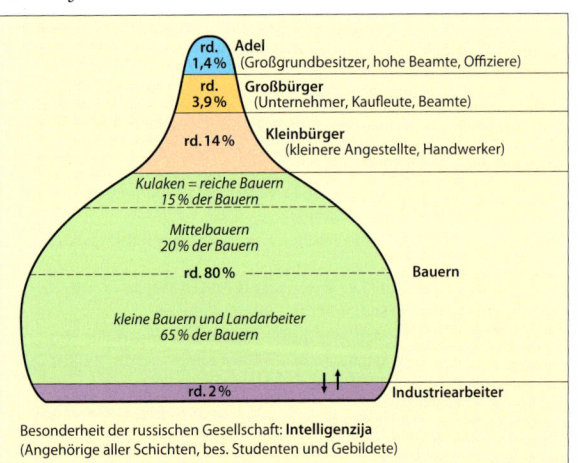

rd. 1,4 % Adel (Großgrundbesitzer, hohe Beamte, Offiziere)
rd. 3,9 % Großbürger (Unternehmer, Kaufleute, Beamte)
rd. 14 % Kleinbürger (kleinere Angestellte, Handwerker)
Kulaken = reiche Bauern 15 % der Bauern
Mittelbauern 20 % der Bauern
rd. 80 % ————— Bauern
kleine Bauern und Landarbeiter 65 % der Bauern
rd. 2 % Industriearbeiter
Besonderheit der russischen Gesellschaft: **Intelligenzija** (Angehörige aller Schichten, bes. Studenten und Gebildete)

Die Februarrevolution 1917

Nach 1914 genügten zwei Kriegsjahre, um Russland in eine tiefe Krise zu stürzen. Anfang 1917 nahm eine **Streikbewegung** im Lande Massencharakter an. Die revolutionäre Bewegung entwickelte sich entlang der Eisenbahn, dem Nervenzentrum der Revolution. Die städtischen Mittel- und Unterschichten beteiligten sich daran ebenso wie große
5 Teile der Landbevölkerung. Am 23. Februar 1917 (nach altem Kalender) standen in St. Petersburg (Petrograd) 128 000 Arbeiter und Arbeiterinnen im Streik und demonstrierten; binnen kurzer Zeit verbrüderten sich fast alle Garnisonsoldaten mit den Demonstranten. Sie stürmten die Waffenarsenale des Heeres und übernahmen die Macht in der Stadt; zwei Tage später wurde der Generalstreik ausgerufen. Zum Sprachrohr des
10 Aufstandes entwickelte sich der **Petrograder Arbeiter- und Soldatenrat***, dem überwiegend gemäßigte Linke angehörten. Die Streikenden forderten Brot, die Beendigung des Krieges und die Beseitigung des Zarismus. Am 26. Februar schlossen sich weitere militärische Einheiten den Aufständischen an. Am 27. Februar war die Hauptstadt völlig in der Hand der Arbeiter und Soldaten. Die **Duma*** wollte politisch nicht an die Seite
15 gedrängt werden und kündigte nun ebenfalls ihren Gehorsam auf, indem sie sich weigerte, einem Befehl des Zaren zur Selbstauflösung nachzukommen. Als ein Einlenken des Zaren ausblieb und der Druck der Straße immer stärker wurde, kam es zur Machtergreifung des Parlaments. Es ließ die Regierung des Zaren und regionale Militärbefehlshaber verhaften und ernannte einen neuen Oberkommandierenden. Zar Nikolaus II.
20 versuchte noch mithilfe von Fronttruppen die Revolution aufzuhalten, musste aber schließlich abdanken; das Ende der dreihundertjährigen Herrschaft der Romanovs war gekommen. Schon bald nach diesen Februartagen bildete sich eine **„Doppelherrschaft"** in Russland aus. Überall im Lande übernahmen **Sowjets** faktisch die Macht. In den Sowjets dominierten zwei Parteien, die **Menschewiki*** und die **Sozialrevolutio-**
25 **näre***. Beide hatten ihre soziale Basis in der Intelligenz. Die Menschewiki bezogen sich in ihrer Agitation und Programmatik eher auf die Industriearbeiter, die Sozialrevolutionäre eher auf die Bauern. Insbesondere die Bauern waren in dem riesigen Land schwer zu organisieren. Gemeinsam war beiden Parteien ein schematisches Bild von historischer Entwicklung, das sich an dem Ablauf der europäischen Revolutionen und an den Vor-
30 stellungen von Marx und Engels orientierte, wonach Russland zunächst eine längere Periode bürgerlich-kapitalistischer Entwicklung zu durchlaufen hätte. Die Menschewiki und die Sozialrevolutionäre forderten daher die bürgerlichen Parteien aus der zaristischen Zeit auf, eine Regierung zu bilden. Das Resultat war die Provisorische Regierung. Sie bestand aus Vertretern der bürgerlichen Parteien und einem Minister der Sozialre-
35 volutionäre, Alexander Kerenski, der im Sommer schließlich Regierungschef wurde. Dem Modell der „Doppelherrschaft" entsprechend, entstanden neben den Räten lokale Organe der Regierungsgewalt, die aber relativ bedeutungslos blieben. Die Arbeiter, Bauern und Soldaten in den neuen Räten traten für einen sofortigen Friedensschluss ein. Darüber hinaus forderten sie weitgehende Mitbestimmungs- und Kon-
40 trollrechte für die sich überall bildenden Fabrikkomitees und eine grundlegende Agrarreform. Damit waren Konflikte mit der Provisorischen Regierung vorgezeichnet. Die stürmische Entwicklung in den Sommermonaten – die innere Auflösung der russischen Armee, die spontanen Landnahmeaktionen der Bauern, der Versuch eines Gegenputsches, die Radikalisierung der Massen, deren Forderungen nach Frieden, Brot und Land
45 nicht erfüllt wurden – schwächte die Macht der Regierung Kerenski stark.

Arbeiter- und Soldatenräte/Sowjets
Aus den Streikkomitees in Moskau und St. Petersburg waren 1905 die ersten Sowjets (russ. = Räte) hervorgegangen. Die Führung der Streiks lag bei den spontan gebildeten Arbeiterausschüssen einzelner Betriebe. Sie schlossen sich hier und da zu gesamtstädtischen Streikkomitees zusammen, die zu einer dauernd gewählten Arbeiterversammlung („Rat der Deputierten") mit politischer Zielsetzung werden konnten. Die Sowjets waren ursprünglich parteilos. Allerdings bemühten sich vor allem die sozialistischen Gruppen, in ihnen die Kontrolle zu erlangen.

Duma
Altslawischer Begriff für eine beratende Versammlung. Ab 1905 bezeichnete man damit das russische Parlament.

▶ M 11: Kerenski über die Doppelherrschaft

Menschewiki
(russ. = Minderheitler) gemäßigter, am Prinzip der demokratisch organisierten Massenpartei festhaltender Flügel der 1898 gegründeten Sozialdemokratischen Arbeiterpartei Russlands; stand im Gegensatz zu den Bolschewiki; 1912 endgültige Spaltung von den Bolschewiki.

Sozialrevolutionäre
1901/02 entstandene russische Partei, hervorgegangen aus radikalen Gruppen der Narodniki (russ. = Die-ins-Volk-Gehenden). Die Sozialrevolutionäre erstrebten im Unterschied zu den Marxisten über freie Assoziationen von Kleinproduzenten einen bäuerlichen Sozialismus; im Kampf gegen den Zarismus bedienten sie sich auch des individuellen Terrors.

▶ M 12: Bericht aus Woronesh

Die Oktoberrevolution

Bolschewiki
(= russ. Mehrheitler) revolutionäre Parteigruppierung, die streng von oben nach unten organisiert war und den Anspruch hatte, dass ihre Mitglieder wichtige Posten in allen Massenorganisationen innehaben, um die verschiedenen gesellschaftlichen Schichten auf den Weg des Sozialismus zu führen.

▶ M 17: Lenins Aprilthesen

In dieser Situation wurden die Bolschewiki*, die nur eine kleine Minderheit in den Räten darstellten, zum Sprachrohr insbesondere der städtischen Massen. Im April 1917 war ihr Vorsitzender **Wladimir Iljitsch Lenin** (1870–1924) mithilfe der deutschen Reichsregierung aus dem Schweizer Exil nach Russland zurückgekehrt. Lenin vertrat im Gegensatz zu den Menschewiki und zu Teilen der eigenen Partei die Auffassung, dass die Revolution mit Energie weitergetrieben werden müsse und dass allein eine Arbeiter- und Soldatenregierung, deren Keimform er im Petrograder Sowjet verwirklicht sah, die nationalen und sozialen Probleme des Landes lösen könne. Noch am Tag seiner Ankunft rief er mit seinen „Aprilthesen" zur Fortsetzung der Revolution auf. [5]

Die bolschewistische Propaganda wirkte sich verschärfend auf die Auseinandersetzungen aus. Im **Juli 1917** nahm die Zahl der Streiks und Aussperrungen wieder zu. Eine galoppierende Inflation und die sich verschlechternde Versorgungslage führten zu erneuten Demonstrationen. In den Dörfern gingen die Bauern vielerorts zur spontanen Landnahme über und vertrieben ihre Grundherren. An der Front und in den Garnisonen wuchs der Unmut über den ausbleibenden Friedensschluss. Eine von der Regierung angeordnete Kriegsoffensive endete mit einem fluchtartigen Rückzug und teilweisen Zerfall der Armee. Dies befeuerte den Juliaufstand in Petrograd, der mit Demonstrationen und Straßenkämpfen zwischen den bolschewistischen Roten Garden und Regierungstruppen einherging. Doch der Aufstand scheiterte, Lenin floh nach Finnland und die Regierung unter Kerenski ging gestärkt aus dem Machtkampf hervor. [10] [15] [20]

M3 Mitgliederbewegung der Russischen Sozialdemokratischen Arbeiterpartei (Bolschewiki), danach Kommunistische Partei (Angaben leicht gerundet, Ausschnitt)

Datum	Mitgliederzahl
1917 Januar	23 600
1917 August	200 000
1918	390 000
1921	732 500
1922	528 400
1924	472 000[1]

Zit. nach: Hartmann Wunderer, Die Russische Revolution, Reclam, Stuttgart 2014, S. 50 f.

1 Nach dem Bürgerkrieg nahm man eine Reorganisation der Partei vor, mehrere hunderttausend Mitglieder wurden aus der Partei entfernt.

M4 Lenin im Hauptquartier der Bolschewiken im Smolny-Institut in Petrograd im Oktober 1917, Ölgemälde, Schule des sozialistischen Realismus, o.J.

Im **Herbst 1917** trieb die Krise von Wirtschaft, Armee und Staat ihrem Höhepunkt zu. Es kam zu Hungerunruhen, gewaltsamen Übernahmen von Fabriken durch Streikende, auf dem Land entbrannte ein regelrechter Bauernkrieg um das gutsherrliche Land. Bei den Septemberwahlen
25 erzielten die Bolschewisten große Stimmengewinne und stellten nun in den wichtigsten Sowjets die Mehrheit. Angesichts dieser Entwicklung beschwor der zurückgekehrte Lenin seine Partei, in einem Staatsstreich die Macht zu ergreifen. Nach heftigen Debatten gelang es ihm, die Mehrheit des Zentralkomitees der Bolschewiki für den bewaffneten
30 Aufstand zu gewinnen.

In der Nacht vom 24. auf den 25. Oktober nahmen militärische Einheiten und bewaffnete Arbeiterbrigaden strategische Punkte der Stadt ein. In der Nacht zum 26. Oktober ließ Leo Trotzki, einer der engsten Mitstreiter Lenins, das „Revolutionäre Militärkomitee", ein Organ des Petro-
35 grader Sowjets, den Regierungssitz, das „Winterpalais", stürmen. Die Regierung wurde abgesetzt. Es gab keine Massendemonstrationen, kaum Tote. Noch am Abend trat der Petrograder Sowjet zusammen, in dem die Bolschewiki die absolute Mehrheit hatten, und verkündete zwei Dekrete: das **„Dekret über den Frieden"**, gerichtet an alle Krieg
40 führenden Länder, und das **Dekret über die entschädigungslose Enteignung von Grund und Boden**. Außerdem bildete der Petrograder Sowjet eine provisorische Arbeiter- und Bauernregierung (Rat der Volkskommissare) und wählte das „Gesamtrussische Zentralexekutivkomitee". Als die Wahlen zur verfassunggebenden Nationalversammlung, die noch die Provisorische Regierung veranlasst hatte, im No-
45 vember 1917 eine Mehrheit der Sozialrevolutionäre ergaben und das gewählte Parlament sich weigerte, die Sowjetmacht uneingeschränkt anzuerkennen, löste der Rat der Volkskommissare das Parlament im Januar 1918 durch Truppeneinsatz auf. Wenige Tage später wurde die Auflösung und die „Deklaration der Rechte des werktätigen und ausgebeuteten Volkes" vom 3. Allrussischen Rätekongress in Petrograd gebilligt. Die De-
50 klaration bildet einen wichtigen Bestandteil der am 10. Juni 1918 in Kraft gesetzten Verfassung der Russischen Sozialistischen Föderativen Sowjetrepublik (RSFSR).

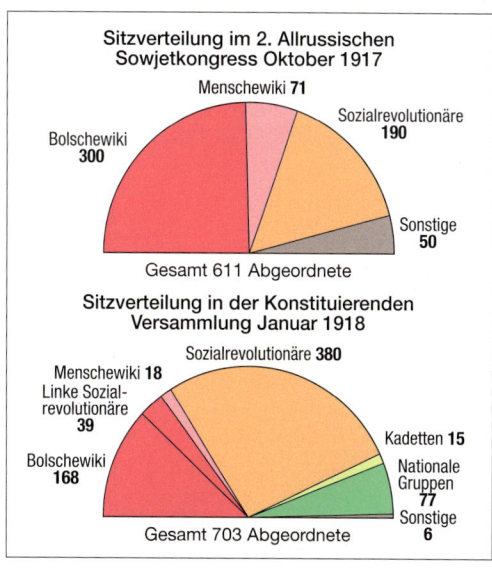

M 5 **Wahlergebnisse in Russland (1917/1918)**

Sitzverteilung im 2. Allrussischen Sowjetkongress Oktober 1917
Menschewiki 71
Sozialrevolutionäre 190
Bolschewiki 300
Sonstige 50
Gesamt 611 Abgeordnete

Sitzverteilung in der Konstituierenden Versammlung Januar 1918
Sozialrevolutionäre 380
Menschewiki 18
Linke Sozialrevolutionäre 39
Kadetten 15
Bolschewiki 168
Nationale Gruppen 77
Sonstige 6
Gesamt 703 Abgeordnete

▶ M 18: Verfassung

Bürgerkrieg

Das Schicksal der Revolution aber entschied sich im Bürgerkrieg. Von seiner Gründung an stand der neue Staat unter starkem Druck. Neue Wellen von Umverteilung, zum Teil mit unvorstellbaren Gewaltausbrüchen, erschütterten die Dörfer. In der Industrie trafen die Betriebskomitees, die an die Stelle der privaten Unternehmer getreten waren,
5 konfliktreich mit den Vertretern des Staates aufeinander, die eine planvolle Lenkung der Volkswirtschaft anstrebten. Zudem war eine breite gegenrevolutionäre Bewegung von „Weißen" entstanden, zunächst gestützt von deutschen und österreichischen Truppen, nach deren Kapitulation von Großbritannien, Frankreich, den USA und Japan. Die von Trotzki aufgebaute Rote Armee kämpfte jedoch die gegenrevolutionären Bewegungen
10 in lange andauernden und verlustreichen Kämpfen nieder. In der sowjetischen Geschichtsschreibung wurde dies als „heroische Periode der Großen Revolution" bezeichnet, Lenin vor allem in der nachstalinistischen Zeit zum nationalen Helden erhoben. Heute zeichnet die Geschichtswissenschaft ein differenzierteres, zum Teil sehr kritisches Bild von Lenin.

▶ M 20: Dimitri Wolkogonow über Lenin

▶ M 21: Robert Service über Lenin

M6 Bürgerkrieg in Russland
1918–1921

Dokumente russische Geschichte

cornelsen.de/Webcodes
Code: rehidi

Legend:

- – – – Frontlinie des Ersten Weltkriegs im Februar 1918
- →(blau) österreich-ungarische, deutsche und türkische Invasion Februar 1918
- →(schwarz) Landungen britischer und französischer Ententetruppen
- →(rot) Operationen der Roten Armee

Vordringen der Interventen und Weißgardisten:
- 1918
- 1919
- 1920

1 Fassen Sie die Ursachen der Revolution in Russland zusammen. Nehmen Sie eine begründete Gewichtung vor.
2 **Lernplakat:** Erstellen Sie ein Lernplakat zum Verlauf der Revolution zwischen Januar und Ende Oktober 1917.
  Tipp: siehe S. 155.
3 Diskutieren Sie auf der Basis der Darstellung, ob der Begriff „Oktoberrevolution" gerechtfertigt ist oder ob man besser vom „Oktoberputsch" der Bolschewiki sprechen sollte.
4 Analysieren Sie die Karte M6.
5 **Zusatzaufgabe:** siehe S. 148.

*Die Materialien zum Wahlmodul „**Die Russische Revo-**
lution" sollen den Vergleich mit der Amerikanischen
Revolution ermöglichen. Texte und Bilder gliedern sich
in zu den Kapiteln 2 bis 5 parallele Themenabschnitte
bzw. weisen die gleiche Struktur wie Kapitel 7 auf.
Zunächst geht es um die Erarbeitung der **Konfliktlinien**
vor der Russischen Revolution. Materialien zum Poli-
zeisystem (M 7) und zur Situation auf dem Land (M 8)
werden ergänzt durch eine Grafik zur Entwicklung der
politischen Opposition (M 9). Anschließend zeigen verschiedene Materialien das Spektrum der **Protestfor-**
men während der Revolution auf. Auf ein Bildmaterial
zu Arbeiterstreiks (M 10) folgt ein rückblickender Zeit-
zeugentext zur Doppelherrschaft zwischen Duma und
den Räten der Sowjets nach der Februarrevolution
(M 11). Bauernunruhen (M 12) im Sommer 1917 ver-
schärfen die Lage. Die Diskussion um einen bewaffneten Aufstand in den Zentralkomitees der Bolschewiken
(M 13, M 14) schließen diesen Block ab. Den Schwerpunkt des Kapitels bilden die Materialien zu politischen Ideen und Organisationsformen/Verfassung.
Am Anfang stehen die Erklärung der Duma nach dem
Sturz des Zaren (M 15). Danach dokumentieren Lenins
April-Thesen (M 17) sowie die Verfassung vom 10. Juli
1918 (M 18) die politischen Grundsätze der Bolschewiken und ihre Form der Umsetzung in der Sowjetrepublik. Abschließend widmet sich der Themenabschnitt
Rezeption der Person Lenins und seiner Überhöhung in
der Sowjetunion (M 19) sowie seiner wissenschaftlichen
Analyse (M 20, M 21).*

Zur Vernetzung mit dem Kernmodul
*Zunächst bieten sich die marxistischen Revolutions-
theorien (M 3, M 4) zum Vergleich an. Außerdem lassen sich die Ereignisse mithilfe des Rasters von Crane
Brinton in ihrem revolutionären Charakter untersuchen (M 2). Schließlich kann man die Frage nach der
Modernisierungsfunktion der Revolution in Russland
stellen (M 7, Max Weber).*

Konfliktlinien vor der Russischen Revolution

M 7 Der Direktor des Petersburger Polizeidepar-
tements A. A. Lopuchin über das russische Polizei-
system (1907)
Angesichts dessen, dass dem Gendarmenkorps die
elementaren wissenschaftlichen Rechtsbegriffe fehlen, dass es das öffentliche Leben nur so kennt, wie es
sich innerhalb der Mauern von Militärakademien
5 und Regimentskasernen manifestiert, läuft seine
ganze politische Einstellung auf Folgendes hinaus:

dass hier das Volk ist und dort die Staatsgewalt, dass
diese ständig von jenem bedroht wird, weshalb sie
von Sicherheitsmaßnahmen abhängig ist, und dass
man sich bei der Durchführung dieser Maßnahmen 10
ungestraft jeden Mittels bedienen kann. [...] Dies
führt dazu, dass jedes öffentliche Geschehnis den
Charakter einer Bedrohung der Staatsgewalt annimmt. Daraus ergibt sich die Folge, dass der Schutz
des Staates, wie ihn das Gendarmenkorps wahr- 15
nimmt, sich in einen Krieg gegen die gesamte Gesellschaft verwandelt und letzten Endes auch zur Zerstörung der Staatsautorität führt, deren
Unverletzlichkeit nur durch die Eintracht mit der
Gesellschaft gewährleistet werden kann. Durch die 20
Verbreiterung der Kluft zwischen Staatsautorität
und Volk führt es eine Revolution herbei. Deshalb ist
die Tätigkeit der politischen Polizei nicht nur volks-
feindlich, sondern auch staatsschädlich.
*Zit. nach: Richard Pipes, Russland vor der Revolution. Staat und
Gesellschaft im Zarenreich, dtv, München 1984, S. 324.**

1 Charakterisieren Sie das Verhältnis von Polizei und
Bevölkerung in Russland.

M 8 Der Historiker Carsten Goehrke über das
Verhältnis zwischen der russischen Dorfgemeinde
(auf Russisch *mir* oder *obščina*) und den adligen
Landgütern (2003)
Neben den staatlichen Amtsträgern und Polizeiorga-
nen konzentrierte sich der Hass der Bauern nach wie
vor auf die Besitzer der Adelsgüter. Auch wenn sie
nicht mehr die Leibeigenen des Gutsherrn waren,
hatte sich zwischen den beiden Seiten ein ganzes Ge- 5
flecht wechselseitiger Abhängigkeiten entwickelt.
Dass die Bauern vom früheren Herrn [...] Ackerland
und Weiden pachteten, habe ich bereits erwähnt. [...]
Dieser wiederum versicherte sich der bäuerlichen
Arbeitskraft, indem er Geld auslieh. „Im Herbst zahlt 10
der Bauer die Steuern. Da braucht er Geld um jeden
Preis. So geht er denn zum Gutsbesitzer, um sich
Geld zu holen, er erhält auch welches, und noch dazu
als ein Almosen – wenn er sich verpflichtet, es im
nächsten Jahre abzuarbeiten." Auf diese Weise konn- 15
ten die meisten Gutsbesitzer die Anzahl ihrer ständigen Tagelöhner niedrig halten. [...]
Aber je mehr sich die Landknappheit der Bauern verschärfte, desto stärker mussten ihnen die in den Händen der Gutsbesitzer nach 1861 verbliebenen Lände- 20
reien in die Augen stechen – unabhängig davon, ob
sie früher diesem Gut als Leibeigene zugeschrieben
waren oder nicht. [...] So versammelten sich beispielsweise die Bauern der Wolost Chowanskaja
(Kreis Serdobsk, Gouvernement Saratow) am 29. Juli 25

1902 nach der Frühliturgie vor der Kirche „und debattierten untereinander, dass das Land ihnen gehören müsse und dass sie folglich das Getreide von den Gutsfeldern wegführen dürften, sobald es geschnit-
30 ten sei“. [...] Der Grund und Boden sollte nur demjenigen zur Verfügung stehen, der ihn mit eigenen Händen bearbeitete, und auch nur so lange, wie dies der Fall war. Der Gutsbesitzer zählte für die Bauern nicht dazu und hatte daher auch kein Anrecht auf
35 sein Land. Sie waren der Meinung, bei der Bauernbefreiung von 1861 seien sie um den Rest ihres Landes zugunsten des Gutsadels betrogen worden und dieses Unrecht müsse nun wieder rückgängig gemacht werden. Immer noch neigten die Bauern dazu, zwi-
40 schen dem „guten“ Zaren und seinen „bösen“ Beamten zu unterscheiden. 1887 begründete eine Gemeindeversammlung aus dem Gouvernement Wologda ihre Weigerung, ausstehende Ablösungszahlungen nachzuentrichten, folgendermaßen: „Der Zar hat
45 [uns] von den Zahlungen befreit, aber die Beamten, hohe wie niedere, und nach ihnen die Vorsteher und Ältesten wollen die oberste Gewalt betrügen, um sich einzuschmeicheln.“ Aus dem Recht, das man für sich reklamierte, erwuchs nach herkömmlicher bäuerli-
50 cher Überzeugung nahtlos das Recht auf Selbsthilfe und Selbstjustiz. Alle Zusammenstöße zwischen *Mir* und Staatsmacht in Fragen der Landnutzung lassen sich auf diese gegensätzlichen Rechtsauffassungen zurückführen.
55 Tausende derartiger Landgüter, die den bäuerlichen Hunger nach Boden anstachelten, breiteten sich über große Teile Russlands aus und bildeten mehr noch als im späten 18. Jahrhundert die Brückenköpfe einer adlig-urbanen Gegenkultur. Villen und Schlös-
60 ser im Zentrum der Besitzung spiegelten die Wandlungen des Architekturgeschmacks von Neoklassizismus und Tudor über die Neugotik bis hin zum Jugendstil. Was im 19. und frühen 20. Jahrhundert zur russischen Malerei, Musik und Literatur gewor-
65 den ist, verdankt seine Entstehung zu einem beträchtlichen Teil diesem verstreuten Inselreich adliger Landsitze. Doch den Bauern blieb diese Gegenwelt fremd, unverständlich, feindlich.

Carsten Goehrke, Russischer Alltag, Band 2, Auf dem Weg in die Moderne, Chronos-Verlag, Zürich 2003, S. 256 f.*

1 Erläutern Sie auf der Basis von M 8 und des Darstellungsteils die Situation der Bauern in Russland.
2 **Vertiefung:** Erklären Sie, warum es 1917 zum Revolutionsausbruch gekommen ist. Beziehen Sie die J-Kurve von James C. Davies (Kernmodul Kap. 6, M 5) in Ihre Argumentation ein.

M 9 Stammbaum der Opposition 1825 bis 1903

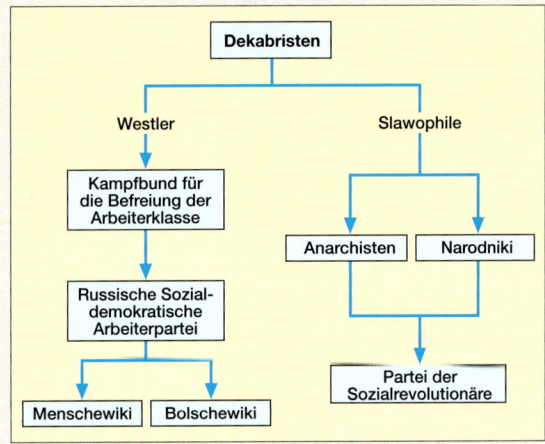

1 **Internetrecherche:** Informieren Sie sich über führende Persönlichkeiten der Oppositionsgruppen. **Tipp:** siehe S. 148.

Formen des Protestes

M 10 Treffen streikender Arbeiter im Putilow-Werk in Petrograd im Februar 1917, Fotografie, 1917

1 Beschreiben Sie die im Bild dargestellte Form des Protestes.
2 Vergleichen Sie mit den Protestformen während der Amerikanischen Revolution. Arbeiten Sie Gemeinsamkeiten und Unterschiede heraus.
Tipp: Lesen Sie zu den Protestformen in Amerika S. 23 f. und S. 38 ff.

M 11 Alexander Kerenski (1881–1970), ehemaliger Ministerpräsident der Provisorischen Regierung (1961)

Die Duma-Mehrheit musste viel vergessen, bevor sie sich auf die Seite der Revolution stellen, sich auf einen offenen Konflikt mit der zaristischen Macht einlassen und ihre Hand gegen die traditionelle Autori-
5 tät erheben konnte. Wir, die Vertreter der Opposition, [...] schlugen jetzt offiziell das vor, was man als den revolutionären Kurs bezeichnen könnte. Wir forderten, dass die Duma sofort in die offizielle Sitzungsperiode eintrete, ohne irgendeinen Auflösungsbefehl zu
10 beachten. Einige schwankten. Die Mehrheit und Rodsjanko[1] stimmten nicht mit uns überein. Argumente, Überredung und leidenschaftliche Bitten waren vergebens. Die Mehrheit glaubte immer noch zu sehr an die Vergangenheit. Die Verbrechen und Tor-
15 heiten der Regierung hatten es noch nicht bewirkt, diesen Glauben zu zerstören. Der Rat lehnte unseren Vorschlag ab und beschloss, dass die Duma in „inoffizieller" Sitzung zusammenkommen sollte. Politisch und psychologisch bedeutete dies, dass es ein priva-
20 tes Treffen einer Gruppe von Privatpersonen geben würde, von denen viele Männer von großem Einfluss und Autorität waren, aber eben nur Privatpersonen. Die Versammlung war nicht die eines Staatsorgans und sie hatte keine formelle Autorität, wofür sie all-
25 gemeine Anerkennung verlangen konnte. Diese Weigerung, formell die Sitzungsperiode fortzusetzen, war vielleicht der größte Fehler der Duma. Sie bedeutete gerade in dem Augenblick Selbstmord zu begehen, als sie die höchste Autorität im Lande war und
30 eine entscheidende und fruchtbare Rolle gespielt haben könnte, wenn sie offiziell gehandelt hätte. Diese Weigerung legte die charakteristische Schwäche einer Duma bloß, die sich in ihrer Mehrheit aus Vertretern der oberen Klassen zusammensetzte und die
35 unvermeidlich die Meinungen und den Gemütszustand des Landes verzerrt wiedergab. Und so schrieb die kaiserliche Duma [...] ihr eigenes Todesurteil im Augenblick der revolutionären Wiedergeburt des Volkes. Die Mehrheit setzte die Duma bewusst auf
40 eine Ebene mit anderen selbsternannten Organisationen, wie der Rat der Arbeiter und Soldatendeputierten, der gerade da erschien. Später gab es Bemühungen, die Duma als eine offizielle Institution wiederzubeleben, aber sie kamen zu spät. Die Duma
45 starb am Morgen des 12. März (Neue Zeit), an dem Tag, an dem ihre Stärke und ihr Einfluss am größten waren. Am nächsten Tag, dem 13. März (Neue Zeit), gab es bereits zwei Zentren der Autorität, die beide ihre Existenz der Revolution verdankten: die Duma
50 in inoffizieller Sitzung mit ihrem Provisorischen Ko-
mitee, ernannt als eine provisorische Körperschaft, die die Ereignisse dirigieren sollte, und der Rat der Sowjets der Arbeiter- und Soldatendeputierten mit seinem Exekutivkomitee.

*Zit. nach: Martin Grohmann, Heiko Haumann, Gabriele Rappmann, Wirtschaft und Gesellschaft in der Sowjetunion, übersetzt von Gabriele Rappmann, Schroedel, Hannover 1979, S. 10.**

1 *Michail Rodsjanko:* Vorsitzender der Staatsduma

1 Fassen Sie die Kernaussagen Kerenskis bezüglich der Rolle der Duma während der Revolution zusammen.

M 12 Aus dem Bericht des Gouvernement-Kommissars von Woronesh (2. Juni 1917)

Die Fälle von Übertretungen verschiedener Art und von ungesetzlichen Handlungen nehmen im Gouvernement von Tag zu Tag zu, vor allem im Zusammenhang mit der Landfrage. Überall setzen die Bauern
5 dem Weiterbestand der Gutswirtschaften Schwierigkeiten entgegen, sie übernehmen die Gutswirtschaften vollständig oder teilweise, schicken ihr Vieh auf die Gutsweide, weiden die Getreidefelder, Heuschonungen und Waldschläge ab, entfernen Angestellte
10 und Arbeiter, holen die Kriegsgefangenen fort, setzen niedrige Pachtzinsen fest, die oft nicht zur Bezahlung der Abgaben und Bankzinsen ausreichen, und erzwingen obendrein, dass diese nicht an die Gutsbesitzer, sondern an das Kreiskomitee entrichtet wer-
15 den. Sie setzen für die Arbeiter unglaublich hohe Löhne fest, verbieten die Einstellung von Arbeitern aus anderen Kreisen, erheben Gemeindesteuern, [...] ziehen Kloster und Kirchenländereien sowie staatliche Waldungen usw. ein. Alle diese Funktionen wer-
20 den häufig auf Verordnung oder mit Bewilligung der Kreiskomitees und mitunter auch der *Ujesd-*[Bezirks-]Komitees ausgeübt. Haussuchungen und Verhaftungen auf Befehl solcher Organisationen oder selbst auf Initiative einzelner Bürger sind eine ziem-
25 lich häufige Erscheinung. Es sind auch einige Fälle zwangsweiser Entfernung von Beamten der alten Verwaltung, Geistlicher und Privatpersonen aus dem Gebiet der betreffenden Örtlichkeit vorgekommen.

*Sergei Dubrowski, Die Bauernbewegung in der Russischen Revolution 1917, Berlin 1929, S. 66.**

1 Charakterisieren Sie die Lage auf dem Land.
2 Vergleichen Sie mit der Situation in den Städten.
   Tipp: Beziehen Sie die Darstellung S. 119 und M 10 in Ihre Argumentation ein.
3 Überprüfen Sie auf der Basis von M 7 bis M 12 die Revolutionstheorien von Marx/Engels und Lenin (Kernmodul Kap. 6, M 3, M 4).

M 13 **Argumente für einen bewaffneten Aufstand aus dem Beschluss des Zentralkomitees (10. Oktober 1917)**

Das ZK stellt fest, dass die internationale Lage der russischen Revolution (der Aufstand in der deutschen Flotte als extreme Äußerung der in ganz Europa heranwachsenden sozialistischen Weltrevolution,
5 dann die Gefahr eines Friedens der Imperialisten mit dem Ziel, die Revolution in Russland abzuwürgen), die militärische Lage (die unbezweifelbare Entscheidung der russischen Bourgeoisie sowie Kerenskis und seiner Anhänger, Petrograd den Deutschen zu
10 übergeben) wie auch die Erlangung der Mehrheit der proletarischen Partei in den Sowjets, – dass all dies in Verbindung mit dem Bauernaufstand und mit der Hinwendung des Vertrauens des Volkes zu unserer Partei (die Wahlen in Moskau[1]), endlich die offene
15 Vorbereitung eines zweiten Kornilow-Putsches[2] (Abzug von Truppen aus Petrograd, die Heranführung von Kosaken nach Petrograd, die Umzingelung von Minsk durch Kosaken usw.), – dass all dies den bewaffneten Aufstand auf die Tagesordnung setzt.

1 Bei den Wahlen zu den Bezirksparlamenten in Moskau am 24. September 1917 konnten die Bolschewiki in elf Bezirken die absolute Mehrheit erreichen und auch in den übrigen Bezirken gut abschneiden.
2 *der Kornilow-Putsch:* s. Darstellungstext

Zit. nach: Martin Grohmann, Heiko Haumann, Gabriele Rappmann, Wirtschaft und Gesellschaft in der Sowjetunion, übersetzt von Gabriele Rappmann, Schroedel, Hannover 1979, S. 34.

M 14 **Argumente gegen einen bewaffneten Aufstand aus dem Bericht „Zur gegenwärtigen Lage" der Mitglieder des ZK G. Sinowjews und J. Kamenews (11. Oktober 1917)**

Man sagt: 1. für uns ist schon die Mehrheit des Volkes in Russland und 2. für uns ist die Mehrheit des internationalen Proletariats. Leider ist weder das eine noch das andere wahr, und darin liegt der springende
5 Punkt. In Russland ist die Mehrheit der Arbeiter und ein bedeutender Teil der Soldaten für uns. Aber alles andere ist fraglich. Selbstverständlich hängt unser Weg nicht nur von uns allein ab. Der Gegner kann uns zwingen, den Entscheidungskampf vor den Wah-
10 len zur konstituierenden Versammlung anzunehmen. [...] Aber soweit die Wahl von uns abhängt, können und müssen wir uns jetzt auf eine *Verteidigungsposition* beschränken. [...] Die Kräfte der proletarischen Partei sind selbstverständlich
15 sehr bedeutend, aber die entscheidende Frage besteht darin, ob tatsächlich unter den Arbeitern und Soldaten die Stimmung so ist, dass sie selbst schon die Rettung nur im Straßenkampf sehen und auf die

Straße drängen. [...] Unter diesen Umständen wird es eine tiefe historische Unwahrheit, die Frage des Über- 20 gangs der Macht in die Hände der proletarischen Partei so zu stellen: jetzt oder nie!

Nein! [...] [N]ur durch eine Methode kann sie ihre Erfolge unterbrechen, nämlich dadurch, dass sie unter den jetzigen Umständen die Initiative der Aktion auf 25 sich nimmt und damit das Proletariat den Schlägen der gesamten vereinigten Konterrevolution, unterstützt von der kleinbürgerlichen Demokratie, aussetzt. Gegen diese verderbliche Politik erheben wir die Stimme der Warnung. 30

Zit. nach: Martin Grohmann, Heiko Haumann, Gabriele Rappmann, Wirtschaft und Gesellschaft in der Sowjetunion, übersetzt von Gabriele Rappmann, Schroedel, Hannover 1979, S. 34 f.*

1 Beschreiben Sie die unterschiedlichen Positionen innerhalb der Bolschewiken.
2 **Zusatzaufgabe:** siehe S. 148.

Politische Ideen und Verfassung

M 15 **Aus der ersten Erklärung der Provisorischen Regierung (2. März 1917)**

Bürger! Das Vollzugskomitee von Mitgliedern der Reichsduma hat nunmehr mit der wohlwollenden Hilfe der Truppen und der hauptstädtischen Bevölkerung eine derartige Überlegenheit über die finsteren Mächte des alten Regimes errungen, dass es an 5 die festere Organisierung der Exekutivgewalt gehen kann. [...]

Bei seiner Tätigkeit wird sich das Kabinett von folgenden Prinzipien leiten lassen:

1. Vollständige und sofortige Amnestie aller politi- 10 schen und religiösen Vergehen einschließlich terroristischer Angriffe, militärischer Revolten, Verbrechen in der Landwirtschaft usw.
2. Freiheit der Rede, der Presse, Vereins-, Versammlungs- und Streikfreiheit und Ausdehnung der politi- 15 schen Freiheit auf Personen, die im Militärdienst stehen, soweit es die militärische Technik zulässt.
3. Abschaffung aller benachteiligenden Unterschiede infolge der Zugehörigkeit zu bestimmten Ständen, Religionsgemeinschaften und Nationalitäten. 20
4. Sofortige Einberufung einer Konstituierenden Versammlung auf der Grundlage des allgemeinen, gleichen, geheimen und direkten Wahlrechts [...].
5. Ersetzung der Polizei durch eine Volksmiliz mit gewählter Leitung, die den Organen der lokalen Selbst- 25 verwaltung untersteht.

7. Die militärischen Einheiten, die an der revolutionären Bewegung teilgenommen haben, nicht zu entwaffnen und aus Petrograd zu entfernen.

30 8. Unter Aufrechterhaltung strenger militärischer Disziplin an der Front und im Militärdienst Befreiung der Soldaten von allen Beschränkungen allgemeiner Rechte, deren sich die anderen Bürger erfreuen.

Die Provisorische Regierung erachtet es als ihre

35 Pflicht, zu betonen, dass sie nicht beabsichtigt, militärische Umstände zu einer Hinausschiebung der oben angedeuteten Reformen und anderen Maßnahmen auszunützen.

*Zit. nach: Hartmann Wunderer, Die Russische Revolution, Reclam, Stuttgart 2014, S. 118 ff.**

1 Erläutern Sie die Ankündigungen der Provisorischen Regierung.

M 16 **Russische Münze nach der Abdankung des Zaren, 1917.**
Aufschrift: Es lebe / Freiheit und Gleichheit.

1 Ordnen Sie die Münze zeitlich ein, Frühjahr 1917 oder Oktober 1917, und begründen Sie.

M 17 **Lenin legte diese Thesen nach seiner Ankunft in Russland am 3. April 1917 vor:**
1. In unserer Stellung zum Krieg, der von Seiten Russlands auch unter der neuen Regierung Lwow und Co. – infolge des kapitalistischen Charakters dieser Regierung – unbedingt ein räuberischer impe-

5 rialistischer Krieg bleibt, sind auch die geringsten

Zugeständnisse an die „revolutionäre Vaterlandsverteidigung" unzulässig.

Einem revolutionären Krieg, der die revolutionäre Vaterlandsverteidigung wirklich rechtfertigen würde, kann das klassenbewusste Proletariat seine Zu- 10
stimmung nur unter folgenden Bedingungen geben:

a) Übergang der Macht in die Hände des Proletariats und der sich ihm anschließenden ärmsten Teile der Bauernschaft; 15

b) Verzicht auf alle Annexionen in der Tat und nicht nur in Worten;

c) tatsächlicher und völliger Bruch mit allen Interessen des Kapitals. [...]

Organisierung der allerbreitesten Propaganda dieser 20
Auffassung unter den Fronttruppen. [...]

2. Die Eigenart der gegenwärtigen Lage in Russland besteht im Übergang von der ersten Etappe der Revolution, die infolge des ungenügend entwickelten Klassenbewusstseins und der ungenügenden Organi- 25
siertheit des Proletariats der Bourgeoisie die Macht gab, zur zweiten Etappe der Revolution, die die Macht in die Hände des Proletariats und der ärmsten Schichten der Bauernschaft legen muss. [...] Diese Eigenart fordert von uns die Fähigkeit, uns den *be-* 30
sonderen Bedingungen der Parteiarbeit unter den unerhört breiten, eben erst zum politischen Leben erwachten Massen des Proletariats anzupassen.

3. Keinerlei Unterstützung der Provisorischen Regierung, Aufdeckung der ganzen Verlogenheit aller 35
ihrer Versprechungen, insbesondere hinsichtlich des Verzichts auf Annexionen. Entlarvung der Provisorischen Regierung statt der unzulässigen, Illusionen erweckenden „Forderung", diese Regierung, die Regierung der Kapitalisten, solle aufhören, imperialis- 40
tisch zu sein.

4. [...] Aufklärung der Massen darüber, dass die Sowjets der Arbeiterdeputierten die einzig mögliche Form der revolutionären Regierung sind und dass daher unsere Aufgabe, solange sich diese Regierung von 45
der Bourgeoisie beeinflussen lässt, nur in geduldiger, systematischer, beharrlicher, besonders den praktischen Bedürfnissen der Massen angepasster Aufklärung über die Fehler ihrer Taktik bestehen kann.

5. Keine parlamentarische Republik – von den Sow- 50
jets der Arbeiterdeputierten zu dieser zurückzukehren wäre ein Schritt rückwärts –, sondern eine Republik der Sowjets der Arbeiter-, Landarbeiter- und Bauerndeputierten im ganzen Lande, von unten bis oben. 55

Abschaffung der Polizei, der Armee, der *Beamtenschaft (D. h. Ersetzung des stehenden Heeres durch die allgemeine Volksbewaffnung. [Lenins Anmerkung])*

Entlohnung aller Beamten, die durchweg wählbar
60 und jederzeit absetzbar sein müssen, nicht über den
Durchschnittslohn eines guten Arbeiters hinaus.

6. Im Agrarprogramm Verlegung des Schwerge-
wichts auf die Sowjets der Landarbeiterdeputier-
ten.

65 Konfiskation aller Gutsbesitzerländereien. Nationali-
sierung des gesamten Bodens im Lande; die Verfügungsgewalt über den Boden liegt in den Händen der
örtlichen Sowjets der Landarbeiter und Bauerndeputierten. [...]

70 7. Sofortige Verschmelzung aller Banken des Landes
zu einer Nationalbank und Errichtung der Kontrolle
über die Nationalbank durch den Sowjet der Arbeiterdeputierten.

8. Nicht „Einführung" des Sozialismus als unsere *un-*
75 *mittelbare* Aufgabe, sondern augenblicklich nur
Übergang zur *Kontrolle* über die gesellschaftliche
Produktion und die Verteilung der Erzeugnisse durch
den Sowjet der Arbeiterdeputierten.

Wladimir I. Lenin, Werke, Bd. 24, Dietz, Berlin 1978, S. 3–6.*

1 Fassen Sie Lenins Thesen zusammen und bewerten
Sie die gewählte inhaltliche Reihenfolge (1. bis 8.).

2 Vergleichen Sie Lenins Thesen mit der Erklärung der
Provisorischen Regierung (M 15).

M 18 **Verfassung der Russischen Sozialistischen
Föderativen Sowjetrepublik (10. Juli 1918)**
Erstes Kapitel.
1. Russland wird zur Sowjetrepublik der Arbeiter-,
Soldaten- und Bauerndeputierten erklärt. Die gesamte Macht im Zentrum wie vor Ort steht diesen
5 Sowjets zu.
2. Die Russische Sowjetrepublik gründet sich auf der
freien Vereinigung der freien Nationen als ein Bund
nationaler Sowjetrepubliken.
Zweites Kapitel.
10 3. Indem sie die Beseitigung jeder Ausbeutung eines
Menschen durch den anderen, die völlige Abschaffung der Einteilung der Gesellschaft in Klassen, die
schonungslose Unterdrückung der Ausbeuter, die
Herstellung einer sozialistischen Organisation der
15 Gesellschaft und des Sieges des Sozialismus in allen
Ländern sich zur Grundaufgabe macht, beschließt
der 3. Allrussische Sowjetkongress der Arbeiter-, Sol-
daten- und Bauerndeputierten weiter:
a) In Verwirklichung der Sozialisierung des Landes
20 wird jedes private Eigentum an Grund und Boden
aufgehoben, und der gesamte Bestand an Land wird
zum Gemeineigentum des Volkes erklärt und den
Werktätigen ohne jedes Entgelt auf der Grundlage
der ausgleichenden Bodenbenutzung übergeben.

b) Alle Wälder, die Bodenschätze und die Gewässer 25
[...] die Mustergüter und landwirtschaftlichen Betriebe werden zum Nationalvermögen erklärt.
c) Als erster Schritt zum vollen Übergang der Fabriken, Betriebe, Bergwerke, Eisenbahnen [...] in das Eigentum der Arbeiter- und Bauern-Sowjetrepublik 30
wird das Sowjetgesetz über die Arbeiterkontrolle und
den Obersten Volkswirtschaftsrat zwecks Sicherung
der Gewalt der Werktätigen über die Ausbeuter bestätigt. [...]
e) Als Vorbedingung für die Befreiung der werktäti- 35
gen Massen vom Joch des Kapitalismus wird der
Übergang aller Banken in das Eigentum des Arbeiter-
und Bauernstaates bestätigt. [...]
g) Im Interesse der Sicherung der vollen Macht der
werktätigen Massen und der Beseitigung jeder Mög- 40
lichkeit einer Wiederherstellung der Macht der Ausbeuter wird die Bewaffnung der Werktätigen, die Bildung einer sozialistischen Roten Armee der Arbeiter
und Bauern und die völlige Entwaffnung der besitzenden Klassen angeordnet. 45
Drittes Kapitel. [...]
4. In unbeugsamer Entschlossenheit, die Menschheit
aus den Krallen des Finanzkapitals und des Imperialismus, die in diesem verbrecherischsten aller Kriege
die Erde mit Blut überschwemmt haben, zu befreien, 50
schließt sich der 3. Allrussische Sowjetkongress der
von der Sowjetgewalt durchgeführten Politik der Beseitigung aller Geheimverträge, der Organisierung
einer Verbrüderung der Arbeiter und Bauern der
jetzt miteinander kriegführenden Heere im weites- 55
ten Umfange und der Erreichung eines demokratischen Friedens um jeden Preis ohne Annexionen und
Kontributionen auf der Grundlage der Selbstbestimmung der Nationen voll und ganz an. [...]
Viertes Kapitel. [...] 60
7. Der 3. Allrussische Sowjetkongress der Arbeiter-,
Soldaten- und Bauerndeputierten vertritt die Ansicht, dass zum gegenwärtigen Zeitpunkt des entscheidenden Kampfes des Proletariats gegen seine
Ausbeuter für diese in keinem Machtorgan Raum 65
vorhanden ist. Die Macht muss ganz und ausschließlich den werktätigen Massen und ihren bevollmächtigten Vertretern, den Sowjets der Arbeiter-, Solda-
ten- und Bauerndeputierten gehören. [...]

*http://www.1000dokumente.de/index.html?c=dokument_* 70
ru&dokument=0005_ver&object=pdf&st=&l=de (Download vom
26. 6. 2018).*

1 Analysieren Sie die Umsetzung von Lenins Ideen in
der Verfassung.
Tipp: siehe S. 148.

Rezeption

M 19 „Stalin-Lenin-Chor", 30. Jahrestag der Revolution von 1917, Fotografie von Jewgeni Chaldej, 1947

M 20 Der russische Historiker Dimitri Wolkogonow über Lenin (1994)

Lenin war ein Diktator besonderen Typs – er war der Prototyp des revolutionären Diktators. Im Gegensatz zu Stalin, der einen Menschen häufig wegen persönlicher Differenzen vernichtete, wandte Lenin seine

5 grausamen Maßnahmen mit der Überzeugung an, nur so die Diktatur des Proletariats verwirklichen zu können. Er war von Natur aus nicht rachsüchtig, sondern lediglich der Ansicht, dass die Revolution durch eine Schwächung der Diktatur zugrunde gehen wür-

10 de. Diese jakobinische Denkweise war allerdings nicht minder gefährlich als die stalinistische Grausamkeit. Lenin „veredelte" lediglich seine Gewalttaten und verlieh ihnen einen revolutionären Heiligenschein.

15 Wenn es um die Partei oder die Revolution ging, kannte Lenin keine Skrupel. [...] Lenin zog die Strategie des Augenblicks einer weitsichtigen historischen Strategie vor. Oft genug handelte er ohne klaren Plan und hatte nur allgemeine Ziele im Blick. Des öfteren

20 berief er sich auf die Worte Napoleons: „Zuerst stürzt man sich ins Gefecht – das weitere wird sich finden."

Er war bereit, seine politische Linie um hundertachtzig Grad zu ändern, wenn er erkannte, dass er damit rascher ans Ziel gelangen würde. [...]

25 Der Führer der Bolschewiki war eine Verkörperung historischer Verantwortungslosigkeit. Die Idee, den Planeten „rot" zu färben, basierte auf dem Lügenpaket eines Schreibtischmenschen, der über viele Jahre hinweg verschiedene Pläne für die kommunistische Weltrevolution entwarf und dabei eine Vielzahl von

30 ethnischen, nationalen, religiösen, geografischen und kulturellen Faktoren außer Acht ließ. Für ihn gab es nur einen Wert, den er um jeden Preis verteidigte: die Macht.

Dimitri Wolkogonow, Lenin. Utopie und Terror, Econ, Düsseldorf 1994, S. 540 ff.*

M 21 Der britische Historiker Robert Service über Lenin (2000)

Trotz vieler Meinungsverschiedenheiten setzte sich mehr und mehr die Einschätzung durch, dass Lenin nicht ganz der originäre Weltenschöpfer gewesen war, als den ihn sowohl die Kommunisten als auch

5 ihre Feinde hingestellt hatten, seit er 1917 erstmals die Welt auf sich aufmerksam gemacht hatte. Weitere Forschungen zum politischen, sozialen und ökonomischen Umfeld deuteten vielmehr darauf hin, dass Lenin ganz erheblich im Sinne russischer Traditionen gewirkt hatte. Ohne es zu wollen, stellten viele

10 Autoren es jetzt so hin, als sei Lenins Beitrag zur Geschichte seines Landes eher von befördernder als von gestaltender Qualität gewesen.

Hierbei wurde sehr vieles übersehen. Es gab Umschwünge in der Geschichte Russlands und der Welt,

15 die ohne Lenin nicht stattgefunden hätten. Er prägte entscheidend Ereignisse, Institutionen, Gepflogenheiten und Grundeinstellungen. Das wurde schon zu seinen Lebzeiten so empfunden, und die meisten Kommentatoren empfanden es viele Jahre später

20 noch immer so. [...]

Es wäre abwegig zu behaupten, dass es ohne Lenin keine linkssozialistische Partei in Russland gegeben hätte. Aber gleichermaßen absurd wäre die Unterstellung, dass der sowjetische Einparteien- und Ein-

25 ideologienstaat auch entstanden wäre, wenn Lenin nicht gelebt hätte.

Robert Service, Lenin. Eine Biographie, C. H. Beck, München 2000, S. 628–635.*

---

1 Charakterisieren Sie auf der Basis des Bildes M 19 die Lenin-Rezeption in den 1940er-Jahren in der Sowjetunion.

2 Vergleichen Sie die Analysen von Wolkogonow und Service (M 20, M 21).

Anwenden

M1 Resolution einer Arbeiterversammlung der Putilow-Werke in Petrograd (9. September 1917)

Die allgemeine Versammlung [...] hielt es für unaufschiebbar:

1. die Arbeiterkontrolle über die Produktion einzuführen;

5 2. entschiedene Maßnahmen zur Regulierung der Ernährungsfrage zu ergreifen;

3. eine Vermögens- und Einkommenssteuer mit maximalem Satz einzuführen, das Vermögen der Kirchen und Klöster zu konfiszieren [...];

10 4. die Abschaffung gutsherrlichen Eigentums an Grund und Boden zu erklären;

5. eine Säuberung des Kommandobestandes durchzuführen und aus der Armee alle konterrevolutionären Offiziere zu entfernen;

15 6. die Bolschewiki und andere revolutionäre Kämpfer aus dem Gefängnis zu befreien und sie nicht weiter zu verfolgen;

7. die Arbeiter zu bewaffnen;

8. die konterrevolutionäre Reichsduma und den

20 Reichsrat aufzulösen;

9. die Kadetten und andere Vertreter der bürgerlichen Parteien der Macht zu entheben, eine einheitliche Regierung aus Vertretern der konsequenten revolutionären Demokratie zu schaffen, die dieses

25 ganze Programm im Bereich der Innenpolitik verwirklichen kann [...]. Die Provisorische Regierung muss gleichzeitig vorschlagen, an allen Fronten einen sofortigen Waffenstillstand zu schließen.

Zit. nach: Hartmann Wunderer, Die Russische Revolution, Reclam, Stuttgart 2014, S. 125 f.*

M2 Lenin in dem Dekret zur Auflösung der Verfassunggebenden Versammlung (6. Januar 1918)

Die Konstituierende Versammlung, gewählt aufgrund von Kandidatenlisten, die vor der Oktoberrevolution aufgestellt worden waren, brachte das alte politische Kräfteverhältnis zum Ausdruck, aus einer

5 Zeit, als die Kompromissler und die Kadetten an der Macht waren. Das Volk konnte damals, als es für die Kandidaten der Partei der Sozialrevolutionäre stimmte, nicht zwischen den rechten Sozialrevolutionären, den Anhängern der Bourgeoisie, und den lin-

10 ken Sozialrevolutionären, den Anhängern des Sozialismus, seine Wahl treffen. So kam es, dass diese Konstituierende Versammlung, die die Krönung der bürgerlichen parlamentarischen Republik sein sollte, sich der Oktoberrevolution und der Sowjetmacht un-

15 vermeidlich in den Weg stellen musste. [...] Die werk-

tätigen Klassen mussten sich aufgrund der eigenen Erfahrung davon überzeugen, dass sich der alte bürgerliche Parlamentarismus überlebt hat, dass er mit den Aufgaben der Verwirklichung des Sozialismus absolut unvereinbar ist, dass nicht gesamtnationale, 20 sondern nur Klasseninstitutionen (wie es die Sowjets sind) imstande sind, den Widerstand der besitzenden Klassen zu brechen und das Fundament der sozialistischen Gesellschaft zu legen. Jeder Verzicht auf die uneingeschränkte Macht der Sowjets [...] würde 25 den Zusammenbruch der ganzen Oktoberrevolution der Arbeiter und Bauern bedeuten. [...] In der Tat führen die Parteien der rechten Sozialrevolutionäre und der Menschewiki außerhalb der Konstituierenden Versammlung den erbittertsten Kampf gegen die 30 Sowjetmacht, fordern in ihrer Presse offen zum Sturz der Sowjetmacht auf, bezeichnen die zur Befreiung von der Ausbeutung notwendige gewaltsame Unterdrückung des Widerstandes der Ausbeuter durch die werktätigen Klassen als Willkür und Ungesetzlich- 35 keit, nehmen die im Dienste des Kapitals stehenden Saboteure in Schutz und gehen so weit, dass sie unverhüllt zum Terror aufrufen, mit dessen Anwendung „unbekannte Gruppen" bereits begonnen haben. Es ist klar, dass der übrig gebliebene Teil der Konstituie- 40 renden Versammlung infolgedessen nur die Rolle einer Kulisse spielen könnte, hinter der der Kampf der Konterrevolutionäre für den Sturz der Sowjetmacht vor sich gehen würde.

Deshalb beschließt das Zentralvollzugskomitee: Die 45 Konstituierende Versammlung wird aufgelöst.

Zit. nach: Manfred Hellmann (Hg.), Die russische Revolution 1917, dtv, München 1964, S. 347 f.*

1 Ordnen Sie die Forderungen der Petrograder Arbeiterversammlung (M 1) den Bereichen Wirtschaft, Gesellschaft und Politik zu.

2 Erläutern Sie die Konsequenzen der Forderungen und ordnen Sie diese einer Partei zu.

3 Analysieren Sie, wen Lenin zu den „Konterrevolutionären" zählt (M 2), und vergleichen Sie mit M 1.

4 Beschreiben Sie Lenins Modell von der „Diktatur des Proletariats" (siehe auch Kap. 6 Kernmodul M 4, S. 95 f.) und setzen Sie es in Beziehung zu seiner Begründung der Auflösung der Verfassunggebenden Versammlung.

5 Nehmen Sie Stellung: War die „Oktoberrevolution" eine Revolution oder ein Staatsstreich?

Wiederholen

M3 **Der Bolschewik, Ölgemälde von Boris Kustodijew, 1920**

Zentrale Begriffe

Arbeiter- und Soldatenräte (Sowjets)
Autokratie
Bolschewiki
Diktatur des Proletariats
Doppelherrschaft
Duma
Februarrevolution
Kommunismus
Menschewiki
Oktoberrevolution
Rote Armee
Sozialismus
Sozialrevolutionäre

1 Beschreiben Sie die Konfliktlinien vor der Russischen Revolution.
2 Erläutern Sie die Formen des Protestes während der Revolutionen (siehe Darstellung sowie M 10 bis M 14) und ordnen Sie diese unterschiedlichen Phasen des Jahres 1917 zu.
3 Interpretieren Sie das Bild M 3 und formulieren Sie eine Kernaussage. Nutzen Sie die sprachlichen Formulierungshilfen.
4 Überprüfen Sie die Kernaussage von M 3 bezüglich der Rolle der Bolschewiken während der Russischen Revolution.
5 **Schaubild:** Erläutern Sie die politischen Strukturen der Sowjetrepublik in einem Verfassungsschaubild.
   Tipp: Nehmen Sie andere Verfassungsschaubilder (USA S. 62, Deutsches Reich S. 75, Frankreich S. 104) zur Orientierung.
6 **Wahlaufgabe:** Bearbeiten Sie entweder a), b) oder c).
   Setzen Sie sich mit der Rolle von Lenin während der Revolution auseinander:
   a) in Form eines Referates,
   b) in Form eines Essays,
   c) in Form einer Präsentation.
7 **Pro-und-Kontra-Diskussion:** Soziale Gleichheit in der „Diktatur des Proletariats" versus „Freiheit und Streben nach Glück". Diskutieren Sie die Umsetzung der Menschenrechte in der Russischen und der Amerikanischen Revolution.
8 **Vertiefung:** Erörtern Sie, ob die Russische Revolution ein Motor der Modernisierung im Sinne von Max Weber (Kap. 6 Kernmodul, M 7) war.

Formulierungshilfen

– Im Zentrum des Bildes …
– Des Weiteren sind dargestellt …
– Die Farbgebung vermittelt den Eindruck, dass …
– Das zentrale Symbol …
– Der historische Kontext von 1920 …
– Der Künstler will mit seinem Bild illustrieren, dass …

Hinweise zu den Operatoren

Operatoren sind Verben in Aufgabenstellungen, die Ihnen signalisieren, welche Tätigkeiten beim Lösen dieser Aufgabe von Ihnen erwartet werden. Schwerpunktmäßig sind sie einem der drei Anforderungsbereiche (AFB I, II oder III) zugeordnet.

Die folgenden Hinweise sollen Ihnen helfen, die Operatoren in Arbeitsaufträgen zu verstehen und sinnvoll zu bearbeiten.

Beachten Sie bitte: Operatoren werden durch die Formulierung bzw. Gestaltung der jeweiligen Aufgabenstellung und durch den Bezug zu den begleitenden Textmaterialien, Abbildungen und Problemstellungen präzisiert. **Lesen Sie sich also immer die Aufgabenstellung genau durch.**

Operator	Definition	Beispielaufgabe	Tipps und Formulierungshilfen
Anforderungsbereich (AFB) I			
beschreiben	strukturiert und fachsprachlich angemessen Materialien vorstellen und/oder Sachverhalte darlegen	Beschreiben Sie die Bildelemente des Gemäldes „Das Königreich des Friedens" von Edward Hicks (M 3).	**Tipp:** Die Beschreibung eines Materials erfordert eine präzise und fachsprachlich angemessene Wortwahl. Außerdem sollten Sie sich eine sinnvolle Reihenfolge für die Präsentation der einzelnen (Bild-) Elemente überlegen. **Formulierungshilfen:** – Das Gemälde/der Holzstich … thematisiert … – Bei dem vorliegenden Material handelt es sich um … – Die Statistik befasst sich mit … – Hierbei zeigt die x-Achse …, die y-Achse stellt … dar. – Hier fällt auf, … – Es wird deutlich, dass …
gliedern	einen Raum, eine Zeit oder einen Sachverhalt nach selbst gewählten oder vorgegebenen Kriterien systematisierend ordnen	Gliedern Sie den Verlauf der Ereignisse von 1776 bis 1787, indem Sie sie begründet in Phasen einteilen.	– Die Zeit von 1776 bis 1787 lässt sich in … Phasen gliedern. – Die erste Phase umfasst die Jahre … und ist geprägt durch …
wiedergeben	Kenntnisse (Sachverhalte, Fachbegriffe, Daten, Fakten, Modelle) und/oder (Teil-)Aussagen mit eigenen Worten sprachlich distanziert, unkommentiert und strukturiert darstellen	Geben Sie den Inhalt der „Farewell Address" von George Washington mit eigenen Worten wieder.	– In dem Text geht es um … – Der Autor/die Autorin formuliert in seinem/ihrem Text … – Der Autor/die Autorin behauptet/verdeutlicht/kritisiert/erläutert/beschreibt/fasst zusammen/stellt klar … – Daraus entwickelt sich … – Die Folgen sind …

Operator	Definition	Beispielaufgabe	Tipps und Formulierungshilfen
zusammen-fassen	Sachverhalte auf wesentliche Aspekte reduzieren und sprachlich distanziert, unkommentiert und strukturiert wiedergeben	Fassen Sie zusammen, welche Formen des Protestes es in den Kolonien gab.	– Siehe „wiedergeben".
Anforderungsbereich (AFB) II			
analysieren	Materialien, Sachverhalte oder Räume beschreiben, kriterienorientiert oder aspektgeleitet erschließen und strukturiert darstellen	Analysieren Sie die grundlegenden Aussagen der *Virginia Bill of Rights* von 1776.	**Tipp:** Lesen Sie die Aufgabenstellung genau durch und werten Sie einen Sachverhalt oder das Material anhand der aufgeworfenen Frage/Problemstellung aus. Nutzen Sie die Methodenseiten S. 32 f. und S. 52 f.
charakteri-sieren	Sachverhalte in ihren Eigenarten beschreiben, typische Merkmale kennzeichnen und diese dann gegebenenfalls unter einem oder mehreren bestimmten Gesichtspunkten zusammenführen	Charakterisieren Sie auf der Basis von M 12 die Stellung von Kongress und Präsident in der amerikanischen Verfassung.	– Es lässt sich beobachten, dass ... – Ein typisches Kennzeichen für ... – Allgemeine Merkmale waren ...
einordnen	begründet eine Position/Material zuordnen oder einen Sachverhalt begründet in einen Zusammenhang stellen	Ordnen Sie das Lied in seinen historischen Kontext ein.	**Tipp:** Ordnen Sie Aussagen des Materials Ihnen bekannten Positionen bzw. Theorien zu. Stellen Sie bei Ihrer Einordnung Textbezüge her. – Die erste Strophe des Liedes beschreibt ... – Der Refrain in Zeile XY zeigt, dass ... – Der Autor des Liedes ist der Gruppe der ... zuzuordnen.
erklären	Sachverhalte so darstellen – ggf. mit Theorien und Modellen –, dass Bedingungen, Ursachen, Gesetzmäßigkeiten und/oder Funktionszusammenhänge verständlich werden	Erklären Sie, warum sich der Streit um eine Steuer zu einem Grundsatzstreit ausweitete.	– Besonders diese Ereignisse führten zu ... – Deshalb spricht man von ... – In diesem Zusammenhang lässt sich feststellen, dass ...
erläutern	Sachverhalte erklären und in ihren komplexen Beziehungen an Beispielen und/oder Theorien verdeutlichen (auf Grundlage von Kenntnissen bzw. Materialanalyse)	Erläutern Sie die Thesen von Thomas Paine zur Lage der nordamerikanischen Kolonien.	**Tipp:** Die Vorgehensweise ist wie beim Operator „erklären", allerdings sollten Sie Ihre Erläuterung mit Beispielen verdeutlichen. – An dieser Stelle (Z. XY) wird deutlich, dass ... – Wie der letzte Satz zeigt ...

Operator	Definition	Beispielaufgabe	Tipps und Formulierungshilfen
gegenüber-stellen	Sachverhalte, Aussagen oder Materialien kontrastierend darstellen und gewichten	Stellen Sie die Ansätze von Bade und Oswald hinsichtlich der Aspekte Anlässe, Motive, Formen sowie kollektive wie individuelle Folgen gegenüber.	**Tipp:** Achten Sie wie beim Vergleich darauf, nicht nur Gemeinsamkeiten, sondern auch Unterschiede der zu vergleichenden Sachverhalte darzulegen. Berücksichtigen Sie dabei den Ihnen bekannten historischen Kontext. Am Ende Ihrer Bearbeitung wird von Ihnen eine Gewichtung der Gemeinsamkeiten und Unterschiede erwartet. – Beide Texte/Bilder handeln von/stammen aus … – Beide Materialien thematisieren … – Während der Autor von Material A jedoch … betont, legt der Autor von Material B den Schwerpunkt auf … – Schlüssig und nachvollziehbar ist die Argumentation von … – Autor B vernachlässigt dagegen folgende Punkte …
heraus-arbeiten	Materialien auf bestimmte, explizit nicht unbedingt genannte Sachverhalte hin untersuchen und Zusammenhänge zwischen den Sachverhalten herstellen	Arbeiten Sie typische Elemente der ersten Phase einer Revolution heraus, wie sie Crane Brinton darstellt (Kap. 6, M 2).	**Tipp:** Erarbeiten Sie sich zunächst die wesentlichen Aussagen des Materials. Achten Sie dabei auf Zusammenhänge, auch auf solche, die nicht explizit im Text benannt werden. – Zu den wichtigsten Ergebnissen gehörte … – Die Hauptaussage des Autors lässt sich so wiedergeben: …
in Beziehung setzen	Zusammenhänge zwischen Materialien, Sachverhalten aspektgeleitet und kriterienorientiert herstellen und erläutern	Setzen Sie die Unionspläne in Beziehung zu den Ideen Thomas Jeffersons (M 13).	– Im Vergleich der beiden Texte zeigt sich … – Während Autor A stärker … thematisiert, legt Autor B den Schwerpunk auf … – Beiden gemeinsam ist … – Sie unterscheiden sich in der Bewertung von …
nachweisen	Materialien auf Bekanntes hin untersuchen und belegen	Weisen Sie nach, dass die Amerikanische Revolution den Modernisierungsprozess vorangetrieben hat, indem Sie zu jedem Subprozess Beispiele aus der Geschichte der Revolution nennen.	– Die Aussage von … lässt sich bei … wiederfinden/belegen/wird widerlegt. – Ein Beleg für … ist … – Dieser Fund stützt die These von … – Es lässt sich zeigen, dass …
vergleichen	Gemeinsamkeiten, Ähnlichkeiten und Unterschiede von Sachverhalten kriterienorientiert darlegen	Vergleichen Sie die Gesamtaussage des Bildes (M 3) mit der Predigt des Puritaners und ersten Gouverneurs von Massachusetts, John Winthrop (M 6, S. 25).	**Tipp:** Achten Sie immer darauf, nicht nur Gemeinsamkeiten, sondern auch Unterschiede der zu vergleichenden Sachverhalte darzulegen. – Im Vergleich mit … – Das Bild und der Text heben beide … hervor.

Operator	Definition	Beispielaufgabe	Tipps und Formulierungshilfen
Anforderungsbereich (AFB) III			
beurteilen	den Stellenwert von Sachverhalten oder Prozessen in einem Zusammenhang bestimmen, um kriterienorientiert zu einem begründeten Sachurteil zu gelangen	Beurteilen Sie auf Basis des Bildes M 7 die Rolle der *Sons of Liberty*.	**Tipp:** Beachten Sie bei Ihrer Urteilsbildung auch die Ergebnisse der zuvor bearbeiteten Aufgabenstellungen. Vergessen Sie nicht, die Ihrem Sachurteil zugrunde gelegten Kriterien zu verdeutlichen. – Die eigentliche Absicht der Akteure war es, … – Diese Sichtweise/Konstellation/Handlung führte dazu, dass … – Diese Entscheidung hatte negative Folgen: …
entwickeln	zu einem Sachverhalt oder zu einer Problemstellung eine Einschätzung, ein Lösungsmodell, eine Gegenposition oder ein begründetes Lösungskonzept darlegen	Entwickeln Sie eine Einschätzung, welche Auswirkungen der Streit um die Stempelsteuer auf das Verhältnis zwischen den nordamerikanischen Kolonien hatte.	– Nach Abwägung der Positionen/Analyse der Ereignisse lässt sich feststellen, dass … – Meiner Meinung nach …
erörtern	zu einer vorgegebenen Problemstellung eine reflektierte, abwägende Auseinandersetzung führen und zu einem begründeten Sach- und/oder Werturteil kommen	Erörtern Sie den Lösungsvorschlag von Alexander Hamilton.	**Tipp:** Wägen Sie das Für und Wider hinsichtlich der Frage/Aufgabenstellung ab und fällen Sie dann ein begründetes Sachurteil oder zusätzlich, wenn sich das vom Thema her anbietet, ein Werturteil. – Dafür/Dagegen spricht … – Insgesamt gesehen … – Die Behauptung/These/Argumentation passt (nicht) zu den Informationen aus dem Darstellungstext/den Aussagen des Historikers XY …
sich auseinandersetzen	zu einem Sachverhalt, einem Konzept, einer Problemstellung oder einer These usw. eine Argumentation entwickeln, die zu einem begründeten Sach- und/oder Werturteil führt	Setzen Sie sich mit der Rolle von Lenin während der Revolution auseinander.	**Tipp:** Beziehen Sie ggf. (laut Aufgabenstellung) Materialien in Ihre Argumentation ein. An deren Ende kann ein Sach- oder ein Werturteil stehen. – Siehe „erörtern".
Stellung nehmen	Beurteilung mit zusätzlicher Reflexion individueller, sachbezogener und/oder politischer Wertmaßstäbe, die Pluralität gewährleisten und zu einem begründeten eigenen Werturteil führt	Nehmen Sie Stellung zur Einordnung der Amerikanischen Revolution als Verfassungsrevolution.	**Tipp:** Siehe „beurteilen". Zusätzlich haben Sie ein Werturteil zur Problemfrage zu fällen, dessen Maßstäbe bzw. Kriterien Sie nachvollziehbar verdeutlichen müssen. – Aus meiner Sicht …/meiner Meinung nach … – Nach den Maßstäben der freiheitlich-demokratischen Grundordnung … – Mich überzeugt (nicht), … – Andere sind möglicherweise der Ansicht, dass …

Operator	Definition	Beispielaufgabe	Tipps und Formulierungshilfen
überprüfen	Inhalte, Sachverhalte, Vermutungen oder Hypothesen auf der Grundlage eigener Kenntnisse oder mithilfe zusätzlicher Materialien auf ihre sachliche Richtigkeit bzw. auf ihre innere Logik hin untersuchen	Überprüfen Sie, ob Joseph J. Ellis mit seiner Biografie zum Mythos um die „Gründerväter" beiträgt.	– Der Historiker … stellt den Sachverhalt folgendermaßen dar: … – Dies geht über die rein sachliche Schilderung hinaus.
Operator, der Leistungen in allen drei Anforderungsbereichen verlangt			
interpretieren	Sinnzusammenhänge aus Quellen erschließen und ein begründetes Sachurteil oder eine Stellungnahme abgeben, die auf einer Analyse beruhen	Interpretieren Sie das Verfassungsschaubild M 1 mithilfe der Arbeitsschritte.	Nutzen Sie die Methodenseite auf S. 74 f.

Formulierungshilfen für die Bearbeitung von Quellen und Darstellungen

Arbeitsschritte	Strukturierungsfunktion	Formulierungsmöglichkeiten	Beispiel
Analyse formale Aspekte	Einleitung	– Der Verfasser thematisiert/behandelt/greift (auf) … – Er beschäftigt sich/setzt sich auseinander mit der Frage/mit dem Thema … – Die Autorin legt dar/führt aus/äußert sich zu … – Das zentrale Problem/Die zentrale Frage des Textes/Briefes/der Rede ist …	Der SPD-Politiker Philipp Scheidemann thematisiert in seiner Rede vor der Weimarer Nationalversammlung am 12. Mai 1919 den Versailler Vertrag.
inhaltliche Aspekte	Wiedergabe der Position/Kernaussage	– Die Autorin vertritt die These/Position/Meinung/Auffassung … – Er behauptet …	Der Historiker Detlev Peukert vertritt die These, der Untergang der Weimarer Republik sei auf „vier zerstörerische Prozesse" zurückzuführen (Z. XY).
	Wiedergabe der Begründung/Argumentation/wesentlichen Aussagen	– Sie belegt ihre These … – Als Begründung/Beleg seiner These/Behauptung führt der Autor an … – Der Reichskanzler legt dar/führt aus … – Die Historikerin argumentiert/kritisiert/bemängelt … – Der Verfasser weist darauf hin/betont/unterstreicht/hebt hervor/berücksichtigt … – Weiterhin/Außerdem/Darüber hinaus/Zudem argumentiert er …	Kennan betont, dass die Amerikaner in Deutschland Konkurrenten der Russen seien und daher in „wirklich wichtigen Dingen" keine Zugeständnisse machen dürften (Z. XY).
	Abschließende Ausführungen	– Am Ende unterstreicht/betont der Autor noch einmal … – Der Autor schließt seine Ausführungen mit … – Sie kommt am Ende ihrer Argumentation zu dem Schluss, dass … – Zum Abschluss seiner Rede … – Abschließend/Zusammenfassend führt die Abgeordnete aus …	Am Ende seines Briefes betont Bismarck noch einmal die Notwendigkeit eines Bündnisses mit Österreich (Z. XY).
Vergleich von Texten	Übereinstimmung	– Der Historiker ist derselben Meinung/Auffassung/Position … – Sie teilt dieselbe Meinung/Auffassung/Position … – Die Autoren stimmen darin überein …	Brandt und Grass stimmen darin überein, dass die Bildung einer Großen Koalition mit Risiken verbunden sei (vgl. M 1, Z. XY; M 2, Z. XY).
	Gegensatz	– Im Gegensatz zu … – Die Positionen widersprechen sich/weichen voneinander ab/sind unvereinbar/konträr …	Die Positionen der beiden anonymen Verfasser sind hinsichtlich ihrer Haltung zum Terror der Jakobiner unvereinbar.

Arbeitsschritte	Strukturie-rungsfunktion	Formulierungsmöglichkeiten	Beispiel
Historischer Kontext		– Die Quelle(n) lassen sich/sind in … ein(zu)ordnen. – Die Texte sind im Zusammenhang mit … zu sehen. – Die Rede stammt aus der Zeit des/der …	Veröffentlicht wurden beide Zeitungsartikel in der Zeit der Jakobinerherrschaft, die von 1793 bis 1794 andauerte und auch als „Schreckens- und Gewaltherrschaft" bezeichnet wird.
Urteil Sachurteil	Intention des Autors	– Der Autor beabsichtigt/intendiert/will/strebt an/fordert/plädiert für … – Die Politikerin verfolgt die Absicht/das Ziel … – Der Außenminister appelliert/ruft auf …	Der Ministerpräsident will mit seiner Rede die Abgeordneten von der Notwendigkeit wirtschaftlicher Reformen überzeugen.
	Beurteilung des Textes	– Die Argumentation ist (nicht) nachvollziehbar/überzeugend/stichhaltig/schlüssig … – Der Verfasser argumentiert einseitig/widersprüchlich … – In seiner Darstellung beschränkt sich der Historiker nur auf …	Der britische Historiker Peter Heather begründet seine These in drei stichhaltigen Argumentationssträngen.
Werturteil	Bewertung des Textes	– Aus heutiger Sicht/Perspektive kann gesagt werden/lässt sich sagen … – Der Position/Meinung/Auffassung/Ansicht des Autors stimme ich (nicht) zu … – Ich stimme der Position/ … des Autors (nicht) zu … – Die Position/ … der Verfasserin teile ich (nicht) … – Ich teile die Position/ … des Historikers (nicht) … – Meiner Meinung/Auffassung/Ansicht zufolge/nach …	– Ich stimme der Kritik von Francisco de Vitoria am Vorgehen der Spanier in der Neuen Welt zu, weil … – Die Position des anonymen Verfassers des ersten Zeitungsartikels (M 1) teile ich nicht, da heute in unserer freiheitlichen Grundordnung Terror zur Durchsetzung politischer Ziele abgelehnt wird.

Tipps zur Vorbereitung auf die Abiturthemen

Übung 1: Inhalte der Lehrplanthemen wiederholen

Das Thema „Amerikanische Revolution" wird im vorliegenden Schulbuch in sechs Teilthemen gegliedert. Jedes Teilthema ist in Form eines Kapitels aufbereitet.

1 Ein kurzer Darstellungstext führt zu Beginn jedes Kapitels in das Teilthema ein. Daran schließt sich ein umfangreicher Materialienteil mit entsprechenden Aufgaben an. Lesen Sie die Darstellungstexte wiederholend und fertigen Sie eine Zusammenfassung an. Die Zwischenüberschriften und Fettdrucke können Ihnen hierbei Hilfestellung geben.

2 Suchen Sie sich aus jedem Kapitel drei bis vier Materialien aus und bearbeiten Sie die dazugehörigen Aufgaben.

3 Halten Sie Ihre Ergebnisse auf Karteikarten fest (s. unten).

Übung 2: Wichtige Daten merken und anwenden

Auf den Auftaktseiten der Kapitel finden Sie jeweils einen Zeitstrahl. Auf drei Arten können Sie damit für das Abitur üben:

1 Geben Sie jeden Eintrag des Zeitstrahls mit eigenen Worten wieder.

2 Schreiben Sie auf die Vorderseite einer Karteikarte ein Ereignis, auf die Rückseite das Datum (s. unten).

3 Vertiefen Sie Ihre Kenntnisse über zentrale Daten, indem Sie noch einmal die dazugehörigen Darstellungen und Materialien aus dem Kapitel durcharbeiten. Schreiben Sie auf Ihre Karteikarten,

   a) welche Ursachen zu einem Ereignis geführt haben,

   b) wie es abgelaufen ist,

   c) welche Folgen es gehabt hat.

Übung 3: Zentrale Begriffe verstehen und erklären

Zentrale Begriffe sind u. a. auf der Seite „Anwenden und wiederholen" aufgeführt. Erläuterungen dazu finden Sie im entsprechenden Kapitel und im Begriffslexikon auf S. 165 ff.

1 Lesen Sie zu jedem Begriff die Erläuterung.

2 Klären Sie Fremdwörter.

3 Erläutern Sie den Inhalt jedes Begriffs anhand von historischen Beispielen. Halten Sie Ihre Ergebnisse auf Karteikarten fest (s. unten).

Ergebnisse sichern – Arbeitskartei anlegen

1 Halten Sie die Ergebnisse der Übungen 1 bis 3 auf Karteikarten fest: Notieren Sie auf der Vorderseite eine Frage, einen Begriff oder ein Datum, schreiben Sie auf die Rückseite Ihre Erläuterungen.

2 Wiederholen Sie mithilfe Ihrer Arbeitskartei die Inhalte, Daten und Begriffe der Schwerpunktthemen – alleine, in Partnerarbeit oder in Gruppen.

Übung 4: Methodentraining – Interpretation schriftlicher Quellen

Die Interpretation schriftlicher Quellen ist eine der zentralen Anforderungen im Abitur:

1 Prägen Sie sich die systematischen Arbeitsschritte zur Interpretation einer schriftlichen Quelle von S. 32 ein.

2 Merken Sie sich die „Faustregel" zur Analyse der formalen Merkmale schriftlicher Quellen und üben Sie die Beantwortung der „W-Fragen" anhand von fünf selbst ausgewählten schriftlichen Quellen des Schülerbuches.

„Faustregel"
für die Analyse der formalen Merkmale schriftlicher Quellen:

WER sagt WO, WANN, WAS, WARUM, zu WEM und WIE?

Probeklausur mit Lösungshinweisen

1 Fassen Sie – nach einer quellenkritischen Einführung – den Inhalt von M 1 zusammen.

2 Erläutern Sie ausgehend von M 1 die wesentlichen Elemente des amerikanischen Verfassungssystems.

3 Analysieren Sie M 2 nach einer quellenkritischen Einführung.

4 Setzen Sie sich mit dem Bild George Washingtons, das in M 2 dargeboten wird, auch unter Bezugnahme auf M 1 auseinander.

M 1 George Washington in einem Brief an das amerikanische Volk, sog. „Farewell Address" (1796)

George Washington verfasste den Brief kurz vor Ende seiner zweiten Amtszeit.

[...] Da ihr durch Geburt oder Wahl Bürger eines gemeinsamen Landes seid, hat dieses Land ein Recht darauf, eure Zuneigung auf sich zu vereinen. Der Name „Amerikaner", der euch als Nation zusteht,
5 muss stets den gerechten patriotischen Stolz erhöhen, mehr als jede andere Bezeichnung, die sich aus lokalen Unterschieden herleitet. Abgesehen von geringfügigen Unterschieden habt ihr dieselbe Religion, dieselben Sitten, Gebräuche und politischen
10 Grundsätze. Ihr habt zusammen für eine gemeinsame Sache gekämpft und gesiegt. Die Unabhängigkeit und die Freiheit, die ihr besitzt, sind das Ergebnis [...] gemeinsamer Bemühungen, gemeinsamer Gefahren, Leiden und Erfolge.
15 Aber diese Überlegungen, so kraftvoll sie auch eure Gefühle ansprechen, werden erheblich übertroffen von denen, die unmittelbar euer Interesse ansprechen. Hier findet jeder Teil unseres Landes die gewichtigsten Motive, die Union des Ganzen sorgfältig
20 zu bewachen und zu bewahren. [...]
Mit solch kraftvollen und offensichtlichen Motiven für eine Union, die alle Teile unseres Landes betrifft, wird es – sofern die Erfahrung nicht ihre Undurchführbarkeit bewiesen hat – immer einen Grund ge-
25 ben, dem Patriotismus jener, die in irgendeiner Ecke versuchen, seinen Zusammenhalt zu schwächen, zu misstrauen. [...]
Für die Wirksamkeit und Dauerhaftigkeit eurer Union ist eine Regierung für das Ganze unverzichtbar.
30 [...] Als Ergebnis eurer eigenen unbeeinflussten und unbedrängten Wahl hat dieses Regierungssystem, das nach vollständiger Untersuchung und reifer Überlegung angenommen wurde, das vollständig frei in seinen Prinzipien, in der Verteilung seiner Gewal-
35 ten ist, das Sicherheit mit Tatkraft vereint und das in

sich selbst eine Vorkehrung für seine eigene Ergänzung beinhaltet, einen gerechten Anspruch auf euer Vertrauen und eure Unterstützung. Achtung seiner Autorität, Einhaltung seiner Gesetze, Zustimmung zu seinen Maßnahmen sind Pflichten, die die Grund- 40 prinzipien wahrer Freiheit fordern. Die Basis unseres politischen Systems ist das Recht des Volkes, die Grundsätze seines Regierungssystems festzulegen und zu verändern. Aber die zu einem bestimmten Zeitpunkt existierende Verfassung ist absolut ver- 45 bindlich für alle, bis sie durch einen ausdrücklichen und authentischen Akt des ganzen Volkes geändert wird. Die Idee der Macht und des Rechts des Volkes selbst setzt die Pflicht jedes einzelnen voraus, der existierenden Ordnung zu gehorchen. [...] 50
Es ist gleichermaßen wichtig, dass die Denkgewohnheiten in einem freien Land diejenigen, denen seine Regierung anvertraut ist, zur Vorsicht mahnen sollten, sich auf ihren jeweiligen verfassungsgemäßen Aufgabenbereich zu beschränken [...]. Der Geist des 55 Übergreifens auf Befugnisse anderer tendiert dazu, die Befugnisse aller Abteilungen in einer zu vereinen und so ungeachtet der Regierungsform tatsächlich einen Despotismus zu schaffen. Eine rechte Einschätzung dieser Liebe zur Macht und der Neigung, 60 sie zu missbrauchen, die das menschliche Herz beherrscht, reicht aus, um uns von der Wahrheit dieser Position zu überzeugen. Die Notwendigkeit gegenseitiger Kontrollen bei der Ausübung politischer Macht durch deren Teilung und Aufteilung auf unterschied- 65 liche Stellen und durch die Einsetzung jeder von ihnen als Wächter des öffentlichen Wohls gegen Eingriffe der anderen ist in alter und neuer Zeit durch Experimente belegt worden, von denen einige in unserem eigenen Land und unter unseren eigenen 70 Augen erfolgten. Sie zu erhalten muss genauso notwendig sein, wie sie einzurichten. Wenn nach der Meinung des Volkes die Verteilung oder die Ausprägung der verfassungsmäßigen Gewalten in irgendeinem Punkt falsch ist, soll er in der Weise, die die Ver- 75 fassung vorsieht, durch eine Ergänzung korrigiert werden. Doch verhindert jede Veränderung durch Ersetzung [einer Verfassungsbestimmung]; denn obwohl dies zunächst ein Mittel zum Guten sein mag, ist es das übliche Mittel, durch das freie Regierungs- 80 systeme zerstört werden. [...]

Zit. nach: Richard D. Brown (Hg.), Major Problems in the Era of the American Revolution 1760-1791. Documents and Essays, Heath and Company, Lexington, Toronto: D. C. 1992, S. 576–584. Übersetzt von Joachim Biermann.*

M2 „Washington Crossing the Delaware", Ölgemälde von Emanuel Leutze, 1851.

Das Gemälde zeigt George Washington als General der Revolutionsarmee beim Überqueren des Delaware am Morgen des 26. Dezember 1776. Der deutsch-amerikanischer Maler Emanuel Leutze (1816–1868) lebte und arbeitete von 1825–1841 und 1859–1868 in den USA. Er fertigte insgesamt drei Versionen des Bildes an: die erste Version von 1848 befand sich in Bremen und wurde im Zweiten Weltkrieg zerstört; die zweite, hier abgebildete Version entstand 1851 und hängt im Metropolitan Museum in New York; eine dritte Version hing bis 2015 im Weißen Haus in Washington und befindet sich jetzt im Minnesota Marine Art Museum in Winona.

Lösungshinweise

Aufgabe 1

Vorbemerkung
Der Operator verlangt von Ihnen, dass Sie die Inhalte des Briefs George Washingtons an das amerikanische Volk auf wesentliche Aspekte reduzieren und diese sprachlich distanziert, unkommentiert und strukturiert wiedergeben.

Formale Aspekte
Autor: George Washington, General der Revolutionsarmee im Unabhängigkeitskrieg, von 1789 bis 1797 erster Präsident der USA; einer der Gründerväter der USA
Textsorte: Quelle; öffentlicher (Abschieds-)Brief („Farewell Address")
Adressaten: in erster Linie das amerikanische Volk
Historischer Kontext: neun Jahre nach der Verabschiedung der amerikanischen Verfassung im Jahr 1787 und sieben Jahre nach der Wahl George Washingtons zum ersten Präsidenten der USA

Thema: Die amerikanischen Bürger hätten gemeinsam für die Unabhängigkeit und die Bildung einer Nation gekämpft und für die Grundsätze der Verfassung gestimmt. Diese politischen Grundsätze müssten auch in Zukunft von allen Seiten eingehalten werden.

Intention: Verpflichtung seiner Landsleute auf die Ideale der Staatsgründung und auf die Einhaltung der Verfassung – auch nach seinem Rückzug aus der Politik – und eindringliche Warnung vor einer Abkehr von diesen Werten

Inhaltliche Aspekte
– Vergegenwärtigung des gemeinsamen Kampfs für eine „amerikanische" Nation
– Appell an alle Amerikaner, ihre Nation als Ergebnis des gemeinsamen Kampfes für Freiheit und Unabhängigkeit zu lieben und höher zu stellen als unwesentliche

Unterschiede in Religion, Tradition oder politischen Überzeugungen
- Warnung vor denjenigen, die versuchten, die Gemeinschaft zugunsten von Partikularinteressen zu schwächen
- Plädoyer für die Verteidigung des amerikanischen Bundesstaates und der Verfassung, die von allen Staaten verabschiedet worden sei
- Das aufgrund freier Wahl gebildete politische System der USA beinhalte auch die eindringliche Verpflichtung, sich an die Grundsätze der Verfassung zu halten, solange sie nicht durch den Willen des Volkes geändert werde.
- Mahnung an die verantwortlichen Politiker, die Notwendigkeit der Gewalten- und Aufgabenteilung und gegenseitigen Kontrolle anzuerkennen, da sonst die Gefahr des Machtmissbrauchs und einer Gewaltherrschaft bestehe
- Warnung, wenn das Volk Veränderungen in den Grundsätzen der Gewaltenteilung wolle, diese nur durch Ergänzungen der Verfassung, nicht jedoch durch Tilgung bestehender und Einfügung neuer Verfassungsbestimmungen vorzunehmen, da dies die Freiheit zerstören könne

Aufgabe 2

Vorbemerkung
Die Aufgabe verlangt von Ihnen in diesem Fall, einen Sachverhalt materialbezogen zu erklären und in seinen Zusammenhängen zu verdeutlichen. Nehmen Sie die Aufgabenstellung ernst und gehen Sie tatsächlich bei Ihrer Erläuterung vom Text aus, vergessen aber auch im weiteren Verlauf Ihrer Ausführungen die Textbezüge nicht.

Inhaltliche Aspekte
Ein guter Ausgangspunkt ist der letzte Abschnitt des Textes, in dem Washington seinen Landsleuten die Beibehaltung der Gewaltenteilung ans Herz legt (Z. 51 ff.) Diese, gewöhnlich als System von *checks and balances* bezeichnet, ist in der Tat Grundlage der US-Verfassung. Diese sieht in Anlehnung an Montesquieu drei voneinander getrennte Gewalten vor: die Exekutive mit dem Präsidenten an der Spitze, die Legislative mit den beiden Kammern des Kongresses, dem amerikanischen Parlament (Senat und Repräsentantenhaus), sowie die Jurisdiktion mit dem *Supreme Court* an der Spitze. Diese einzelnen Zweige der Regierung sollten Sie hier auch in ihren Details weiter erläutern.
Washington geht ganz selbstverständlich von der „unbeeinflussten und unbedrängten Wahl" (Z. 30 f.) der Bürger der USA aus, die er hier aber lediglich auf die Annahme der Verfassung bzw. des Regierungssystems bezieht. Die

freie und gleiche Wahl ist weiterer wichtiger Bestandteil des Verfassungssystems; auch hier sollten Detailerläuterungen Ihrerseits folgen.
Während die US-Verfassung von 1787 im Wesentlichen nur die organisatorischen Aspekte des Systems regelt, bilden die ersten zehn Zusatzartikel (*Amendments*) der Verfassung, die auf der *Virginia Bill of Rights* von 1776 beruhen, die weltanschauliche Grundlage, auf die Washington ebenfalls zum Teil eingeht. Er betont vor allem die Freiheit der Bürger, die durch die Verfassung gewahrt wird (vgl. Z. 12, 41). Hinzuzufügen wären noch die Aspekte Gleichheit, Schutz des Eigentums und Sicherheit, die das genannte Dokument ebenso wie die Unabhängigkeitserklärung von 1776 benennt. Ein anderer wesentlicher Aspekt aus der *Virginia Bill of Rights* ist das Recht der Bürger, die Regierung zu reformieren oder zu verändern. Er spricht es mehrfach an (Z. 30 ff., 41 f., 72 ff.). Am Ende des Textauszugs warnt er allerdings davor, Verfassungsregelungen komplett abzuschaffen, was bis dahin nicht Teil des Verfassungssystems war. Nicht angesprochen, aber erläuterungsbedürftig sind weitere Grundrechte wie die Religionsfreiheit und die Pressefreiheit.
Schließlich ist indirekt auch noch ein weiteres grundlegendes Verfassungselement in Washingtons Schreiben zu erkennen, nämlich das bundesstaatliche Prinzip. Von Z. 1–27 bildet es den Hintergrund seines Appells an die Bürger, sich als stolze Amerikaner zu fühlen (Z. 3 ff.), die viele Gemeinsamkeiten hätten (Z. 7 ff.), und das Interesse des Ganzen aus wohlerwogenen Gründen über Partikularinteressen stellen sollten (Z. 19 ff.). Dieser Grundsatz des amerikanischen Verfassungssystems war, worauf Sie hier hinweisen sollten, sehr umstritten; insbesondere die Anti-Föderalisten wollten einen möglichst schwachen Gesamtstaat. Washington legt seinen Mitbürgern hier vor diesem Hintergrund aber eine starke Union (Z. 17 ff.) ans Herz.

Aufgabe 3

Vorbemerkung
Sie sollten beachten, dass eine Analyse immer auch eine Beschreibung beinhaltet; im Falle einer bildlichen Darstellung sollten Sie dabei besonders auch auf sprachliche Präzision achten. Für die Analyse gibt die Aufgabe keine speziellen Aspekte oder Kriterien vor, sodass Sie diese selbst entwickeln müssen. Im Kontext der gesamten Klausur (vgl. Aufgabe 4) wie auch aus der Bildaussage heraus sollte Ihnen klar sein, dass es hier um die Art und Weise der Darstellung George Washingtons geht.

Formale Aspekte
Maler: Emanuel Leutze, ein Deutscher mit vielfältigen Verbindungen in die USA. Er verbrachte seine Jugend in den USA, was nahelegt, dass er mit dem dortigen demo-

kratischen System sympathisierte. Damit korrespondiert, dass er die erste Version des Gemäldes in Deutschland im Revolutionsjahr 1848 malte.

Material: Zweite Version eines Historiengemäldes, das einerseits historische Darstellung ist, da Leutze ein Ereignis porträtierte, das vor seiner Lebenszeit lag, andererseits als Quelle zur Rezeption George Washingtons im 19. Jahrhundert dienen kann.

Adressaten: Dazu liegen Ihnen keine Informationen vor; angesichts der Größe des Gemäldes ist aber eine öffentliche Wirkungsabsicht anzunehmen.

Historischer Kontext: Da es sich vorwiegend um eine Darstellung handelt, können Sie dazu wenig sagen. Wenn Sie Kenntnisse zur Revolution von 1848 in Deutschland haben, wäre es aber sinnvoll, das Gemälde in diesem Kontext des demokratischen Aufbruchs in Deutschland zu verorten.

Thema: Darstellung eines Ereignisses im Zuge des amerikanischen Unabhängigkeitskrieges: Aufbruch Washingtons und seiner Soldaten zu einer militärischen Aktion.

Lösungshinweise

Beschreibung: Sie sollten in diesem Kontext nicht zu detailliert vorgehen, sondern Wesentliches fokussieren. Es wird der Aufbruch mehrerer Boote, besetzt mit Soldaten, zur Überquerung eines von Eisschollen bedeckten Flusses (des Delaware) dargestellt. Im Boot im Vordergrund ist Washington als vierte Figur von links besonders hervorgehoben: Er überragt aufgrund seiner halb stehenden Position alle anderen Personen und richtet den entschlossenen Blick in Fahrtrichtung nach vorn. Hinter ihm steht ein Fahnenträger, der eine im Fahrtwind wehende US-Fahne hält, die alle überragt und im Zentrum des Bildes platziert ist. Die Kleidung der beiden zentralen Figuren weht ebenfalls im Fahrtwind, was zusammen mit den Ruderbewegungen der übrigen Bootsinsassen der Gruppe einen höchst dynamischen Eindruck verleiht. Im Bildhintergrund wird der Himmel von der aufgehenden Morgensonne erhellt, und zwar so, dass Washingtons Kopf sich im hellen Zentrum des Sonnenaufgangs befindet.

Analyse: Leutze hebt mit diesem Bild ganz deutlich die Person George Washingtons hervor, der durch seine Position und Platzierung in der Bildkomposition den Blick des Betrachters auf sich zieht. Dadurch dass er und die US-Fahne aus den übrigen Bildelementen herausragen, wird zwischen beiden eine Beziehung suggeriert – der General Washington setzt sich für die gerade gegründeten USA ein. Da das Bild nach Washingtons Tod gemalt wurde, ist auch seine Präsidentschaft hier mitzudenken: Washingtons Rolle als einer der Gründerväter der USA wird hier stilisiert; sie begann mit seiner prominenten Rolle als General im Unabhängigkeitskrieg. Das Gemälde

stellt sich deutlich in die Tradition der Glorifizierung und Heroisierung George Washingtons. Die übrigen Personen werden zu Statisten. Wenn es Ihnen auffällt, können Sie noch darauf verweisen, dass für die beabsichtigte Passage die Position Washingtons höchst unrealistisch ist (er könnte leicht aus dem Boot stürzen) und offenbar allein der Hervorhebung seiner Person dient.

Aufgabe 4

Vorbemerkung

Der Operator verlangt von Ihnen, dass Sie zu einer Problemstellung, hier zu dem von Leutze dargebotenen Bild George Washingtons, eine Argumentation entwickeln, die zu einem begründeten Sach- und/oder Werturteil führt. Schwerpunktmäßig könnten Sie sich auf die Rolle George Washingtons in der Amerikanischen Revolution sowie deren Bewertung in der Forschung beziehen und sich argumentativ auf Kapitel 5 in Ihrem Lehrwerk, vor allem auf die Darstellungen von Hochgeschwender, Ellis und Lerg, stützen.

Lösungshinweise

Bei der Bildanalyse in Aufgabe 3 haben Sie schon wesentliche Details der Heroisierung und Glorifizierung Washingtons analysiert. Sie haben auf Wirkungsabsichten des Monumentalgemäldes wie Dynamik, Entschlossenheit, Tapferkeit, Aufbruchstimmung und Hoffnung verwiesen. Aus Ihrer Zeitleiste (S. 58 f.) ist Ihnen auch der historische Hintergrund – der Überraschungsangriff Washingtons als General der Revolutionsarmee auf die mit den Briten verbündeten Hessen in Trenton bei New York im Dezember 1776 – bekannt, bei dem die Amerikaner siegreich waren. Möglicherweise können Sie auch die Anlehnungen Leutzes an Darstellungen Napoleons oder anderer großer Feldherren hervorheben.

Ein Beleg dafür, dass die Darstellung Leutzes völlig in Einklang mit der Heroisierung und Romantisierung der Gründerväter in den USA stand, ist die Tatsache, dass die dritte Version des Gemäldes bis 2015 im Weißen Haus in Washington hing. Hochgeschwender (M 8, S. 85) beschreibt die Bedeutung der Amerikanischen Revolution für die USA sogar als einen „zentralen, sakral aufgeladenen Referenzrahmen der patriotischen Identität" (ebd., Z. 5 f.), in dem die Gründerväter die Rolle von weisen und vorausschauenden Patriarchen, ja sogar von „Heiligenfiguren" (ebd., Z. 14.) zugewiesen bekamen. Nach Ellis sei Washington „der Gründervater schlechthin" (M 9, S. 85 f., Z. 51) gewesen. Charlotte A. Lerg (M 5, S. 83 f., Z. 5 ff.) bezeichnet den Kampf um die Unabhängigkeit im Jahr 1776 als den entscheidenden Gründungsmythos für die nationale Identität der USA, der bis heute ein bedeutender Teil der öffentlichen Erinnerungskultur sei und das amerikanische Selbstverständnis bis heute präge.

Die sakrale Überhöhung George Washingtons können Sie mit den Aussagen von Ellis im Vorwort seiner Washington-Biografie kontrastieren (M9, S.85 f.). Nach Ellis schwanke das Bild George Washingtons in der Forschung zwischen „Held" und „Schurke" (ebd., Z.16 f.). Für ihn sei Washington auf alle Fälle der „ehrgeizigste[...], entschlossenste[...] und kraftvollste[...] Mensch[...] einer Epoche" (ebd., Z.53 ff.) gewesen, in der es „an würdigen Rivalen wahrhaft nicht gefehlt" (ebd., Z.55 f.) habe.

Als negative Folge der Verklärung der revolutionären Vergangenheit können Sie in Übereinstimmung mit Hochgeschwender erwähnen, dass die jeweilige Politikergeneration in den USA an den Heroen der Revolutionszeit gemessen worden sei und im Vergleich dazu immer schlechter abgeschnitten habe. Möglicherweise habe die Glorifizierung der Revolutionszeit auch dazu beigetragen, dass die Legitimität der Union in der Bevölkerung reduziert worden sei (M8, S.85, Z. 36 ff.). Ebenso können Sie sich mit dem auf dem Gemälde dargestellten Charakter des amerikanischen Unabhängigkeitskriegs auseinandersetzen, der nach Heideking eher einem „Volks- oder Guerillakampf" (M17, S.72 f., Z.11) geähnelt und sich nach und nach zu einer „breiten aggressiven Volksbewegung" (ebd., Z.32 f.) entwickelt habe.

In M1, in der „Farewell Address", wirkt Washington eher als Bewahrer und Mahner, der seine Landsleute auf zentrale amerikanische Grundüberzeugungen verpflichten möchte. Weitere Charakteristika sind die Überhöhung des amerikanischen Patriotismus, die bedingungslose Einhaltung der Verfassung, die die „Erfüllung der Revolution" (vgl. auch Ellis, M4, S.83, 27 f.) bedeute, und ein sich durchziehender Kollektivismus (z.B. Z.33 ff.). Davon ausgehend können Sie die von Ellis in weiten Teilen der akademischen Welt erwähnte Überzeugung diskutieren, dass Washington eine Mitschuld „an der Schaffung einer Nation, die imperialistisch, rassistisch, elitär und patriarchalisch" (Ellis, M9, S.85 f., Z.19 ff.) gewesen sei, trage.

In Bezug auf die Verfassung können Sie auch argumentieren, dass Washington kein politischer Visionär oder Vordenker gewesen ist, sondern dass die Verfassung in weitaus höherem Maße von Männern wie Jefferson, Hamilton, Madison oder auch Adams ausgearbeitet worden ist.

Lohnend wäre es ebenfalls, wenn Sie sich mit dem Geschichtsbild „Männer machen Geschichte", das in dem Gemälde vermittelt wird, auseinandersetzen oder auch mit der Funktion von (Gründungs-)Mythen.

A Anhang

Zusatzaufgaben und Tipps

Kapitel 1, S. 8–17: Einführung: Krisen, Umbrüche und Revolutionen

Zu Aufgabe 2/Darstellungstext S. 11

Erklären Sie auf Basis der Darstellung die Begriffe Verfassungsrevolution und Totalrevolution. Ordnen Sie Ihnen bekannte Revolutionsbeispiele diesen Begriffen zu.
Zu den Begriffsdefinitionen lesen Sie erneut S. 10. Beachten Sie die vier Ebenen, auf denen Revolutionen Veränderungen herbeiführen können: Politik, Wirtschaft, Gesellschaft und Kultur.
Mögliche Revolutionsbeispiele: 1848er-Revolution, Kulturrevolution in China, Friedliche Revolution 1989, Industrielle Revolution etc.

Zum Darstellungstext, S. 11

Zusatzaufgabe: Untersuchen Sie über einen bestimmten Zeitraum, beispielsweise zwei Wochen, eine Tageszeitung auf den Begriff Krise hin. Erstellen Sie eine Liste mit den Themenbereichen, in denen der Begriff verwendet wird, und stellen Sie die Ergebnisse im Kurs vor.

Zu M 3, Aufgabe 2, S. 12

Nennen Sie Beispiele historischer Krisen und überprüfen Sie daran die Definition des Autors.
Tipp: Mögliche Beispiele für Krisen:
- Krise der Weimarer Republik
- Kubakrise
- Eurokrise

Zu M 3 und M 4, S. 14

Zusatzaufgabe: Vergleichen Sie auf der Basis der Analysen von Rudolf Vierhaus und Peter Wende die Begriffe Krise und Revolution und stellen Sie die Ergebnisse in einer Tabelle gegenüber.

Zu M 9, Aufgabe 2, S. 17

Podiumsdiskussion: *„Life, Liberty, and the Pursuit of Happiness"*, die Grundwerte der Verfassung in den USA heute.
Tipp: Bilden Sie zunächst kleine Arbeitsgruppen und überlegen Sie, welche Grundwerte mit den Begriffen gemeint sind. Tauschen Sie dann Ihr Wissen und Ihre Ideen bezüglich des Lebens in den USA aus. Beziehen Sie Ihre Erkenntnisse aus Aufgabe 1 sowie aus M 8 „Antrittsrede von Präsident Trump" ein. Formulieren Sie eine zentrale These in Ihrer Gruppe.
Jede Arbeitsgruppe stellt dann einen Teilnehmer der Podiumsdiskussion. Außerdem muss ein Moderator bestimmt werden, der das Wort erteilt und auf die Einhaltung der Redezeiten achtet. Jedes Mitglied des Podiums erhält eine Redezeit von maximal 5 Minuten, um die These seiner Gruppe vorzustellen. Anschließend kann auf dem Podium oder gleich im ganzen Kurs diskutiert werden.

Kapitel 2, S. 18–35: Die Ursprünge des Konflikts

Zu Aufgabe 4/Darstellungstext S. 24

Beziehen Sie die Überlegungen von Crane Brinton bezüglich der Ursachen und Verlaufsmuster von Revolutionen (M 2, S. 93 f.) in Ihre Argumentation mit ein.
Tipp: Orientieren Sie sich an der Gliederung des Textes von Crane Brinton. Er nennt zunächst fünf Gemeinsamkeiten, die sich alle auf die Ursachen beziehen. Dann folgen Ausführungen zu den Phasen von Revolutionen, aus denen man die Verlaufsmuster herausarbeiten kann.

Zu M 5 und M 6, S. 25

Zusatzaufgabe: Informieren Sie sich über die Geschichte und die Glaubensgrundsätze der Puritaner. Stellen Sie die Ergebnisse in einem Kurzreferat vor.

Zu M 7 und M 8, Aufgabe 1, S. 26

Arbeiten Sie die Unterschiede zwischen Stadt und Land in den nordamerikanischen Kolonien heraus.
Tipp: Beschreiben Sie auf Basis der beiden Bilder Elemente des Landlebens (M 7) sowie des Stadtlebens (M 8). Ordnen Sie die Bilder dann den drei großen Regionen zu, die in M 9 unterschieden werden (Süden, Mittlerer Atlantik, Neuengland). Suchen Sie auf der Karte M 2 die größeren Städte heraus und ordnen Sie diese ebenfalls den Regionen zu. Bestimmen Sie das Stadt-Land-Verhältnis. Zur Herausarbei-

tung der Unterschiede benötigen Sie Vergleichskriterien. Erstellen Sie zur besseren Übersicht eine Tabelle, z. B.:

	Stadt	Land
Wirtschaft		
Eliten		
Bevölkerungs-struktur		
Werte		
Interessen		

Zu M 15 und M 16, Aufgabe 2, S. 30

Beurteilen Sie die Ernsthaftigkeit des Streits.
Tipp: Der Operator „beurteilen" verlangt ein begründetes Sachurteil. Erläutern Sie zunächst die Vorgeschichte des Streits. Greifen Sie dann die in Aufgabe 1 erarbeiteten Positionen noch einmal auf. Wägen Sie anschließend ab, ob es mögliche Kompromisse gibt. Je weniger realistische Kompromissmöglichkeiten Sie ermitteln, desto ernsthafter ist der Streit einzuschätzen.

Zu M 14 bis M 18, S. 31

Zusatzaufgabe: Arbeiten Sie die wichtigsten Akteure im Streit um die britische Stempelsteuer heraus.

Kapitel 3, S. 36–57: Perspektiven der Konfliktparteien

Zu M 5, S. 42

Zusatzaufgabe: Informieren Sie sich über die „Indirekte Herrschaft" und die „Direkte Herrschaft" in der Zeit des Kolonialismus und des Imperialismus. Analysieren Sie die britische Politik gegenüber den nordamerikanischen Kolonien auf der Basis dieser Begriffe.

Zu M 14, Aufgabe 2, S. 47

Setzen Sie die Unionspläne in Beziehung zu den Ideen Thomas Jeffersons (M 13).
Tipp: Orientieren Sie sich bei dem Vergleich an folgenden Fragen:
– Welche Grundhaltung nehmen die Autoren gegenüber dem britischen König ein?
– Welchen Status sollen die Bewohner der nordamerikanischen Kolonien erhalten?
– Wie wird der Anspruch der Kolonien gegenüber Großbritannien begründet?

Zu M 14, S. 47

Zusatzaufgabe: Verfassen Sie einen Antwortbrief des britischen Parlamentes auf den nordamerikanischen Unionsvorschlag.

Zu M 22, Aufgabe 3, S. 51

Ordnen Sie das Material von Kapitel 3 in die Überlegungen von Crane Brinton zu den Revolutionsursachen ein.
Tipp: Greifen Sie auf Ihre Ergebnisse aus Kapitel 2, Aufgabe 4, Darstellungstext S. 24, sowie auf Ihre Unterlagen des Lernprojektes zurück.

Zu M 21 bis M 23, S. 51

Zusatzaufgabe: Suchen Sie nach weiteren Beispielen für Ereignisse, die eine Revolution einleiteten, und vergleichen Sie.

Kapitel 4, S. 58–77: Unabhängigkeitserklärung und Unabhängigkeitskrieg

Zu M 5, Aufgabe 2, S. 67

Vergleichen Sie das Dokument mit der Erklärung der Menschen- und Bürgerrechte in Frankreich, Kap. 7 M 14, S. 111 f.
Tipp: Arbeiten Sie erst Oberbegriffe wie Grundrecht, politische Organisation, Gerichtsbarkeit, Wirtschaft, Religion heraus und ordnen Sie die einzelnen Paragrafen der beiden Dokumente zu. Anschließend können Sie feinere Unterschiede der Formulierungen bestimmen.

Zu M 5, S. 67

Zusatzaufgabe: Erarbeiten Sie eine eigene, „moderne" Liste mit für Sie grundlegenden Rechten.

Zu M 10, Aufgabe 2, S. 69

Erklären Sie die konkrete Nennung von Angriffen auf Religion, Souveränität und Handel (Z. 14 f.).
Tipp: Lesen Sie erneut die Darstellungsteile von Kapitel 2 und 3 und achten Sie auf die Konflikte zwischen Kolonien und Mutterland.

Zu M 11, S. 70

Zusatzaufgabe: Analysieren Sie das föderale System der Bundesrepublik.

Zu M 15, Aufgabe 3, S. 72

Erörtern Sie auf der Basis von M 12 bis M 15, ob die Amerikanische Revolution die Modernisierung voranbrachte.
Tipp: Orientieren Sie sich an der Definition von Modernisierung von S. 10. Beachten Sie besonders

Prozesse der Säkularisierung und Rationalisierung. Unterscheiden Sie die Bereiche Politik, Wirtschaft, Gesellschaft und Kultur.

Zu M 18, S. 73

Zusatzaufgabe: Setzen Sie sich mit der Rolle des Krieges im Prozess der Unabhängigkeit auseinander.

Kapitel 5, S. 78–91: Die Rezeption der Gründungsphase

Zu M 1 und M 2/Auftaktseite, Aufgabe 2, S. 79

Vergleichen Sie die Plakate aus den USA und der DDR.

Tipp: Strukturieren Sie den Vergleich mithilfe folgender Kategorien: Auftraggeber – Zielgruppe – historischer Kontext – bildliche Gestaltung – inhaltliche Aussage.

Zu Aufgabe 4/Darstellungstext, S. 82

Filmpräsentation: Wählen Sie einen Film oder eine Serie aus, die ein Ereignis US-amerikanischer Geschichte behandelt.

Beispiele:
Filme: 12 Years a Slave (19. Jh./2013); Der Butler (20. Jh./2013), Selma (20. Jh./2015), Good Morning, Vietnam (20. Jh./ 1987), Der Soldat James Ryan (20. Jh./1998.).
TV-Serien: John Adams (18. Jh./2008), Turn (1778/2014), The Pacific (20. Jh./2010), NAM. Dienst in Vietnam (20. Jh./1987 bis 1990)

Zu M 8, S. 85

Zusatzaufgabe: Tragen Sie in einer Mindmap Elemente zusammen, die für die deutsche nationale Identität eine Rolle spielen.

Zu M 10, Aufgabe 2, S. 86

Vergleichen Sie die Darstellung mit den Bildmaterialien von S. 72, 89 und 91.

Tipp: Orientieren Sie sich bei dem Vergleich an der Präsentation von Washington in seinen verschiedenen Rollen, zum Beispiel als General oder Präsident. Beachten Sie auch die Entstehungszeit des jeweiligen Bildes. Stellen Sie jeweils die Kernaussagen einander gegenüber.

Zu M 11 und M 12, S. 87

Zusatzaufgabe: Erörtern Sie den Beitrag der Populärkultur zur Rezeption von Geschichte in Deutschland.

Kapitel 6, S. 92–99: Kernmodul

zu M 2, S. 94

Zusatzaufgabe: Vergleichen Sie mit den Erläuterungen von Peter Wende zum Revolutionsbegriff (Kapitel 1, M 4, S. 13 f.).

Zu M 3, Aufgabe 1, S. 95

Erläutern Sie die Zusammenhänge zwischen Mensch, Gesellschaft und Ökonomie.

Tipp: Für die Visualisierung in einem Schaubild müssen Sie die Begriffe Mensch, Gesellschaft und Ökonomie noch einmal genauer bestimmen, z. B.
Mensch: Arbeitskräfte, Besitzer der Produktionsmittel
Gesellschaft: materielle Existenzbedingungen, juristischer und politischer Überbau, Bewusstseinsformen
Ökonomie: Produktionsverhältnisse

Zu M 5, Aufgabe 2, S. 96

Setzen Sie sich mit den Thesen von James C. Davies auseinander, indem Sie sie auf die Amerikanische Revolution anwenden.

Tipp: Die J-Kurve von James C. Davies soll vor allem den Ausbruch von Revolutionen erklären. Lesen Sie also noch mal Kapitel 2 und 3 im Hinblick auf die Erwartungen der Kolonisten und die tatsächliche Erfüllung.

Zu M 9, Aufgabe 2, S. 99

Überprüfen Sie, inwiefern Eisenstadt über andere Revolutionstheorien hinausgeht.

Tipp: Legen Sie sich Karteikarten zu jedem Theoretiker an. Notieren Sie Grundbegriffe, Thesen und Definitionen.

Zu M 9, S. 99

Zusatzaufgabe: Setzen Sie sich mit der Debatte um den Eurozentrismus der Geschichtswissenschaft auseinander. Informieren Sie sich mithilfe der Begriffe „Moderne" und „Eurozentrismus" im Internet.

Kapitel 7, S. 100–115: Wahlmodul: Die Französische Revolution

Zu Aufgabe 1/Auftaktseite, S. 101

Tipp: Cluster-Methode, siehe auch S. 155 f.
Schritt 1: Blatt Papier vor sich hinlegen (am besten im Querformat).
Schritt 2: Kernbegriff oder Frage oder Thema in die Mitte schreiben, umkreisen.
Schritt 3: Gedanken freien Lauf lassen und alle Einfälle (Definitionen, Fragen, verwandte Themen, Teilaspek-

te) in neuen Kreisen um den Kernbegriff gruppieren; alle verwandten Gedanken durch Linien miteinander verbinden.

Schritt 4: Wenn die Suche abgeschlossen ist, nach weiteren Verbindungen und Zusammenhängen zwischen den gefundenen Aspekten suchen und weitere Verbindungen markieren.

Zu Aufgabe 1/Darstellungstext, S. 106

Beschreiben Sie auf Basis der Darstellung die Veränderungen auf der politischen Ebene in Frankreich von 1789 bis 1814.

Tipp: Erarbeiten Sie zunächst ein Raster mit zentralen Aspekten:

- Staatsform
- Wahlrecht
- Grundrechte
- politische Elite/Führung

Darstellungstext, S. 106

Zusatzaufgabe: Erläutern Sie die sozialen Veränderungen durch die Französische Revolution.

Zu M 7 bis M 10, S. 109

Zusatzaufgabe: Arbeiten Sie die verschiedenen Trägerschichten der Revolution in Frankreich heraus und vergleichen Sie mit den USA und Russland.

Zu M 11, Aufgabe 1, S. 110

Arbeiten Sie die wichtigsten Bildelemente heraus und formulieren Sie eine Gesamtaussage.

Tipp: Nennen Sie zuerst die Bildelemente sortiert nach Vordergrund / Hintergrund / Seiten.
Ergänzen Sie durch die Herausarbeitung der Gestaltungsmittel:

- Figurendarstellung
- Farbgebung
- Perspektiven
- Verwendung von Licht und Schatten

Bewertung der Bildelemente: Was ist zentral und wird durch welche Mittel unterstrichen?
Formulieren Sie auf den Vorarbeiten aufbauend abschließend die Gesamtaussage.

Zu M 14, Aufgabe 4, S. 112

Vergleichen Sie mit dem Grundgesetz der Bundesrepublik.

Tipp: Den Text des Grundgesetzes finden Sie auf der Internetseite des Deutschen Bundestages (www.bundestag.de/grundgesetz).
Konzentrieren Sie sich bei dem Vergleich auf die Präambel und die Grundrechte.

Kapitel 8, S. 116–131: Wahlmodul: Die Russische Revolution

Zu M 6, S. 122

Zusatzaufgabe: Informieren Sie sich über die Akteure und deren Ziele im Bürgerkrieg in der Sowjetunion. Vergleichen Sie mit dem Unabhängigkeitskrieg in den USA.

zu M 9, Aufgabe 1, S. 124

Internetrecherche: Informieren Sie sich über führende Persönlichkeiten der Oppositionsgruppen.

Tipp: Lesen Sie erneut den Darstellungstext S. 118 ff. im Hinblick auf wichtige Akteure, z. B. Lenin, Trotzki, Kerenski.

zu M 13 und M 14, S. 126

Zusatzaufgabe: Diskutieren Sie in Ihrem Kurs: Bewaffneter Kampf als legitimes Mittel der Politik?

Tipp: Die Diskussion kann auch in Zweiergruppen durchgeführt werden. Verwenden Sie die Methode des Schreibgesprächs, siehe S. 156.

zu M 18, Aufgabe 1, S. 128

Analysieren Sie die Umsetzung von Lenins Ideen in der Verfassung.

Tipp: Arbeiten Sie Lenins Revolutionstheorie (Kapitel 6, M 4, S. 95 f.) sowie seine Aprilthesen (M 17, S. 127 f.) im Hinblick auf konkrete politische Forderungen und Grundsätze durch. Gleichen Sie diese dann mit den Artikeln der Verfassung ab.

Lösungen zu den Methodenseiten

Zu Kapitel 2 , S. 32–33: Schriftliche Quellen interpretieren

1. Leitfrage

Wie reagieren die nordamerikanischen Kolonien auf das Stempelsteuergesetz 1765?

2. Analyse

Formale Aspekte

Quellengattung: amtliches Schriftstück der Stadt Braintree in Massachusetts „Anweisungen zum britischen Stempelsteuergesetz" -> Primärquelle/Überrest; vermutlich stammt der Text aus der Einleitung der Schrift, die eigentlichen Anweisungen fehlen.

Autor: John Adams (1735–1826), geb. in Braintree, angesehener Anwalt. Er vertrat die Kolonie Massachusetts auf dem Ersten und Zweiten Kontinentalkongress (1775/1776) und war Mitautor der Verfassung von Massachusetts sowie der Unabhängigkeitserklärung. 1789 bis 1797 Vizepräsident, 1797 bis 1801 Präsident der USA.

Entstehung: Am 14. Oktober 1765, sieben Monate nach dem Stempelsteuergesetz, wurde die Anweisung von der Stadt Braintree veröffentlicht. Braintree ist eine Stadt in der Neuenglandkolonie Massachusetts mit puritanischer Prägung.

Adressat: Öffentlichkeit der Stadt Braintree, darüber hinaus die Öffentlichkeit von Massachusetts sowie die britischen Behörden in den Kolonien bzw. Regierung und Parlament im Mutterland.

Inhaltliche Aspekte

Textaussagen: Im Zentrum des Textes steht die Feststellung, dass die Stempelsteuer unrechtmäßig sei und die Stadt Braintree deshalb auf parlamentarischer Ebene Widerspruch einlege mit dem Ziel der Abschaffung der Steuer. Anschließend werden verschiedene Argumente aufgeführt. Es wird argumentiert, dass wichtige Rechte und Freiheiten der Bewohner der Kolonien nicht nur beschnitten, sondern sogar geraubt worden seien. Es wird die Verfassungswidrigkeit der Steuer festgestellt und auf die weitreichenden hohen Strafen bei Zuwiderhandlung sowie die Problematik der Gerichtsbarkeit des Admiralsgerichts hingewiesen. Außerdem werden die negativen Folgen für das Wirtschaftsleben des Landes erwähnt. Abschließend werden noch einmal grundsätzliche Belege für die Verfassungswidrigkeit aufgezählt und genauer erläutert: Prinzip des *„no taxation without representation"*, Verstoß gegen Freiheitsrechte, Verletzung von Eigentumsrechten. Daraus wird die Schlussfolgerung gezogen, dass es sich bei der Rechtsgrundlage für die Stempelsteuer um ein fiktives Recht handeln müsse.

Textsprache: Der Text ist engagiert, aber in sachlicher Sprache verfasst und argumentativ aufgebaut.

Schlüsselbegriffe:
- Rechte, Freiheit rauben
- Verfassungswidrigkeit
- Behinderung des Geschäftslebens (Handel, Verkehr)
- Recht und Machtbefugnis des Mutterlandes
- Recht auf Eigentum
- fiktives Recht

3. Historischer Kontext

Die Anweisung wurde sieben Monate nach Erlass des britischen Stempelsteuergesetzes veröffentlicht. Die wirtschaftlichen Belastungen durch die Steuer waren stark spürbar. Insgesamt litt die Neuenglandkolonie Massachusetts besonders stark unter Steuern und Zöllen, da es viel Handel und Gewerbe gab. Im Oktober 1765 tagte der Stempelsteuerkongress mit Vertretern aus neun nordamerikanischen Kolonien in New York. Der Stempelsteuerkongress beschäftigte sich auf überregionaler Ebene mit der Stempelsteuer und protestierte mit den gleichen Argumenten wie die Stadt Braintree gegen die britische Steuer. Zeitgleich kam es auch zu zum Teil gewaltsamen Protesten auf den Straßen, zu Boykotten von britischen Produkten sowie zur Blockade von britischen Steuereinrichtungen. 1766 wurde die Stempelsteuer von der britischen Regierung zurückgezogen.

4. Urteil

Sachurteil

Die Quelle ist repräsentativ für die Neuenglandkolonie. In der von Gewerbe und Handel geprägten Kolonie stellten die britischen Steuern und Zölle eine besondere Belastung dar. Die angeführten Argumente, vor allem der Verweis auf den Grundsatz, dass keine Steuerbewilligung rechtmäßig sein könne, wenn nicht die Betroffenen selbst an der Abstimmung beteiligt seien, wurden auch auf dem Stempelsteuerkongress vertreten. Die Anweisungen der Stadt Braintree zeigen deutlich die Bereitschaft, sich der britischen Steuerpolitik zu widersetzen. Ausdrücklich beschränkte man sich zunächst auf den parlamentarischen Weg des Protestes, doch weitere Maßnahmen wurden nicht ausgeschlossen und waren tatsächlich auf den Straßen der Städte auch schon zu sehen. Bewusst wählten die Stadtverantwortlichen den diplomatisch-politischen Weg und hofften auf britisches Nachgeben. Die Argumente wurden dabei mit rechtlicher Präzision und großem Nachdruck vorgetragen.

Werturteil
Die Anweisungen der Stadt Braintree haben aus heutiger Sicht ihre klare Berechtigung. In einer parlamentarischen Demokratie werden nicht nur Steuergesetze, sondern alle Gesetze vom Parlament verabschiedet. Und im Parlament sitzen die gewählten Vertreter aller Bürger. In einem Kolonialsystem des 18. und 19. Jahrhunderts war es jedoch nicht üblich, dass die Bewohner der Kolonien bei Gesetzen und Steuern mitbestimmen durften. Bei den nordamerikanischen Kolonien handelte es sich aber insofern um einen Sonderfall, als die protestierenden Bewohner europäische Einwanderer waren und die gleichen Rechte wie ihre britischen Landsleute für sich in Anspruch nahmen. In den dreizehn Kolonien bildeten sie die Mehrheit der Bevölkerung. Die indigene Bevölkerung Amerikas war in andere Gebiete verdrängt worden und über deren Rechte auf Mitbestimmung sowie über die Rechte der afrikanischen Sklaven dachte niemand nach. Der Streit um die Stempelsteuer spiegelt also grundsätzliche Probleme im Verhältnis der nordamerikanischen Kolonien zu Großbritannien in der zweiten Hälfte des 18. Jahrhunderts wider. Die Kolonien befanden sich bereits in einem Prozess der allmählichen Loslösung auf wirtschaftlicher, idealler und politischer Ebene.

Zu Kapitel 3, S. 52–53: Darstellungen analysieren

1. Leitfrage
Wie wurden aus treuen Untertanen Rebellen, die für die Unabhängigkeit ihres Landes eintraten?

2. Analyse

Formale Aspekte
Autor: Jürgen Heideking (1947–2000), deutscher Historiker und bis zu seinem Tod Direktor des Instituts für angloamerikanische Geschichte der Universität Köln.
Textsorte: fachwissenschaftliche Darstellung
Thema: die ideologischen Ursprünge der Amerikanischen Revolution
Veröffentlichung: 1996 in erster Auflage erschienenes Buch mit dem Titel „Geschichte der USA"
Adressaten: wissenschaftliche sowie breitere Öffentlichkeit
Intention: Der Autor möchte einen einführenden Überblick über die Geschichte der USA geben. Er will Voraussetzungen, Verlaufsformen und Begleiterscheinungen der Geschichte des Aufstiegs der englischen Kolonien zur dominierenden Macht im 20. Jahrhundert analysieren.

Inhaltliche Aspekte
Wesentliche Textaussagen:
– der Wandel auf idealler Ebene hat sich erstaunlich rasch vollzogen
– die Ursprünge des Streits zwischen den nordamerikanischen Kolonien und Mutterland spielten sich auf „geistig-ideologischer" Ebene ab
– wirtschaftliche Interessen spielten eine kleinere Rolle als die Rechtsfragen
– Widerstand der Kolonisten beruhte „auf einem Geflecht von Denkgewohnheiten, Verhaltensweisen und Wertvorstellungen" (Z. 18 ff.)
– die gebildeten Kolonisten orientierten sich an verschiedenen Quellen: englische Juristen, liberale Natur- und Vertragsrechtslehre von John Locke, Literatur der Aufklärung
– besonders einflussreich war die englische Oppositionsliteratur
– es entstand eine eigene „spezifisch amerikanische Country-Ideologie" (Z. 34), die v. a. durch Misstrauen gegenüber Macht, Wertschätzung bürgerlicher Tugenden und Freiheitsliebe gekennzeichnet war
– alle Ereignisse seit 1763 wurden aufgrund dieser Denkmuster als „Anschlag auf das Selbstbestimmungsrecht der Kolonisten" (Z. 51 f.) empfunden
Überzeugung des Autors: Jürgen Heideking betont die ideellen Ursachen der Amerikanischen Revolution und unterstreicht damit ihren grundsätzlichen Charakter. Es sei nicht aufgrund materieller Belastungen durch die Steuern zum Bruch gekommen, sondern durch das Selbstbewusstsein und eine wachsende amerikanisch-koloniale Identität. Die Unabhängigkeit und die Revolution sind für ihn deshalb schon 1763 unausweichlich.

3. Historischer Kontext
Jürgen Heideking setzt sich in diesem Textauszug mit der Vorgeschichte der Amerikanischen Revolution auseinander, als deren „offiziellen" Anfangspunkt er die Ereignisse von Lexington und Concord (Z. 8 f.) nennt. Mit diesen Kämpfen vom 18. und 19. April 1775 in Massachusetts zwischen britischen Soldaten und nordamerikanischen Milizen begann der Unabhängigkeitskrieg. Die Vorgeschichte beginnt Heideking mit dem Jahr 1763, also dem Ende des *French and Indian War* sowie der veränderten britischen Kolonialpolitik in Nordamerika durch eine Proklamation Georgs III. Es folgten die verschiedenen Steuergesetze (Zuckergesetz, 1764; Stempelsteuergesetz, 1765; Townshend-Gesetz, 1766) sowie der Ausbau der Kolonialverwaltung, stärkere Präsenz der britischen Soldaten in den Städten sowie die Zwangsmaßnahmen gegen Massachusetts nach der *Boston Tea Party* 1773/74.

4. Urteil

Der Text ist überzeugend sowohl im Hinblick auf die fachliche Richtigkeit als auch auf die Schlüssigkeit der Darstellung. Jürgen Heideking greift die Feststellung des Zeitgenossen und Akteurs John Adams auf, die Revolution habe in den Köpfen der Menschen stattgefunden (Z. 6 f.), und belegt sie mithilfe von Sekundärliteratur und eigener Überlegungen. Bei seinen eigenen Thesen stellt er einen Zusammenhang her zwischen juristischen und philosophischen Schriften einerseits und dem Denken und den Werten der Kolonisten andererseits. Allerdings belegt er den Zusammenhang nicht mit Textausschnitten, sondern beschränkt sich auf die Nennung von prägenden Denkmustern. Diese Verkürzung ist vermutlich der Tatsache geschuldet, dass es sich um eine Überblicksdarstellung zur gesamten Geschichte der USA handelt, in der einzelnen Themen nicht viel Raum eingeräumt werden kann. Mit der Schlussfolgerung, dass die neuen Denkmuster der Kolonisten die Revolution bereits 1763 unausweichlich gemacht hätten, leistet er einen Beitrag zur Debatte um den Beginn der Revolution und ihre Vorgeschichte. Die Mehrheit der Historiker setzt den Beginn der Amerikanischen Revolution mit dem Jahr 1763 an (vgl. Michael Hochgeschwender, S. 15 f.; Volker Depkat, S. 50 f.), sieht eine Unausweichlichkeit jedoch erst in den 1770er-Jahren gegeben. Außerdem positioniert sich Heideking in der historischen Debatte, indem er die Bedeutung von Mentalitäten, also Denkmustern und Werten, betont, die das Verhalten stärker strukturieren als wirtschaftliche Interessen etc. Das ist gerade in Bezug auf die Leitfrage aus heutiger Sicht sehr überzeugend. Verändertes, neues Denken ist ein wichtiger Faktor für gesellschaftliche Umbrüche bzw. Revolutionen (Studentenrevolte 1968, Friedliche Revolution 1989). Es kann friedliche Untertanen zu Rebellen machen. Doch darf man auch die „materiellen" Rahmenbedingungen wie „Diktatur", „Armut" oder „fehlende Zukunftsperspektiven" nicht vergessen.

Zu Kapitel 3, S. 54–55: Ein historisches Urteil entwickeln

Analyse der Darstellung

In dem vorliegenden Textauszug, entnommen dem Vorwort des Bandes „Sie schufen Amerika. Die Gründergeneration von John Adams bis George Washington", in deutscher Übersetzung 2005 erschienen, setzt sich der US-amerikanische Historiker Joseph J. Ellis mit der Bedeutung der Amerikanischen Revolution sowohl in der Geschichte als auch in der Wahrnehmung der Menschen auseinander. Er stellt dabei die These auf, dass es einen Kontrast gibt zwischen der einerseits völlig offenen Entwicklung der Ereignisse im historischen Kontext und der

nachträglichen Deutung als „schicksalhafte Vorbestimmung".

Ellis argumentiert zunächst, dass bereits einige Zeitgenossen wie Thomas Paine und Thomas Jefferson die Revolution als unausweichlich gedeutet haben. Dabei beriefen sie sich auf die Logik und die Selbstverständlichkeit der Werte der Revolution. Doch erst durch den Erfolg der politischen Ideale im 19. und 20. Jahrhundert im Zuge der Errichtung von Demokratien in Europa sowie der Dekolonialisierung wurde die Amerikanische Revolution als Ausgangspunkt im kollektiven Gedächtnis verankert. Das ursprünglich „republikanische Experiment" (Z. 32) wurde trotz zahlreicher Widerstände zur politischen Norm der modernen Welt. Zu dieser Norm zählt Ellis eine auf dem Prinzip der Volkssouveränität beruhende repräsentative Staatsverfassung sowie eine auf den Energien der einzelnen Bürger aufbauende Marktwirtschaft. Ellis folgert weiter, dass die Selbstverständlichkeit dieser Normen heute und das Vertrauen in ihre Stabilität in der rückblickenden Deutung sowohl die Amerikanische Revolution also auch die weitere amerikanische Geschichte als „unausweichlich", ja sogar als „vorherbestimmt" erscheinen ließen. Damit seien gleichzeitig alle Faktoren, die gegen eine Revolution und ihren Erfolg gesprochen hätten, ausgeblendet worden, z. B. die Stärke der britischen Militärmacht, die Instabilität republikanischer Regierungssysteme oder die mangelnde bisherige Kooperation der dreizehn Kolonien. Abschließend formuliert Ellis für seine in den Hauptkapiteln folgenden Ausführungen den Anspruch, die Leistungen und Aspekte zu würdigen, die für den Erfolg der Amerikanischen Revolution gesorgt hätten.

Sachurteil

Zunächst kann festgestellt werden, dass Joseph J. Ellis Personen, Ereignisse und Entwicklungen historisch korrekt darstellt.

Seine Argumentation ist überwiegend in sich stimmig. In seiner Ausgangsthese unterscheidet er zwei Ebenen, die Revolution im historischen Kontext und die nachträgliche Deutung bis heute. Der dauerhafte Erfolg der Revolution und die Etablierung ihrer Werte als weltweite Norm hätten die Revolution und ihren Ausgang rückblickend als unvermeidbar erscheinen lassen. Dies ist ein gängiges Muster. Der Erfolg kann den Blick auf die Risiken und auf die Offenheit bzw. sogar Zufälligkeit von historischen Ereignissen verstellen. Unstimmig ist jedoch der Verweis auf einige Zeitgenossen, die die Ereignisse bereits während der Revolution als unausweichlich deuteten. Damit wollten sie wahrscheinlich vor allem ihre Rolle als „Helden" und „Akteure der Bestimmung" betonen, jedoch belegen sie auch, dass bereits im historischen Kontext die Revolution als wegweisend wahrgenommen wurde.

Die Differenziertheit der Argumentation von Ellis muss kritisch beurteilt werden. Seine Kernthese von der rückblickenden Überhöhung der Revolution als schicksalhaft infolge der zwei jahrhundertelangen erfolgreichen Kämpfe um ihre Werte ist sehr überspitzt und schablonenartig. Als Belege finden sich viele ziemlich pauschale Verallgemeinerungen wie „überall in Asien, Afrika und Lateinamerika" (Z. 26) oder „alle alternativen Formen der politischen Organisation […] scheinen vergebliche Rückzugsgefechte zu führen" (Z. 42 ff.). Dies ist zum Teil sicherlich der Tatsache geschuldet, dass es sich bei dem Textausschnitt um die Einleitung zu einem Buch über die Gründerväter der USA handelt. Es gibt hier keinen Raum für differenzierte Analysen, es soll knapp auf die besonderen Leistungen der Gründerväter hingeführt werden, die dann im Buch dargelegt werden.

Letztlich überzeugt der Ansatz, dass bei einer Beurteilung der Amerikanischen Revolution zwischen den Zeitgenossen und den nachfolgenden Generationen unterschieden werden muss. Sie alle sind bei ihren Deutungen ihrem jeweiligen historischen Kontext verhaftet. Und zu diesem Kontext gehört für die Generationen um die Jahrtausendwende auch, dass die durch die Amerikanische Revolution erstmals umgesetzten Werte zu anerkannten Normen der westlichen Welt wurden. Außerdem ist Ellis zuzustimmen, wenn er die Leistung der Akteure der Revolution nicht vom Ende, also dem Erfolg, aus betrachten möchte, sondern die Risiken und Unwägbarkeiten auf ihrem Weg in den Vordergrund stellen will.

Werturteil

Aus der heutigen Sicht nimmt die Amerikanische Revolution einen hohen Stellenwert ein. Sie wird einerseits gemeinsam mit der Französischen Revolution von 1789 als Ausgangspunkt für die Etablierung von modernen Demokratien betrachtet. Insbesondere die Niederschrift der Menschen- und Bürgerrechte sowie die Verantwortlichkeit eines von der Mehrheit der Bürger gewählten Gremiums für die Gesetze waren wichtige Schritte, die wir heute jedoch für selbstverständlich halten. Andererseits erhält die Amerikanische Revolution ihre Bedeutung, da sie den Gründungsakt für die spätere „Supermacht" USA bildete. Die rückblickende Überhöhung der Revolution als gottgewolltes Schicksal und das damit einhergehende Auserwähltheitsgefühl der USA zeigen im Allgemeinen Mechanismen der nationalen Identitätsbildung, aber im Besonderen auch die Gefahren von Gründungsmythen, wenn diese dafür sorgen, dass sich eine Nation über die anderen stellt.

Zu Kapitel 4, S. 74–75: Verfassungsschaubilder interpretieren

1. Historische Einordnung
– Staat: Deutsches Reich
– Verabschiedung: 16. April 1871, durch den Reichstag
– Inkraftsetzung: 4. Mai 1871
– Gültigkeitsdauer: blieb faktisch bis zum 9. November 1918 in Kraft; formalrechtlich aufgehoben mit der Weimarer Reichsverfassung vom 14. August 1919

2. Verfassungsorgane
Verfassungsorgane: Deutscher Kaiser, Reichskanzler, Reichsregierung (Exekutive), Landesregierungen der 25 Bundesstaaten, Reichstag, Bundesrat (Legislative), keine Judikative

Zusammensetzung und Aufgaben bzw. Befugnisse der Institutionen (exemplarisch):
– *Deutscher Kaiser:* zugleich König von Preußen; Aufgaben: Ernennung des Reichskanzlers, Oberbefehl über das Heer, Einberufung und Auflösung des Reichstages
– *Reichstag:* 397 Abgeordnete; Aufgaben: Etatbewilligung, Gesetzesinitiative und -beschlüsse, „Kontrolle" des Reichskanzlers
– *Bundesrat:* 58 Vertreter der Landesregierungen (17 aus Preußen); Aufgaben: Verwaltungsvorschriften für das Reich, Zustimmung zu Gesetzesbeschlüssen des Reichstages, Kontrolle der Exekutive (Reichsregierung)

3. Machtverteilung
– stärkste verfassungsrechtliche Stellung der Exekutive (Kaiser und Reichskanzler)
– *Kaiser:* fehlende demokratische Legitimation als Staatsoberhaupt; seine Macht war zwar an die Verfassung gebunden, seine Befugnisse entsprechen jedoch z. T. den Befugnissen eines vorkonstitutionellen Monarchen (vgl. Aufgaben bzw. Befugnisse)
– *Reichskanzler:* leitet zwar Regierungsgeschäfte, eine politische Verantwortung bestand jedoch nur dem Kaiser und nicht dem demokratisch gewählten Reichstag (Legislative) gegenüber; war allerdings auf politische Mehrheiten angewiesen, da ohne die Zustimmung des Parlaments kein Gesetz in Kraft treten konnte

4. Rechte des Volkes
Wahlberechtigung: Die Abgeordneten des Reichstages wurden alle drei Jahre (ab 1888 alle fünf Jahre) nach dem allgemeinen, geheimen, gleichen und direkten Mehrheitswahlrecht für männliche Staatsbürger über 25 Jahre gewählt.

5. Struktur des Staates

Staatsform: konstitutionelle Monarchie

Staatsaufbau: föderaler Aufbau (Bundesstaat), da Einzelstaaten über den Bundesrat an der Gesetzgebung des Reiches beteiligt waren; keine gleichberechtigte Stellung der Bundesstaaten, weil der preußische Ministerpräsident zugleich Reichskanzler war und den Vorsitz im Bundesrat innehatte sowie Preußen im Bundesrat mit 17 von 58 Stimmen über eine Sperrminorität (Veto mit 14 Stimmen) verfügte

6. Kritik

Fehlende Aspekte:

– Organe: die 25 Landesparlamente als Bestandteil der Legislative
– Gewährung von Grundrechten (Hinweis: Da die Verfassungen der Bundesstaaten bereits eigene Grundrechtskataloge beinhalteten, wurden auf Bundesebene keine Grundrechte festgeschrieben.)

Zu Kapitel 5, S. 88–89: Historische Gemälde interpretieren

1. Leitfrage

Welcher Stellenwert wird der Verfassung der USA 150 Jahre nach ihrer Unterzeichnung von dem Bild zugewiesen?

2. Analyse

Formale Aspekte

Künstler: Howard Chandler Christy (1872–1952), US-amerikanischer Maler und Illustrator

Auftraggeber: Das Bild wurde 1939 offiziell vom Kongress in Auftrag gegeben, die Vorbereitungen liefen seit 1937.

Zweck der Entstehung: 150. Jahrestag der Verfassungsunterzeichnung

Entstehungszeit: 1937–40

Ausstellungsort: Das Bild hängt im Kapitol in Washington, D. C., im Flügel des Repräsentantenhauses.

Größe/Materialien: Öl auf Leinwand, 6,1 m x 9,15 m

Inhaltliche Aspekte

Beschreibung

Bildelemente: Der dargestellte Raum ist die „Independence Hall" in Philadelphia. Auf der rechten Seite befindet sich ein Podest mit zwei Stufen, darauf ein Stuhl und ein Tisch mit der zu unterzeichnenden Verfassung; rund um das Podest sitzen und stehen 36 Personen; drei Personen befinden sich auf dem Podest. An der rechten Wand sind antike Säulennachbildungen zu sehen, zwischen einer Tempelportalnachbildung hängen vier Fahnen: die Nationalflagge, eine Flagge eines Dragonerregiments aus Maryland und zwei Regimentsfahnen aus Massachusetts

und New Hampshire. Im Hintergrund sind drei große Fenster zu sehen, zwei von ihnen sind geöffnet und lassen Licht herein, das andere ist halb verhängt. Ein prächtiger Kronleuchter hängt an der Decke.

Darstellung der Personen: Alle Personen sind feierlich gekleidet, sie sitzen oder stehen und richten ihren Blick nach vorne zu dem Podest mit der Verfassung; einige Personen werden hervorgehoben durch Licht, durch besondere Gesten (ausgestreckter Arm) oder durch ihre Platzierung im Bild. Im Fokus des Bildes befindet sich George Washington, stehend auf dem Podest nach der Unterzeichnung der Verfassung. Er nimmt eine aufrechte, fast heldenhafte Haltung ein, sein Blick wendet sich zu der wartenden Menge, es scheint, als nehme er ihre Ehrbezeugungen entgegen. Im Hintergrund unterzeichnet ein Delegierter die Verfassung und der Sekretär steht daneben. Ebenfalls hervorgehoben, in der Bildmitte im Vordergrund, werden Benjamin Franklin und Alexander Hamilton. Franklin sitzt mit hellblau-leuchtendem Anzug als „alte Eminenz", während der junge Alexander Hamilton (30 Jahre) ihm etwas ins Ohr sagt. James Madison sitzt rechts von ihnen. John Dickinson, der gar nicht an der Zeremonie teilnahm, ist ebenfalls abgebildet, allerdings kaum erkennbar im Hintergrund. In der rechten unteren Ecke befinden sich weitere Zuschauer, eine Person blickt den Betrachter des Bildes direkt an, ebenso wie der sitzende Franklin in der Bildmitte.

Bildkomposition: Das Bild ist in zwei Bereiche geteilt, die große Personengruppe auf der linken Seite und das Podest mit dem stehenden Washington rechts. Der Lichteinfall von den Fenstern streift die Zuschauer, bescheint u. a. den sitzenden Franklin, taucht aber vor allem den Podest mit der Verfassung in helles Licht. Washington steht praktisch neben der Lichtachse, wird mehr durch seine Haltung als durch das Licht hervorgehoben. Die Gruppe erscheint als ein harmonisches Ganzes. Raumgestaltung, Kleidung, Haltung und die Flaggen unterstreichen den festlichen Charakter der Zeremonie.

Darstellungsmittel: Das Bild besticht durch seine kräftigen Farben und die Lichteffekte. Licht und Schatten werden benutzt, um einerseits Personen hervorzuheben, aber andererseits auch die gesamt Gruppe von Einzelpersonen zusammenzuhalten. Der Maler orientierte sich bei der Darstellung der Personen an schon existierenden Porträts. Er besuchte die „Independence Hall" zur gleichen Tageszeit wie die Unterzeichnung der Verfassung, um die Lichtverhältnisse zu studieren. Er informierte sich über die zeitgenössische Kleidung. Er bediente sich teilweise einer fast impressionistischen Maltechnik mit leichten, kurzen Pinselstrichen. Das Bild weist aber auch Ähnlichkeiten zu Darstellungen von vergleichbaren Ereignissen (Unterzeichnung Unabhängigkeitserklärung, Ballhausschwur) aus dem 18. und 19. Jahrhundert auf und zeigt sich deshalb auch als klassisches Historiengemälde, das historische Authentizität und Sachlichkeit mit Verklärung und Heroisierung mischt.

Deutung

Das Bild vermittelt die herausragende Bedeutung der Verfassung der USA. Dabei werden neben dem auf dem Tisch liegenden Dokument vor allem die Personen in den Vordergrund gerückt, die Wichtiges zur Erarbeitung des Textes beigetragen haben: Hamilton, Madison und Franklin. Hamilton und Madison waren die führenden Föderalisten, die sich für eine starke Zentralmacht einsetzten. Doch sie sind in die Gruppe der Delegierten eingebettet, die zur Unterzeichnung erschienen sind. Washington ist als Präsident der Verfassungskommission und als designierter erster Präsident ebenfalls hervorgehoben. Er verhielt sich während der Verhandlungen möglichst neutral, über der Verfassung stehend, was auch im Bild durch seine besondere Position unterstrichen wird. Einige Delegierte wie John Dickinson fügte der Maler hinzu, obwohl sie nicht dabei waren, andere wurden weggelassen. Licht, Farben und offene Fenster signalisieren den Aufbruch in eine neue Zeit. Die prächtige Ausstattung unterstreicht den festlichen Charakter des Staatsaktes und den Anspruch des noch jungen Staates auf eine herausragende Bedeutung. Die Flaggen symbolisieren den nationalen Stolz, der sich auch wesentlich auf die militärischen Leistungen im Unabhängigkeitskrieg gründet.

3. Historischer Kontext

Seit dem 25. Mai 1787 hatte eine Verfassungskommission in Philadelphia in der „Independence Hall" mit 55 Delegierten aus zwölf Bundesstaaten (Rhode Island fehlte) getagt. Es kam zu grundsätzlichen Streitigkeiten um die Machtverteilung zwischen der Zentralmacht und den einzelnen Bundesstaaten und mehreren Kompromissvorschlägen. Am 17. September 1787 wurde der Entwurf mit einer Abschlussrede von Benjamin Franklin aus Pennsylvania beendet und von insgesamt 39 Delegierten der Bundesstaaten sowie einem Sekretär als Zeuge unterzeichnet. Anschließend erfolgte die Ratifizierung durch die einzelnen Bundesstaaten. Bis zum Schluss war nicht klar, ob wirklich alle Bundesstaaten zustimmen würden. Besonders knapp waren die Abstimmungen in Virginia, New York und Massachusetts mit 53 %. Als letzter Staat stimmte Rhode Island, das nicht an den Beratungen teilgenommen hatte, am 29. Mai 1790 mit 52 % zu. Das war gut ein Jahr nach der Vereidigung Washingtons zum Präsidenten.

Das Bild sollte die Verfassung zu ihrem 150. Jahrestag feiern. Die Probleme aus der Entstehungszeit rücken auf dem Bild in den Hintergrund, Harmonie, Macht und Nationalstolz stehen im Vordergrund. Besonders werden ganz im Sinne des Gründervatermythos einige Persönlichkeiten hervorgehoben. Die Verfassung ist gleichzeitig ein Gemeinschaftswerk sowie die Leistung einiger herausragender Politiker. Das Bild wurde von einer zentralen Institution des Staates, nämlich dem Kongress (bestehend aus Senat und Repräsentantenhaus) in Auftrag gegeben und 1940 offiziell übergeben. Obwohl seine Entstehung vor allem wegen der Kosten umstritten war, wurde es nun breit rezipiert. Kongressabgeordnete sowie Besucher des Kongresses gingen täglich an ihm vorbei.

4. Urteil

Durch seine Platzierung im Repräsentantenhaus sollte es das Staatsverständnis der USA illustrieren, in dem die Verfassung eine zentrale Rolle spielt. Es richtete sich sowohl an die Abgeordneten als auch an die Besucher des Kongresses sowie die gesamte Öffentlichkeit. Es gehört zu den bekanntesten Bildern der USA.

Es entspricht jedoch nur zum Teil den historischen Fakten. Von 55 Delegierten sind 39 dargestellt. Einige Personen wurden weggelassen, einige hinzugefügt. Da es keine weiteren Bilder von der Unterzeichnung des Entwurfes gibt, kann die Authentizität der Darstellung nicht abgeglichen werden. Da die Verhandlungen vor allem durch Streit und harte Debatten gekennzeichnet waren, muss der festlich-harmonische Charakter eher in Zweifel gezogen werden. Die ausführlichen Recherchen des Malers zu Kleidung, Räumlichkeiten, historischen Porträts der Teilnehmer sollen dem Bild aber einen authentischen Charakter verleihen und so die Kernaussage, dass die Verfassung eine zu feiernde Errungenschaft und zentraler Bestandteil des nationalen Selbstverständnisses der USA ist, unterstreichen. Aus heutiger Sicht ist diese Kernaussage gut verständlich und positiv zu bewerten. Die eigentlichen Unterzeichner der Verfassung hätten aber vermutlich mehr Probleme mit dem Bild gehabt, da sie noch mitten im Grundsatzstreit steckten und das republikanische Experiment alles andere als sicher war.

Unterrichtsmethoden

Einen Kurzvortrag halten

– Vorbereitung: Sammeln und ordnen Sie alle Informationen zu Ihrem Thema (z. B. in einer Mindmap).
– Entwickeln Sie eine Ordnung für Ihren Vortrag: Legen Sie zu jedem Hauptpunkt eine Karteikarte mit den wichtigsten Informationen an und nummerieren Sie die Karteikarten in einer sinnvollen Reihenfolge.
– Überlegen Sie sich einen interessanten Einstieg und Schluss für Ihren Vortrag.
– Versuchen Sie möglichst frei vorzutragen. Sprechen Sie laut, deutlich und nicht zu schnell.
– Schauen Sie Ihr Publikum an. So sehen Sie auch, wenn es Zwischenfragen gibt.
– Unterstützen Sie Ihren Vortrag durch Anschauungsmaterial (Bilder, Grafiken, Gegenstände).

Ein Lernplakat gestalten

– Verwenden Sie für das Plakat mindestens die Größe DIN A2, besser DIN A1 (= 8 DIN-A4-Blätter).
– Beschränken Sie sich auf die wesentlichen Informationen.
– Die Informationen auf dem Plakat müssen sachlich stimmen (z. B. richtige Jahreszahlen).
– Das Thema des Plakats muss deutlich zu lesen sein.
– Formulieren Sie in Stichpunkten oder in kurzen Sätzen.
– Unterstreichen Sie Schlüsselbegriffe oder rahmen Sie sie ein.
– Verwenden Sie für die Schrift einen schwarzen oder dunkelblauen Stift. Andere Farben eignen sich für Pfeile, Linien oder Hervorhebungen.
– Achten Sie auf die Lesbarkeit der Schrift (Größe und Ordnung).
  Tipp: Sie können Hilfslinien mit Bleistift zeichnen und später wegradieren.
– Gliedern Sie Ihre Informationen durch unterschiedliche Schriftgrößen. Verwenden Sie Ordnungszahlen, wenn Sie eine bestimmte Reihenfolge darstellen möchten.

Eine Mindmap anfertigen

– Werten Sie Materialien (Bilder, Texte) zunächst aus, bevor Sie mit der Mindmap anfangen. Sammeln Sie Ihre Ergebnisse in Stichpunkten.
– Schreiben Sie das Thema in die Mitte des Blattes.

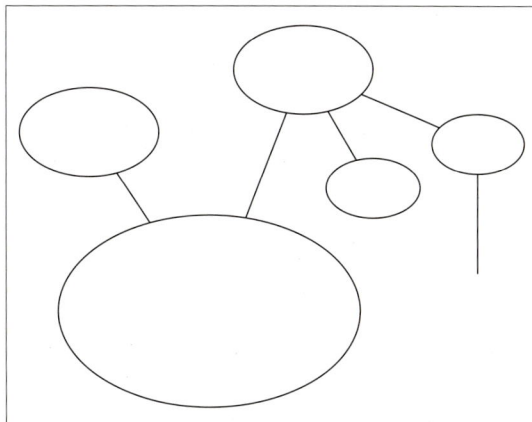

– Überlegen Sie sich eine Struktur für die Mindmap: Finden Sie zunächst Schlüsselbegriffe, die Sie auf die großen Äste schreiben.
  Tipp: Mindmaps werden meist im Uhrzeigersinn gelesen. Bedenken Sie das bei Ihrem Aufbau.
– Gruppieren Sie die zugehörigen Stichpunkte, Wörter und Namen. Gehen Sie vom Abstrakten zum Konkreten.
– Beschränken Sie sich auf 4–6 Hauptäste, um die Mindmap übersichtlich zu halten.
– Verdeutlichen Sie Verbindungen innerhalb der Mindmap mit Pfeilen.
– Arbeiten Sie mit Symbolen (z. B. Blitz für Konflikte). Geben Sie den Ästen unterschiedliche Farben.

Ein Begriffscluster erstellen

– Nehmen Sie ein DIN-A4- oder DIN-A3-Blatt, schreiben Sie einen Schlüsselbegriff darauf und kreisen Sie ihn ein.
– Schreiben Sie nun spontane Assoziationen um das Kernwort herum auf.
– Verwenden Sie diese Assoziationen als neue Schlüsselbegriffe und notieren Sie wiederum Assoziationen dazu.
– Die so entstehende Assoziationskette ergibt eine netzartige Skizze aus Ideen.

Der Unterschied zwischen Mindmapping und Clustern:
Beim Clustering liegt der Schwerpunkt auf der Ideenfindung und dabei insbesondere der assoziativen Verknüpfung von Ideen und Vorstellungen in Bildmustern. Daher eignet sich diese Methode besonders gut zur Stoff*sammlung* z. B. bei Problemerörterungen.

Das Mindmapping geht einen Schritt weiter, indem die notierten Begrifflichkeiten und Assoziationen durch die Baumstruktur bereits eine logische Ordnung erfahren. Dabei ist die Baumstruktur so offen angelegt, dass sie ständig mit weiteren Einfällen auf einer bestimmten Ebene ergänzt werden kann. Wegen seiner begrifflichen Hierarchisierung (– Über und Unterordnung von Begriffen bzw. Gesichtspunkten) eignet sich das Mindmapping für die Stoff*ordnung* z. B. bei Problemerörterungen gut.

Ein Placemat gestalten (Gruppenarbeit für 4 Personen)

– Finden Sie sich in Vierergruppen zusammen.
– Nehmen Sie ein DIN-A2- oder DIN-A3-Blatt und zeichnen Sie folgendes Schema darauf:

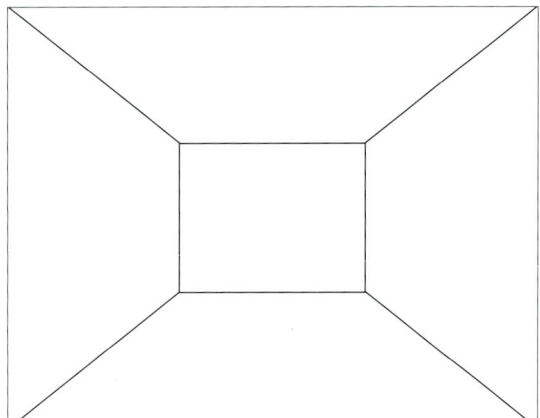

– Legen Sie das Blatt auf den Tisch. Vor jeder weißen Fläche sitzt ein Teilnehmer/eine Teilnehmerin aus Ihrer Gruppe.
– Es wird ein Thema gestellt. Jede/-r notiert in der festgelegten Zeit (ca. 5 min), was er/sie darüber weiß, wissen möchte und welche Ideen er/sie dazu hat.
– Drehen Sie das Blatt, sodass jeder lesen kann, was die anderen aufgeschrieben haben. Stellen Sie Fragen zum Verständnis (ca. 5 min).
– Entscheiden Sie am Ende als Gruppe, welche der Notizen Sie als Ergebnis in die Mitte des Blattes schreiben wollen. Einigen Sie sich auf 4–6 Stichpunkte (ca. 10 min).
– Präsentieren Sie Ihr Ergebnis dem Kurs.

Ein Schreibgespräch führen (Gruppenarbeit für 2 Personen)

– Bilden Sie Zweiergruppen.
– Nehmen Sie ein DIN-A2- oder DIN-A3-Blatt.
– Eine Frage oder ein Thema wird vorgegeben.
– Schreiben Sie abwechselnd Ihre Ideen oder Statements zum Thema links und rechts untereinander auf das Blatt.
– Lesen Sie die Aussage des anderen und reagieren Sie schriftlich darauf.
– Während der ganzen Zeit wird nicht gesprochen.
  Tipp: Sie können in dieser Form auch eine Mindmap zusammen gestalten oder eine Stichwortliste zum Wiederholen anlegen.

Fachmethoden

In diesem Band sind enthalten:

Schriftliche Quellen interpretieren (S. 32)
Darstellungen analysieren (S. 52)
Ein historisches Urteil entwickeln (S. 54)
Verfassungsschaubilder interpretieren (S. 74)
Historische Gemälde interpretieren (S. 88)

Weitere Fachmethoden

Das Internet nutzen

Suche beginnen
1. Welche Suchmaschine wähle ich aus?
2. Welche Internethinweise gibt das Schulbuch?

Suchabsicht festlegen
3. Welche Suchwörter helfen mir zur Beantwortung meiner Fragen weiter?

Überblick über das Suchergebnis bekommen
4. Welche Links sind interessant und brauchbar?
5. Welche Links stammen von glaubwürdigen Anbietern?

Ergebnisse ordnen
6. Wie gehe ich mit den Informationen einer Webseite um?

Informationen sichern und auswerten
7. Wie halte ich die gefundenen Informationen fest?

Einen Sachtext lesen und verstehen

Ersten Überblick verschaffen
1. Welche Überschrift hat der Text?
2. Wie ist der erste Eindruck vom Inhalt und Aufbau?

Fragen stellen
3. Was weiß ich schon über das Thema?
4. Wer kommt im Text vor?
5. Wo und wann findet das Dargestellte statt?
6. Worum geht es?
7. Welche Fragen bleiben offen?

Schlüsselwörter klären
8. Welche schwierigen Wörter oder Unklarheiten muss ich klären?
9. Welche Schlüsselwörter hat der Text?

Textaufbau erfassen
10. In welche Abschnitte lässt sich der Text gliedern?
11. Welche Überschriften passen dazu?

Inhalt wiedergeben
12. Geben Sie mithilfe der Überschriften und Schlüsselwörter den Inhalt des Textes wieder.

Schriftliche Quellen vergleichen

Ersten Eindruck festhalten
1. Wie ist Ihr Eindruck nach dem ersten Lesen beider Quellen?

Informationen zu Verfassern und Texten sammeln
2. Wann wurden die Texte geschrieben?
3. Wie groß ist der zeitliche Abstand zwischen Ereignis und Bericht?
4. Waren die Autoren Augenzeugen? Wenn nicht: Wen geben sie als Informanten an?

Inhalt vergleichen
5. Geben Sie Hauptaussagen und Schlüsselbegriffe der Texte wieder und vergleichen Sie sie im nächsten Schritt.
6. Welche Informationen stimmen überein?
7. Gibt es Einzelheiten, die nicht in den Texten erscheinen, die unterschiedlich genau oder ausführlich wiedergegeben werden?
8. Was wird berichtet, ist es logisch oder enthält es Unstimmigkeiten?
9. Ist ein Urteil oder eine Meinung der beiden Verfasser zu erkennen?

Weitere Informationen sammeln
10. Ziehen Sie weitere Informationen hinzu, z. B. aus Sachbüchern, dem Schulbuch oder dem Internet.

Ergebnisse formulieren
11. Vergleichen Sie die Notizen aus den einzelnen Arbeitsschritten miteinander. Formulieren Sie eine eigene Meinung.

Kontroverse Texte untersuchen

Thema benennen und Vorwissen aktivieren
1. Was sind kontroverse Texte?
2. Um welches Thema handelt es sich? Welches Vorwissen habe ich dazu?

Texte analysieren
3. Wann wurden die Texte verfasst?
4. Welche Behauptungen werden dort aufgestellt?
5. Wie werden bestimmte Behauptungen und Einschätzungen begründet?

Wertungen und Interessen in den Texten erkennen und beurteilen
6. Wie wird der Leser durch die Texte beeinflusst?
7. Aus welchen Gründen wird das Thema so beurteilt?
8. Lässt sich die Beurteilung auf Sachwissen zurückführen oder ist sie unsachlich?

Zu einem eigenen Urteil gelangen
9. Welche Fragen bleiben offen?
10. Wie beurteile ich selbst den Gegenstand der Texte?

Eine Bildquelle auswerten
Einzelne Elemente beschreiben
1. Was ist dargestellt (Personen, Gegenstände)?
2. In welchen Haltungen oder Bewegungen sind sie zu sehen?
3. Wie lässt sich die Situation beschreiben?
4. Was erscheint merkwürdig?

Zusätzliche Informationen hinzuziehen und Bedeutung der Bildelemente entschlüsseln
5. Welche Hinweise gibt die Bildunterschrift?
6. Welche Bedeutung würden Sie heute der entsprechenden Geste, Gebärde, Handlung oder dem Gegenstand zuordnen?
7. Recherchieren Sie Hintergrundinformationen zu den Symbolen (Bibliothek, Internet ...).
8. Welche Einzelaussagen ergeben sich aus den Symbolen und Gesten?

Bildaussage formulieren
9. Welche Gegenstände oder Handlungen scheinen besonders wichtig für die Aussage des Bildes? Woran lässt sich das erkennen?
10. Welche Gesamtaussage lässt sich formulieren? Gibt es mehrere Deutungen?

Bilder vergleichen
Einzelheiten der zu vergleichenden Bilder erfassen
1. Welche Personen sind dargestellt?
2. Welches Verhältnis zwischen den Personen wird angedeutet?
3. Ist es eine naturgetreue, eine stilisierte oder eine vereinfachte Darstellung?
4. Beschreiben Sie Kleidung, Aussehen, Hintergrund, Bildrahmen.

Zusätzliche Informationen heranziehen
5. Ist der Titel der Bilder bekannt? Gibt es eine Bildunterschrift?
6. Wann sind die Bilder entstanden?
7. Wer sind die Künstler?
8. Sind Auftraggeber bekannt?

Bildaussage erkennen
9. Welchen Zweck verfolgt die Darstellung (z. B. Erinnerung, Erhöhung, Kritik, Veranschaulichung, Verschleierung ...)?

Bilder vergleichen
10. Welche Gemeinsamkeiten lassen sich erkennen?
11. Wie unterscheiden sich die Bilder in Aufbau, Farbgebung, Gestaltung?
12. Wie lassen sich besondere Unterschiede, aber auch besondere Gemeinsamkeiten erklären?

Eine Karikatur analysieren
Ersten Eindruck festhalten
1. Wie wirkt die Karikatur auf Sie?

Einzelne Text- und Bildelemente beschreiben
2. Welche Personen, Gegenstände und anderen Details lassen sich erkennen? Achten Sie auf den Gesichtsausdruck, die Kleidung und die Körperhaltung. Beziehen Sie Beschriftungen mit ein.

Zusätzliche Informationen heranziehen und erste Deutung vornehmen
3. Wer ist der Zeichner?
4. Wann und wo ist die Karikatur entstanden?
5. Gibt es einen Titel?
6. Welches Thema hat die Karikatur?
7. Welche Bedeutung haben die Personen und Gegenstände?
8. Auf welches Ereignis bezieht sich die Karikatur?

Aussage formulieren
9. Was ist die Botschaft?
10. Was wird kritisiert?
11. Welche Wirkung könnte die Karikatur haben?

Eine historische Fotografie analysieren
Entstehung der Fotografie
1. Wann ist das Foto entstanden?
2. Was stellt es dar?
3. Wer hat in wessen Auftrag fotografiert?
4. Für welchen Adressaten ist die Fotografie angefertigt worden?
5. Welche Bildtechnik ist zu erkennen (Perspektive, Brennweite, Entfernung, Ausschnitt)?

Aussage und Deutung
6. Was ist der erste Eindruck?
7. Welche Gesamtaussage lässt sich formulieren?
8. Welche Fragen bleiben offen?

Ein Schaubild auswerten
Einzelne Elemente des Schaubildes erfassen
1. Welche Fachbegriffe werden verwendet, wie sind sie zu klären?
2. Welche Bedeutung haben Farben und Pfeile?

Den Aufbau des Schaubildes untersuchen
3. Wie ist das Schaubild zu lesen?

Inhalt erschließen und bewerten
4. Welche Aussagen werden im Schaubild getroffen?
5. Sind die Aussagen historisch korrekt?

Historischen Zusammenhang einbeziehen
6. Welche weiteren Informationen zur Einordnung und Bedeutung des Schaubildes sind notwendig?

Ein Denkmal interpretieren

Beschreiben

1. Was für eine Art von Denkmal ist es? (z. B. Kriegerdenkmal, Heldendenkmal, Mahnmal)
2. Aus welchen Bestandteilen besteht es?
3. Wie groß ist das Denkmal und aus welchem Material besteht es?
4. In welchem Kunststil ist es gestaltet?
5. Welche Elemente, Symbole und Inschriften hat es?

Historisch einordnen

6. Aus welcher Zeit stammt das Denkmal?
7. Woran soll das Denkmal erinnern?
8. Ist etwas über den Auftraggeber und die Finanzierung bekannt?
9. War die Errichtung des Denkmals umstritten?
10. Wie wurde die Einweihung gestaltet?

Aussage deuten

11. Welche Absicht hatte der Erbauer bei der Wahl des Standortes?
12. Welche Funktion hatte das Denkmal bei seiner Errichtung?
13. Welche Aussageabsicht haben die einzelnen Elemente und Inschriften?
14. Wie wurde das Denkmal im Lauf der Zeit wahrgenommen? Wie beurteilt man es heute?
15. Gibt es weitere Quellen, die die Auswertung des Denkmals unterstützen?

Eine Geschichtskarte auswerten

Den Kartentitel auswerten

1. Welche Informationen liefert der Kartentitel?

Die Kartenlegende entschlüsseln und den Maßstab feststellen

2. Wofür stehen die Symbole der Legende?
3. In welchem Maßstab ist die Karte angefertigt?

Die Karte lesen

4. Was ist die Hauptaussage der Karte?
5. Welche weiteren Fragen ergeben sich?

Eine Statistik auswerten

Formale Aspekte

1. Gegenstand: Zeitabschnitt; historisches Ereignis, das dargestellt wird
2. Fundstelle: Ort, Zeit, Urheber der Daten (Institution oder Person, politische/öffentliche Stellung)
3. Adressatenbezug: Wer wird angesprochen?
4. Wie wird das Zahlenmaterial präsentiert (Tabelle oder Diagramm? Säulen-, Balken-, Linien-, Kurven-, Kreis- oder Stapeldiagramm)?

Inhaltliche Aspekte

5. Jahreszahlen, Spalten oder Achsenbezeichnungen, Strukturierungshilfen
6. Legende, z. B. die Zuordnung von Farben zu bestimmten Staaten
7. Aussageart des Diagramms: Wird ein Vergleich angestrebt oder eine Entwicklung aufgezeigt? Gibt es Auffälligkeiten?

Aussagekraft bewerten

8. Geben Sie der Statistik zunächst eine Überschrift: Worum geht es überhaupt?
9. Fassen Sie die Kernaussagen zusammen und erläutern Sie sie jeweils kurz.
10. Setzen Sie die Aussagen in ihren historischen Zusammenhang.
11. Bewerten Sie die Aussagekraft der statistischen Daten: Ist die grafische Darstellung angemessen? Wird der Sachverhalt zu sehr vereinfacht?

Werturteile erkennen

Klären, worauf sich das Urteil des Verfassers oder der Verfasserin bezieht

1. Welche Haltungen werden beurteilt?
2. Welche Handlungen werden beurteilt?

Den Maßstab erkennen

3. Lässt sich das Werturteil auf Sachwissen zurückführen oder ist es unsachlich?
4. Wird deutlich, welche Kriterien für die Bewertung verwendet werden (z. B. religiöse Sicht, Standpunkt der Menschenrechte, tolerante Grundeinstellung …)?
5. Lassen sich Informationen dazu finden, warum ein bestimmter Standpunkt vertreten wird?

Zu einem eigenen Urteil gelangen

6. Wie bewerten Sie selbst den Sachverhalt?
7. Wie ist Ihre Position gegenüber dem Werturteil, das Sie erkennen?
8. Wie urteilen andere Menschen darüber?

Informationen präsentieren

Referat vorbereiten

1. Informationen aus Büchern und Internet sammeln
2. Quellenmaterial bei der Vorbereitung auswählen; überlegen, an welcher Stelle des Referats es eingebaut werden soll
3. Zeitvorgabe beachten, Bild-/Textquelle aufbereiten
4. Zuerst nach dem Inhalt, dann erst nach den Einzelheiten fragen; die Zuhörer Vermutungen anstellen lassen, z. B. „Was ist zu erkennen?"
5. Was sagt das Bild über das Thema aus?

Aussagen visualisieren/Präsentation vorbereiten

6. Wie stelle ich mein Referat vor? Welches Medium nutze ich dafür?

Präsentieren

7. Liegen alle Materialien vor, die ich für den Vortrag brauche?

Literaturhinweise

Theorie und Methodentraining

Jäger, Wolfgang, Theoriemodule Oberstufe, Berlin 2011.

Jordan, Stefan, Theorien und Methoden der Geschichtswissenschaft. Orientierung Geschichte, 4., aktualisierte Auflage, Stuttgart 2018.

Rauh, Robert, Methodentrainer Geschichte Oberstufe. Quellenarbeit – Arbeitstechniken – Klausuren, Berlin 2010.

Revolutionstheorie

Arendt, Hannah, Über die Revolution, 6. Auflage, München 2016.

Brinton, Crane, Anatomie der Revolution, Wien 2017.

Davies, James C. (ed.), When Men Revolt and Why. A Reader in Political Violence and Revolution, New York 1971.

Eisenstadt, Shmuel N., Die großen Revolutionen und die Kulturen der Moderne, Wiesbaden 2006.

Grosser, Florian, Theorien der Revolution zur Einführung, Hamburg 2013.

Lenin, Wladimir I., Staat und Revolution, Berlin 2017.

Marx, Karl/Engels, Friedrich, Das Kommunistische Manifest, Hamburg 2009.

Tocqueville, Alexis de, Der alte Staat und die Revolution, 3. Auflage, Warendorf 2013.

Modernisierung

Eisenstadt, Shmuel N., Multiple Modernities, London 2002.

Weber, Max, Religion und Gesellschaft, Eggolsheim 2011.

Weber, Max, Gesammelte Aufsätze zur Religionssoziologie, Bd. 1, Tübingen 1988.

Wehler, Hans-Ulrich, Modernisierungstheorie und Geschichte, Göttingen 1975.

Wehler, Hans-Ulrich, Deutsche Gesellschaftsgeschichte. Bd. 1: Vom Feudalismus des Alten Reiches bis zur Defensiven Modernisierung der Reformära 1700–1815, München 1987.

Revolution und Geschichte

Fahrmeir, Andreas, Revolutionen und Reformen. Europa 1789–1850, München 2010.

von Hellfeld, Matthias, Das lange 19. Jahrhundert: Zwischen Revolution und Krieg 1776–1914, Berlin 2015.

Nautz, Jürgen, Die großen Revolutionen der Welt, Wiesbaden 2008.

Tilly, Charles, Die europäischen Revolutionen, München 1993.

Wende, Peter, Große Revolutionen der Geschichte: Von der Frühzeit bis zur Gegenwart, München 2000.

Dokumentensammlungen USA

Adams, Angela/Adams, Willi Paul, Die Amerikanische Revolution und die Verfassung. Dokumente, München 1995.

Hamilton, Alexander/Jay, John, Die Federalist Papers. Vollständige Ausgabe, München 2007.

Schambeck, Herbert/Widder, Helmut/Bergmann, Marcus (Hg.), Dokumente zur Geschichte der Vereinigten Staaten von Amerika, 2., erweiterte Auflage, Berlin 2007.

Geschichte der USA

Arens, Werner/Braun, Hans-Martin, Die Indianer Nordamerikas, München 2004.

Depkat, Volker, Geschichte der USA, Stuttgart 2016.

Dippel, Horst, Geschichte der USA, 10. Auflage, München 2015.

Emmerich, Alexander, Geschichte der USA, Stuttgart 2017.

Gassert, Philipp/Häberlein, Mark/Wala, Michael, Geschichte der USA, 2., überarbeitete Auflage, Stuttgart 2018.

GEO-Epoche, Heft 11: Amerikas Weg zur Weltmacht 1498–1898, Hamburg 2004.

Heideking, Jürgen/Mauch, Christof, Geschichte der USA, 6. Auflage, Tübingen 2008.

Howard, Dick, Die Grundlegung der amerikanischen Demokratie, Frankfurt/M. 2001.

Mauch, Christof (Hg.), Die Präsidenten der USA. 45 historische Porträts von George Washington bis Donald Trump, 1. fortgeführte und aktualisierte Auflage, München 2018.

Prätorius, Rainer, „In God We Trust". Religion und Politik in den USA., München 2003.

Sautter, Udo, Geschichte der Vereinigten Staaten von Amerika, 8. Auflage, Stuttgart 2013.

Stöver, Bernd, Geschichte der USA. Von der ersten Kolonie bis zur Gegenwart, München 2017.

Amerikanische Revolution

Dippel, Horst, Die Amerikanische Revolution. 1763–1787, Frankfurt/M. 1985.

Ellis, Joseph J., Sie schufen Amerika. Die Gründergeneration von John Adams bis George Washington, München 2005.

Ellis, Joseph J., Seine Exzellenz George Washington. Eine Biographie, München 2005.

Hochgeschwender, Michael, Die Amerikanische Revolution. Geburt einer Nation 1763–1815, München 2016.

Lerg, Charlotte A., Die Amerikanische Revolution, Tübingen u. a. 2010.

Französische Revolution

GEO-Epoche, Die Französische Revolution, Hamburg 2004.

Henke-Bockschatz, Gerhard/Kuhn, Axel, Die Französische Revolution, Stuttgart 2012.

Israel, Jonathan, Die Französische Revolution. Ideen machen Politik, Stuttgart 2017.

Kruse, Wolfgang, Die Französische Revolution, Paderborn 2005.

Reichardt, Rolf, Das Blut der Freiheit. Französische Revolution und demokratische Kultur, Frankfurt/M. 1998.

Schulin, Ernst, Die Französische Revolution, München 2013.

Schulze, Wilfried, Der 14. Juli 1789. Biographie eines Tages, Stuttgart 1989.

Thamer, Hans-Ulrich, Die Französische Revolution, München 2013.

Vovelle, Michel, Die Französische Revolution. Soziale Bewegung und Umbruch der Mentalitäten, Frankfurt/M. 1985.

Russische Revolution

Altrichter, Helmut, Kleine Geschichte der Sowjetunion 1917–1991, München 1993.

Aust, Martin, Die russische Revolution: Vom Zarenreich zum Sowjetimperium, München 2017.

Figes, Orlando, Die Tragödie eines Volkes. Die Epoche der Russischen Revolution,1891–1924, Berlin 2014.

Haumann, Heiko, Die Russische Revolution 1917, Tübingen 2016.

Hencke-Bockschatz, Gerhard/Wunderer, Hartmann, Die Russische Revolution, Stuttgart 2014.

Neutatz, Dietmar, Träume und Alpträume. Eine Geschichte Russlands im 20. Jahrhundert, München 2013.

Nolte, Hans Heinrich, Geschichte Russlands, Stuttgart 2012.

Service, Robert, Lenin. Eine Biographie, München 2000.

Die Präsidenten der USA

	Präsident	Amtszeit	Partei
1	George Washington	1789–1797	–
2	John Adams	1797–1801	*Federalist*
3	Thomas Jefferson	1801–1809	*Democratic-Republican*
4	James Madison	1809–1817	*Democratic-Republican*
5	James Monroe	1817–1825	*Democratic-Republican*
6	John Quincy Adams	1825–1829	*Democratic-Republican*
7	Andrew Jackson	1829–1837	Demokrat
8	Martin van Buren	1837–1841	Demokrat
9	William Harrison	1841 (gest.)	*Nat. Republican (Whig)*
10	John Tyler	1841–1845	*Nat. Republican (Whig)*
11	James K. Polk	1845–1849	Demokrat
12	Zachary Taylor	1849–1850 (gest.)	*Nat. Republican (Whig)*
13	Millard Fillmore	1850–1853	*Nat. Republican (Whig)*
14	Franklin Pierce	1853–1857	Demokrat
15	James Buchanan	1857–1861	Demokrat
16	Abraham Lincoln	1861–1865 (erm.)	Republikaner
17	Andrew Johnson	1865–1869	Republikaner
18	Ulysses S. Grant	1869–1877	Republikaner
19	Rutherford B. Hayes	1877–1881	Republikaner
20	James A. Garfield	1881 (erm.)	Republikaner
21	Chester A. Arthur	1881–1885	Republikaner
22	Grover Cleveland	1885–1889	Demokrat
23	Benjamin Harrison	1889–1893	Republikaner
24	Grover Cleveland	1893–1897	Demokrat
25	William McKinley	1897–1901 (erm.)	Republikaner
26	Theodore Roosevelt	1901–1909	Republikaner
27	William H. Taft	1909–1913	Republikaner
28	Woodrow Wilson	1913–1921	Demokrat
29	Warren J. Harding	1921–1923 (gest.)	Republikaner
30	Calvin Coolidge	1923–1929	Republikaner
31	Herbert C. Hoover	1929–1933	Republikaner
32	Franklin D. Roosevelt	1933–1945 (gest.)	Demokrat
33	Harry S. Truman	1945–1953	Demokrat

	Präsident	Amtszeit	Partei
34	Dwight D. Eisenhower	1953–1961	Republikaner
35	John F. Kennedy	1961–1963 (erm.)	Demokrat
36	Lyndon B. Johnson	1963–1969	Demokrat
37	Richard M. Nixon	1969–1974 (Rück.)	Republikaner
38	Gerald R. Ford	1974–1977	Republikaner
39	Jimmy Carter	1977–1981	Demokrat
40	Ronald Reagan	1981–1989	Republikaner
41	George Bush	1989–1993	Republikaner
42	Bill Clinton	1993–2001	Demokrat
43	George W. Bush	2001–2009	Republikaner
44	Barack Obama	2009–2017	Demokrat
45	Donald Trump	2017–	Republikaner

Die Staaten der USA nach Beitrittsdatum

Staat	Abk.	Aufnahmedatum
1. Delaware	DE	7.12. 1787
2. Pennsylvania	PA	12.12. 1787
3. New Jersey	NJ	18.12. 1787
4. Georgia	GA	2.1. 1788
5. Connecticut	CT	9.1. 1788
6. Massachusetts	MA	6.2. 1788
7. Maryland	MD	28.4. 1788
8. South Carolina	SC	23.5. 1788
9. New Hampshire	NH	21.6. 1788
10. Virginia	VA	25.6. 1788
11. New York	NY	26.7. 1788
12. North Carolina	NC	21.11. 1788
13. Rhode Island	RI	29.5. 1790
14. Vermont	VT	4.3. 1791
15. Kentucky	KY	1.6. 1792
16. Tennessee	TN	1.6. 1796
17. Ohio	OH	1.3. 1803
18. Louisiana	LA	30.4. 1812
19. Indiana	IN	11.12. 1816
20. Mississippi	MS	10.12. 1817
21. Illinois	IL	3.12. 1818
22. Alabama	AL	14.12. 1819
23. Maine	ME	15.3. 1820
24. Missouri	MO	10.8. 1821
25. Arkansas	AR	15.6. 1836
26. Michigan	MI	26.1. 1837
27. Florida	FL	3.3. 1845
28. Texas	TX	29.12. 1845
29. Iowa	IA	18.12. 1846
30. Wisconsin	WI	29.5. 1848
31. California	CA	9.9. 1850
32. Minnesota	MN	11.5. 1858
33. Oregon	OR	14.2. 1859
34. Kansas	KS	29.1. 1861

Staat	Abk.	Aufnahmedatum
35. West Virginia	WV	20.6. 1863
36. Nevada	NV	31.10. 1864
37. Nebraska	NE	1.3. 1867
38. Colorado	CO	1.8.1876
39. North Dakota	ND	2.11. 1889
40. South Dakota	SD	2.11. 1889
41. Montana	MT	8.11. 1889
42. Washington	WA	11.11. 1889
43. Idaho	ID	3.7. 1890
44. Wyoming	WY	10.7. 1890
45. Utah	UT	4.1. 1896
46. Oklahoma	OK	16.1. 1907
47. New Mexico	NM	6.1. 1912
48. Arizona	AZ	14.2. 1912
49. Alaska	AK	3.1. 1959
50. Hawaii	HI	21.8. 1959

Begriffslexikon

der Absolutismus: Herrschaftsform des 17./18. Jh. mit einem starken Monarchen an der Spitze, der nach zentralisierter Macht und unbeschränkter Herrschaft strebt, welche er von Gott herleitet; er stützt sich auf Bürokratien und stehende Heere. Hauptvertreter: Frankreich unter Ludwig XIV. (1661–1715).

der Adel: Bis um 1800 war der Adel in Europa die mächtigste Führungsschicht mit erblichen Vorrechten, politischen und militärischen Pflichten, mit Standesbewusstsein und besonderen Lebensformen. Adel war meist verbunden mit Grundbesitz und daraus begründeten Herrschafts- und Einkommensrechten (Grundherrschaft). Obwohl gesellschaftlich zur sozialen Oberschicht gehörend, konnte der Landadel wirtschaftlich z.T. zur Mittelschicht gehören.

die Anti-Föderalisten: Politische Gruppe, die sich während der Verfassungsberatungen in den USA herausbildete und für weitgehende Rechte für die Einzelstaaten eintrat. Die Zentralgewalt sollte möglichst eingeschränkt und kontrolliert bleiben. Außerdem sollten die Freiheitsrechte des Einzelnen Vorrang haben. Die Gruppe setzte sich für eine frankreichfreundliche Außenpolitik ein. Ihr wichtigster Vertreter war Thomas Jefferson.

die Aufklärung: Im umfassenden Sinne ist die Aufklärung eine europäische Geistesbewegung des 16.–17. Jh., die Kritik an den überkommen transzendental begründeten religiösen und politischen Autoritäten übt; diese sollen ersetzt werden durch neue immanente Grundwerte wie irdisches Glück, Nützlichkeit, Humanität, Freiheit, Perfektibilität, die sich aus der menschlichen Vernunft und den Sinneserfahrungen ergeben. Mittel zur Durchsetzung waren vor allem Wissenschaft und Erziehung.

die Autokratie: Sie vereint als Staats- bzw. Regierungsform alle Kompetenzen des politischen Systems in einer zentralen Kraft und sieht in keiner Weise die Beteiligung des Volkes an der Staatsgewalt vor. Als Autokratien gelten u.a. die absolute Monarchie und die Diktatur.

die Bastille: alte Pariser Stadtfestung, diente als Staatsgefängnis, in vorrevolutionärer Publizistik als Symbol der Willkür angeprangert. 1789 nur von Militär besetzt (30 Schweizern und 25 Invaliden), schuf ihre Eroberung durch das Pariser Stadtvolk dennoch einen Mythos; bei ihrer Schleifung wurden ihre Steine wie Reliquien gehandelt. An ihrer Stelle steht auf dem heutigen Bastilleplatz eine Säule mit einer Freiheitsstatue; bei Jahresfeiern des 14. Juli in späterer Revolutionszeit oft Schauspiele mit der Erstürmung künstlicher „Bastillen".

die Bolschewiki: (russ. = Mehrheitler) revolutionäre Kaderpartei, die streng von oben nach unten organisiert war und den Anspruch hatte, dass ihre Mitglieder wichtige Posten in allen Massenorganisationen innehaben, um die verschiedenen gesellschaftlichen Schichten auf den Weg des Sozialismus zu führen.

das Bürger/Bürgertum: in Mittelalter und Früher Neuzeit vor allem die freien und vollberechtigten Stadtbewohner, insbesondere die städtischen Kaufleute und Handwerker; im 19./20. Jh. die Angehörigen einer durch Besitz, Bildung und spezifische Einstellungen gekennzeichneten Schicht, die sich von Adel, Klerus, Bauern und Unterschichten (einschließlich Arbeitern) unterschied. Staatsbürger meint alle Einwohner eines Staates, ungeachtet ihrer sozialen Stellung.

die Bürokratie: Organisation und Verwaltung eines Staates durch fachlich spezialisierte und geschulte Beamte und Angestellte.

checks and balances: (wörtl.: Kontrollen und Gegengewichte) Bezeichnung für das US-amerikanische Verständnis vom System der Gewaltenteilung. Demnach werden Exekutive, Legislative und Judikative – Präsident/Regierung, Kongress (Senat und Repräsentantenhaus) und Oberstes Bundesgericht – als voneinander unabhängige, aber nicht als absolut getrennte Bereiche betrachtet. Durch ein umfassendes System der Kontrollen und Gegengewichte beeinflussen sie sich wechselseitig.

die Diktatur: ein auf Gewalt beruhendes, uneingeschränktes Herrschaftssystem eines Einzelnen, einer Gruppe oder Partei. In modernen Diktaturen ist die Gewaltenteilung aufgehoben; alle Lebensbereiche werden staatlich überwacht; jegliche Opposition wird unterdrückt. Typische Merkmale von Diktaturen im 20. Jh. sind staatliche Propaganda mit Aufbau von Feindbildern sowie Abschaffung der Meinungs- und Pressefreiheit; politische Machtmittel sind die Androhung und/oder Ausübung von Terror und Gewalt.

das Direktorium: (franz. „Directoire") französische Regierung vom 26. Oktober 1795 bis zum 10. November 1799, die vom „Rat der Fünfhundert" gewählte kollektive Exekutive von 5 „Direktoren". Im übertragenen Sinne die ganze Revolutionsphase von 1795 bis 1799.

der Dritte Stand: (franz. „Tiers État") Nach dem Staatsrecht des französischen Ancien Régime Sammelbegriff für die gesamte politische Bevölkerung außer Geistlichkeit und Adel. Zugleich die Vertretung dieser Bevölkerung auf den Generalständen, bis 1614 ein Drittel der Ständevertreter insgesamt, 1789 auf die Hälfte vermehrt.

Letzteres war ein Zugeständnis der Regierung an die politische Aufklärung, die den Begriff des „Tiers État" dem der Nation annäherte.

die Föderalisten: politische Gruppe, die sich im Zuge der Verfassungsberatungen herausbildete und für eine starke Zentralgewalt und eine pro-britische Außenpolitik eintrat. Formuliert wurde das Programm von Alexander Hamilton, James Madison und John Jay in den „Federalist Papers".

die Generalstände: (franz. „États généraux") beratende Vollversammlung der drei Stände des Königreichs (Geistlichkeit, Adel, Dritter Stand), seit Anfang des 14. Jh. vom König zur Akklamation (d. h. Zustimmung durch Zuruf) und Steuerbewilligung unregelmäßig einberufen, vor 1789 zuletzt 1614. In Form der Beschwerdehefte („Cahiers de doléances") überbrachten sie dem König die Klagen und Reformwünsche der von ihnen vertretenen Bevölkerungsschichten.

die Gewaltenteilung: Aufteilung der staatlichen Gewalt in eine gesetzgebende (legislative), gesetzesvollziehende (exekutive) und Recht sprechende (judikative) Gewalt. Sie geht auf die Aufklärung zurück und soll die Konzentration der staatlichen Gewalt in einer Hand verhindern. Als Verfassungsorgane entwickelten sich aus dem Prinzip der Gewaltenteilung das Parlament, die Regierung und das selbstständige Gerichtswesen.

die Grundrechte: unantastbare, vom Staat zu achtende Rechte der Bürger, die in der Regel in der Verfassung festgeschrieben sind – in der Bundesrepublik Deutschland im Grundgesetz. Zu den Grundrechten gehören u. a. das Recht auf Leben, Religions-, Meinungs-, Presse-, Versammlungsfreiheit, Freizügigkeit, persönliche Sicherheit, Eigentum. Die Grundrechte gehen zurück auf die Aufklärung und wurden erstmals in der Amerik. und Frz. Revolution mit Verfassungsrang ausgestattet. In der Weimarer Reichsverfassung konnten sie – im Gegensatz zu der Verfassung der Bundesrepublik – abgeändert oder aufgehoben werden.

der Kader: Bezeichnung der Kommunisten für leitende Personen im politischen, wirtschaftlichen und gesellschaftlichen Leben.

der Kapitalismus: Wirtschaftsordnung, in der sich das Kapital in den Händen von Privatpersonen bzw. -personengruppen befindet (Kapitalisten und Unternehmer). Diesen stehen die Lohnarbeiter gegenüber. Der erwirtschaftete Gewinn geht wieder an den Unternehmer und führt zur Vermehrung des Kapitals. Die wichtigsten wirtschaftlichen Entscheidungen werden in den Unternehmen im Hinblick auf den Markt und die zu erwirtschaftenden Gewinne getroffen.

der Klerus: Gesamtheit der Personen, die durch eine kirchliche Weihe in den Dienst der Kirche getreten sind (= Geistliche); besaßen bis ins 19. Jh. gesellschaftliche Vorrechte.

die Kollektivierung: Überführung der privaten Produktionsmittel, besonders von landwirtschaftlichem Boden, in Gemeineigentum. In der UdSSR 1929 bis 1932 als gewaltsamer Zusammenschluss unter Verschleppung und Tötung von Millionen Kulakenfamilien durchgeführt.

der Kolonialismus: Errichtung von Handelsstützpunkten und Siedlungskolonien in militärisch und politisch schwächeren Ländern (vor allem Asien, Afrika und Amerika) sowie deren Inbesitznahme durch überlegene Staaten (insbesondere Europas) seit dem 16. Jh. Die Kolonialstaaten verfolgten vor allem wirtschaftliche und machtpolitische Ziele.

der Kommunismus: Der Begriff wird in mehreren Bedeutungen benutzt. Einerseits kennzeichnet er die von Marx und Engels entwickelte politische Theorie einer klassenlosen Gesellschaft ohne Privatbesitz an Produktionsmitteln. Andererseits wird als Kommunismus auch die weltweite politische Bewegung bzw. die seit der Oktoberrevolution 1917 in Russland an die Macht gekommene Herrschaftsform bezeichnet. Oft wird der Begriff auch fälschlich für Sozialismus verwendet. Nach der politischen Lehre des Kommunismus wird die Aufhebung der bürgerlich-kapitalistischen Ordnung mit einer Revolution eingeleitet und nach einer Übergangsphase der Diktatur des Proletariats vollendet.

der Liberalismus: politische Bewegung seit dem 18. Jh.; betont die Freiheit des Individuums gegenüber kollektiven Ansprüchen von Staat und Kirche. Merkmale: Glaubens- und Meinungsfreiheit, Sicherung von Grundrechten des Bürgers gegen staatliche Eingriffe, Unabhängigkeit der Rechtsprechung (Gewaltenteilung), Teilnahme an politischen Entscheidungen; der wirtschaftliche Liberalismus fordert die uneingeschränkte Freiheit aller wirtschaftlichen Betätigungen.

die Loyalisten: Diese Gruppierung nordamerikanischer Siedler stand auch noch während des Unabhängigkeitskrieges zur britischen Krone. Sie setzten sich für den Verbleib der Kolonien im Britischen Empire ein, wollten nur durch Reformen eine Neuordnung erreichen. Sie wurden während des Unabhängigkeitskrieges von den Patrioten verfolgt. Viele verließen die USA nach dem Friedensschluss und der Anerkennung der Unabhängigkeit der USA durch Großbritannien 1783.

Manifest Destiny: (wörtl.: offensichtliche Bestimmung) Bezeichnung für das zivilisatorische Sendungsbewusstsein der Amerikaner, dem der puritanische Auserwähltheitsglauben zu Grunde liegt. Konkret meint der Mitte des 19. Jh. geprägte Begriff die Bestimmung der Amerikaner das Land bis zum Pazifik zu erschließen. Der Begriff wird Ende des 19. Jh. zur Begründung imperialistischer Politik und der Vorherrschaft der USA auf dem Kontinent herangezogen; er gehört zum nationalen Selbstverständnis der USA.

die Menschen- und Bürgerrechte: Der durch die Aufklärung verbreitete und in der Amerikanischen Revolution (1775–1783) und in der Französischen Revolution 1789 mit Verfassungsrang ausgestattete Begriff besagt, dass jeder Mensch unantastbare Rechte besitzt, die der Staat achten muss; so z. B. das Recht auf Leben, Glaubens- und Meinungsfreiheit, Versammlungs- und Vertragsfreiheit, Freizügigkeit, persönliche Sicherheit, Eigentum und Widerstand im Fall der Verletzung von Menschenrechten. Im 19. und 20. Jh. wurden auch soziale Menschenrechte, besonders von sozialdemokratisch-sozialistischer Seite, formuliert, so das Recht auf Arbeit, soziale Sicherheit und Bildung.

die Menschewiki: (russ. = Minderheitler) gemäßigter, am Prinzip der demokratisch organisierten Massenpartei festhaltender Flügel der 1898 gegründeten Sozialdemokratischen Arbeiterpartei Russlands; stand im Gegensatz zu den Bolschewiki; 1912 endgültige Spaltung von den Bolschewiki.

die Modernisierung: Prozess der Entwicklung einer Gesellschaft; er bezieht sich auf den Übergang von der Agrar- zur Industriegesellschaft und ist meistens verbunden mit dem in der Aufklärung entwickelten Fortschrittsbegriff. Kennzeichen der Modernisierung sind: Verstädterung, Säkularisierung, Rationalisierung, Erhöhung des technischen Standards (Produktion von Gütern mit Maschinen), permanentes wirtschaftliches Wachstum, Ausbau und Verbesserung der technischen Infrastruktur (Verkehrswege, Massenkommunikationsmittel), Verbesserung des Bildungsstandes der Bevölkerung (Alphabetisierung, allgemeine Schulpflicht, Wissenschaft), räumliche und soziale Mobilität, Parlamentarisierung und Demokratisierung, Nationalstaatsbildung. Wegen seiner Verbindung mit dem Fortschrittsbegriff ist der Begriff Modernisierung politisch und wissenschaftlich umstritten. Zum einen, weil als Maßstab der jeweilige Entwicklungsstand der westlichen Zivilisation gilt, zum anderen, weil die „Kosten", vor allem ökologische Probleme, bisher wenig berücksichtigt wurden.

der Mythos: Mit diesem Begriff werden meist mündlich überlieferte Sagen, Dichtungen oder Erzählungen von bedeutsamen Personen und Ereignissen bezeichnet. Mythen vereinfachen einen historischen Sachverhalt, indem sie ihn auf wenige Aspekte reduzieren. Dabei geht es nicht um eine „objektive" Rekonstruktion historischer Wirklichkeit – Mythen erheben vielmehr den Anspruch, die „richtige", vor allem aber die bedeutsame Geschichte zu erzählen.

die Nation: (lat. natio = Geburt) Bez. großer Gruppen von Menschen mit gewissen, ihnen bewussten Gemeinsamkeiten, z. B. gemeinsame Sprache, Geschichte, Verfassung sowie innere Bindungen und Kontakte (wirtschaftlich, politisch, kulturell). Diese Bindungen werden von den Angehörigen der Nation positiv bewertet. Nationen haben oder wollen eine gemeinsame staatliche Organisation (Nationalstaat) und grenzen sich von anderen Nationen ab.

das Naturrecht: das in der „Natur" des Menschen begründete, ihr „entspringende" Recht, das dem positiven oder von Menschen „gesetzten" Recht gegenübersteht und ihm übergeordnet ist. Historisch wurde das Naturrecht zur Begründung entgegengesetzter Positionen benutzt, und zwar abhängig vom Menschenbild: Entweder ging man davon aus, dass alle Menschen von Natur aus gleich seien, oder umgekehrt, dass alle Menschen von Natur aus verschieden seien. In der Neuzeit wurde es sowohl zur Legitimation des Absolutismus benutzt (Recht des Stärkeren) wie, über die Begründung des Widerstandsrechts, zu dessen Bekämpfung (Gleichheit aller Menschen).

das Parlament, die Parlamentarisierung: In parlamentarischen Regierungssystemen ist das Parlament das oberste Staatsorgan. Es entscheidet mit Mehrheit über die Gesetze und den Haushalt und kontrolliert oder wählt die Regierung. Das Parlament kann aus einer oder zwei Kammern (Häuser) bestehen. Im Einkammersystem besteht das Parlament nur aus der Versammlung der vom Wahlvolk gewählten Abgeordneten (Abgeordnetenhaus), im Zweikammersystem tritt dazu ein nach ständischen oder regionalen Gesichtspunkten gewähltes oder ernanntes Haus. Im demokratischen Parlamentarismus herrscht allgemeines und gleiches Wahlrecht.

die Patrioten: So nannten sich die Siedler der nordamerikanischen Kolonie, die sich gegen die britische Krone erhoben und die Unabhängigkeit anstrebten. Das politische Spektrum der Gruppe war sehr breit. Es reichte von konservativen, eine starke Zentralmacht befürwortenden Föderalisten bis hin zu Sozialrevolutionären und aufständischen Farmern. Ein radikaler, schon früh aktiver Zweig waren die „Sons of Liberty". Wichtige Vertreter waren u. a. John Adams, Samuel Adams, John Dickinson, Benjamin Franklin, Alexander Hamilton, Patrick Henry, Thomas Jefferson, George Washington.

das Proletariat: nach marxistischer Lehre Angehörige einer sozialen Schicht, die nichts als ihre Arbeitskraft besitzen und diese gegen Lohn zur Verfügung stellen.

die Puritaner: Bezeichnung für Mitglieder einer kirchlichen Reformbewegung in England seit Mitte des 16. Jahrhunderts. Die Puritaner wandten sich gegen alle katholischen Reste im Anglikanismus, traten für eine strikte

Trennung von Kirche und Staat, für Toleranz und Gewissensfreiheit ein und kämpften für ein einfaches, gottgefälliges Leben. Nach ihrer Trennung von der anglikanischen Staatskirche wanderte ein Teil von ihnen über die Niederlande in die nordamerikanischen Kolonien aus. In England gelangten sie 1649 mit Cromwell an die Macht und versuchten ihre Grundsätze politisch durchzusetzen; nach 1660 wurden die Puritaner in England erneut verfolgt.

die Reform: Neuordnung, Verbesserung und Umgestaltung von politischen und sozialen Verhältnissen im Rahmen der bestehenden Grundordnung; hierin, oft weniger in den Zielen, unterscheiden sich Reformen von Revolutionen als politisches Mittel zur Durchsetzung von Veränderungen.

die repräsentative Demokratie: Im Gegensatz zu direkten Formen der Demokratie, wie z. B. dem Rätesystem, wird in der repräsentativen Demokratie die Herrschaft nicht direkt durch das Volk, sondern durch vom Volk gewählte Repräsentanten (Abgeordnete) ausgeübt. Ebenfalls im Gegensatz zum Rätesystem steht hier das Prinzip der Gewaltenteilung.

die Republik: Staatsform, in der im Gegensatz zur Monarchie das Volk als Träger der Staatsgewalt angesehen wird. Dies können in der historischen Realität sowohl Demokratien als auch Diktaturen sein. Heute dient der Begriff vor allem zur Bezeichnung für nicht monarchische Staatsformen und ist mit der Idee der Volkssouveränität verbunden.

die Revolution: Am Ende einer Revolution steht der tief greifende Umbau eines Staates und/oder Gesellschaft, also nicht nur ein Austausch von Führungsgruppen. Revolutionen sind erstens bewusst angestrebte und erfahrene Umwälzungen, die auf umfassenden politisch-gesellschaftlichen Wandel zielen. Zweitens werden sie von dem Bewusstsein getragen, dass die Umgestaltung der Verhältnisse zu einem Fortschritt der Menschheit führt. Drittens werden Revolutionen häufig durch gewaltsame Aktionen ausgelöst, die offen Widerstand gegen die bestehende Ordnung leisten. Klassische Beispiele sind die Amerikanische Revolution (1775–1783), die Französische Revolution 1789 und die Oktoberrevolution in Russland 1917. Revolutionen müssen aber nicht gewaltsam verlaufen, wie die friedliche Revolution in der DDR 1989 verdeutlicht.

die Schreckensherrschaft: (franz. = la terreur) Phase der Herrschaft der Jakobiner (1793–1794), die durch diktatorische Gewalt des Wohlfahrtsausschusses geprägt war; Höhepunkt Sommer 1794 mit über 1400 Hinrichtungen.

der Sowjet: (russ.) Rat. In den russ. Revolutionen Kampforganisation der Arbeiter, Bauern und Soldaten; seit den 1920er-Jahren waren die Sowjets Instrumente der Herrschaft der kommunistischen Partei. Die Räte vereinigten in sich die Legislative, die Exekutive und die Judikative. Die gewählten Delegierten waren den Wählern direkt verantwortlich, rechenschaftspflichtig und jederzeit abwählbar.

der Sozialismus: bis ins 20. Jh. synonym mit Kommunismus bezeichnete politische Theorie und Bewegung. Ursprüngliches Ziel des Sozialismus war die Schaffung gesellschaftlicher Gleichheit und Gerechtigkeit durch Aufhebung des Privateigentums, Einführung einer Planwirtschaft und Beseitigung der Klassenunterschiede. Ob die angestrebte Aufhebung der kapitalistischen Wirtschafts- und Gesellschaftsordnung durch eine Revolution oder durch Reformen zu erreichen sei, war von Anfang an in der sozialistischen Bewegung umstritten. Im Marxismus-Leninismus wurde Sozialismus als Vorstufe zum Kommunismus verstanden.

die Stände/Ständegesellschaft: Stände waren im Mittelalter und in der Frühen Neuzeit einerseits gesellschaftliche Großgruppen, die sich voneinander durch jeweils eigenes Recht, Einkommensart, politische Stellung, Lebensführung und Ansehen unterschieden (Ständegesellschaft); man unterschied Klerus, Adel, Bürger und Bauern sowie unterständische Schichten. Stände waren andererseits Körperschaften zur Wahrnehmung politischer Rechte, etwa der Steuerbewilligung, in den Vertretungsorganen (Landtagen, Reichstagen) des frühneuzeitlichen „Ständestaates". Adel, Klerus, Vertreter der Städte und z. T. der Bauern traten als Stände gegenüber dem Landesherrn auf. Der Absolutismus höhlte die Rechte der Stände im 17./18. Jh. aus, mit den Revolutionen seit 1789 hörten die Stände auf, vorherrschendes Prinzip in der Gesellschaft zu sein.

die Trikolore: im Juli 1789 entstandene dreifarbige Nationalflagge Frankreichs, zusammengesetzt aus den Farben der Stadt Paris (Blau und Rot).

die Unabhängigkeitserklärung (1776): Erklärung der 13 englischen Kolonien in Amerika zur vollständigen Loslösung vom britischen Mutterland. Die Präambel beinhaltete erstmals in der Geschichte eine Erklärung der Menschenrechte.

die Verfassung: Grundgesetz eines Staates, in dem die Regeln der Herrschaftsausübung und die Rechte und Pflichten der Bürger festgelegt sind. Demokratische Verfassungen beruhen auf der Volkssouveränität und dementsprechend kommt die Verfassung in einem Akt der Verfassungsgebung zustande, an der das Volk direkt oder durch von ihm gewählte Vertreter (Verfassungsversammlung) teilnimmt. Eine demokratische Verfassung wird in der Regel schriftlich festgehalten (zuerst in den

USA 1787), garantiert die Menschenrechte, legt die Verteilung der staatlichen Gewalt (Gewaltenteilung) und das Mitbestimmungsrecht des Volkes (Wahlrecht, Parlament) bei der Gesetzgebung fest.

die Virginia Bill of Rights: Nach der Unabhängigkeitserklärung (1776) erließen die meisten US-Staaten neue Verfassungen und nahmen eine *Bill of Rights* auf (Grundrechtekatalog). Die berühmteste war die *Virginia Bill of Rights* vom Juni 1776. Denn sie bildete die Vorlage für den Grundrechtekatalog, der 1789 der US-Verfassung hinzugefügt und 1791 ratifiziert wurde (= 1. bis 10. Verfassungszusatz: Glaubens-, Rede-, Presse-, Versammlungsfreiheit; Unverletzlichkeit der Person, der Wohnung, des Eigentums; Recht auf Verteidigung).

die Volkssouveränität: Grundprinzip der Legitimation demokratischer Herrschaft, nach dem alle Staatsgewalt vom Volke ausgeht. Entwickelte sich aus der frühneuzeitlichen Naturrechtslehre. Die Ausübung von Herrschaft ist an die Zustimmung des Volkes durch direkte Mitwirkung (Plebiszit) oder durch Wahlen gebunden; setzte sich in der Amerikanischen (1776) und Französischen Revolution (1789) als revolutionäres Prinzip gegen die absolute Monarchie durch. Die Volkssouveränität wird durch die Geltung der Menschen- und Bürgerrechte eingeschränkt.

der Wohlfahrtsausschuss: (franz. „Comité de salut public") Parlamentsausschuss, am 6. April 1793 anstelle des ineffektiven Verteidigungsausschusses errichtet, zunächst 6 Mitglieder, nach dem 2. Juni und dem 4. Dezember 1793 reorganisiert, mit diktatorischen Regierungsvollmachten ausgestattet, ein Jahr lang wichtigste Institution der Terreur. Seine 12 kollektiv entscheidenden Mitglieder waren für einzelne Sachgebiete spezialisiert, die führenden Mitglieder waren Robespierre, Couthon und Saint-Just. Nach dem 9. Thermidor (Sturz Robespierres) wurde der W. in seinen Befugnissen beschnitten, im Herbst 1795 ganz abgeschafft.

Personenlexikon

Adams, John (1735–1826), geb. und gest. in Braintree/ Massachusetts, Vater von John Quincy Adams; absolvierte 1755 das Harvard College; Rechtsanwalt, Schriftsteller; schrieb im August 1765 anonym vier Artikel in der *Boston Gazette* über den Konflikt zwischen Individualrechten und Herrschaftsrechten; Delegierter des 1. (1774) und 2. Kontinentalkongresses (1775 bis 1777), Mitunterzeichner der Unabhängigkeitserklärung (1776), Hauptautor der Verfassung von Massachusetts (1780); 1778–1788 Reisen als US-Diplomat in Europa; schloss zusammen mit Franklin den „Frieden von Paris" (1783); US-Vizepräs. unter Washington; US-Präs. 1797–1801 (*Federalist*). *7, 33, 38, 44, 53*

Alexander II. (1818–1881), Zar Russlands (1855–1881), bekannt für seine „*Großen Reformen*" und die Abschaffung der Leibeigenschaft, weshalb er als „Zar-Befreier" bezeichnet wurde. *118*

Arendt, Hannah (1906–1975), 1933 Emigration aus Deutschland; Professorin für politische Theorie und Philosophie in den USA; zu ihren bekanntesten Schriften zählen „Elemente und Ursprünge totaler Herrschaft" (1951; dt. 1955), „Eichmann in Jerusalem" (1961; als Buch 1963 erschienen), ihre Beobachtungen zum Prozess gegen den NS-Verbrecher Adolf Eichmann, und „Über die Revolution" (1963, dt. 1965). *9, 12, 67, 92, 96 f.*

Brinton, Crane (1898–1968), US-amerik. Historiker, bedeutendstes Werk: „*The Anatomy of Revolution*" über die Theorie und den Verlauf von Revolutionen. *9, 12, 24, 51, 92, 93 f., 95, 107, 109, 115, 123*

Bonaparte, Napoleon (1769–1821), aus Korsika stammender französischer Offizier, unter dem Direktorium schlug Napoleon als Brigadegeneral einen Aufstand von Königstreuen nieder, als Oberbefehlshaber der französischen Truppen 1796 siegreich gegen die österreichischen Heere, 1798 Feldzug gegen Ägypten, 1799 stürzte der siegreich aus Ägypten kommende Napoleon das Direktorium und regierte als Erster Konsul fast allein bis zu seiner Kaiserkrönung 1804, nach der Dreikaiserschlacht von Austerlitz 1805 gegen Österreich und Russland bestimmte er bis zur Völkerschlacht von Leipzig 1813 die europäische Politik; 1815, nach der Verbannung auf Elba und kurzer Rückkehr auf das Schlachtfeld, endgültig von den Engländern auf die Insel St. Helena verbannt, wo er 1821 starb. *10, 101, 103, 106, 129*

Bush, George Walker (geb. 1946), US-amerik. Politiker (Republikaner); Tätigkeiten in der Öl- und Gasindustrie; 1995–2000 Gouverneur von Texas; US-Präs. 2001–2009; verkündete nach dem 11. September 2001 den „Krieg gegen den Terrorismus". *16, 79*

Davies, James Chowning (1918–2012), amerik. Soziologe, bekannt für seine „*J-Kurve*", welche das Ausbrechen von Revolutionen durch steigende Erwartungen der Bevölkerung und sinkende tatsächliche Lebensumstände erklärt. *9, 92, 93 f., 96, 124*

Dickinson, John (1732–1808), Politiker und Gründervater der USA, Anwalt in Philadelphia, Gegner der britischen Politik gegenüber den 13 Kolonien, Delegierter des Stempelsteuerkongresses in New York, verfasste die Palmzweig-Petition an Georg III. *38, 41, 43, 46*

Eisenstadt, Shmuel Noah (1923–2010), israelischer Soziologe, gilt als soziologischer Klassiker des 20. Jh., bedeutende Werke zur Jugend- und Migrationssoziologie, bekannt für sein Forschungsprogramm und These der „*Multiple Modernities*", welche die Vielfalt von Modernen im globalen Kontext aufzeigt. *10, 92, 99*

Engels, Friedrich (1820–1895), Sohn eines rheinischen Textilfabrikanten, engster Weggefährte Karl Marx', Mitbegründer des Marxismus. *9, 92, 95, 117, 119*

Franklin, Benjamin (1706–1790), amerikanischer Politiker, Naturwissenschaftler und Schriftsteller, trat für die Unabhängigkeit der Kolonien in Nordamerika ein und unterzeichnete 1776 die Unabhängigkeitserklärung, von 1776 bis 1785 amerikanischer Gesandter in Paris. *7, 11, 38, 58, 60, 81 f., 85*

Georg III. (1738–1820), König von Großbritannien und Irland, der dritte britische Monarch aus dem Haus Hannover, seine Herrschaftszeit war von vielen bewaffneten Konflikten geprägt, Gewinn von französischen Kolonien in Kanada und Verlust vieler nordamerikanischer Kolonien im Amerikanischen Unabhängigkeitskrieg. *7, 23, 41 f., 49, 59, 68*

Grenville, George (1712–1770), britischer Politiker und Premierminister, setzte 1765 das Stempelsteuergesetz durch. *22 f.*

Hamilton, Alexander (1755–1804), geb. in Britisch-Westindien; US-amerik. Jurist, Offizier, Politiker; nahm am Unabhängigkeitskrieg (1775–1783) teil; 1787 Mitglied der Verfassunggebenden Versammlung; 1789–1795 unter Washington erster Finanzmin. der USA. Zu seiner zukunftsweisenden Finanz-, Zoll- und Währungspolitik (*Hamiltonian System*) gehörte auch die Gründung der US-Bank (1791). Unterstützte bei den Präsidentschaftswahlen 1800 seinen früheren Widersacher Jefferson. *61, 70 f., 79 f., 81 ff., 85, 90*

Hancock, John (1754–1820), amerikanischer Politiker und Staatsanwalt, als Vertreter für den Bundesstaat Virginia im US-Repräsentantenhaus, Mitglied der von Alexander Hamilton gegründeten Föderalistischen Partei. *38, 48, 58*

Henry, Patrick (1736–1799), Rechtsanwalt aus Virginia, berühmt für seine Rede *„Give me Liberty, or give me Death"* (1775), Vertreter der Amerikanischen Unabhängigkeitsbewegung, Gegner der Verfassung der USA, später Mitglied der Föderalistischen Partei. *38, 41, 47 f.*

Hobbes, Thomas (1588–1679), englischer Philosoph, Mathematiker und Staatstheoretiker, Begründer des aufgeklärten Absolutismus, geht wie John Locke von einem Naturzustand des Menschen aus (seine Interpretation ist jedoch eher negativ und gekennzeichnet durch Leid und Ungerechtigkeit), Hauptwerk *„Leviathan"*: ein absolutistischer Staat sei die einzige Möglichkeit, diesen Naturzustand zu überwinden und ein friedliches Zusammenleben zu erreichen, gegen Gewaltenteilung. *59*

Hutchinson, Thomas (1711–1780), Historiker, Geschäftsmann, Gouverneur und Politiker der Loyalisten in der *Province of Massachusetts Bay* in den Jahren vor der Amerikanischen Revolution, forderte in seinen Briefen an den britischen Außenminister eine Einschränkung der kolonialen Rechte. *40, 44*

Jay, John (1745–1829), Politiker, Jurist, Diplomat, Gründervater der USA, Außenminister der USA (1784–1790), Oberster Richter der USA (1789–1795), Gouverneur in New York. *81 f.*

Jefferson, Thomas (1743–1826), US-amerik. Politiker; Anwalt, Gutsbesitzer, Abgeordneter in Virginia; 1775 Delegierter des Kontinentalkongresses; Verfasser der Unabhängigkeitserklärung (1776); 1779–1781 Gouverneur von Virginia: Trennung von Kirche und Staat und Einrichtung öffentlicher Schulen; 1783/84 Kongressabgeordneter; 1785–1789 US-Gesandter in Paris; 1789 Außenmin. unter Washington, stand in Gegensatz zu Hamiltons Finanzpolitik, trat aus Protest zurück; Begründer der Partei der *Democratic-Republican*; 1797–1801 US-Vizepräs. unter John Adams; US-Präs. 1801–1809: Ankauf von Louisiana (1803), Gründung der *University of Virginia* (1819). *7, 11, 38, 41, 43, 46 ff., 53, 55, 58, 60, 65, 67 f., 71, 76 f., 79 ff., 85 f., 114*

Kerenski, Alexander (1881–1970), nach der Februarrevolution 1917 Justizminister in der ersten Provisorischen Regierung, seit Juli 1917 Ministerpräsident, er wurde von den Bolschewiki gestürzt, emigrierte 1918 und lebte seit 1940 in den USA. *119 f., 125 f.*

Lenin, Wladimir Iljitsch (1870–1924), russischer Revolutionär und Politiker, der als Anführer in Entsprechung zu seiner Theorie des Marxismus-Leninismus eine revolutionäre Umgestaltung Russlands durch Berufsrevolutionäre organisierte, nach der gewaltsamen Oktoberrevo-

lution etablierte er die bolschewistische Regierung, sein einbalsamierter Körper liegt bis heute präpariert in einem Mausoleum auf dem Roten Platz in Moskau. *9, 11, 92, 95 f., 116 f., 120 f., 123, 127 ff.*

Lincoln, Abraham (1809–1865), US-amerik. Jurist und Politiker (Republikaner); Gegner der Sklaverei; US-Präs. 1861–1865; im Bürgerkrieg (1861–1865) Proklamierung der Sklavenbefreiung in den Südstaaten (1863); 1865 Wiederaufbauprogramm für den Süden; 1865 von einem Südstaatler erschossen. *81 f., 85*

Livingston, Robert (1746–1813), Politiker und Gründervater der USA, erster Außenminister der USA (1781–1783), amtierte 24 Jahre als erster *Chancellor* (Oberster Richter) *of New York*, deshalb bekannt als *„The Chancellor".* *58, 60*

Locke, John (1632–1704), englischer Philosoph, Vertreter des Empirismus, gilt als Begründer des Liberalismus, beeinflusste die Verfassung vieler liberaler Staaten (Verfassung und Unabhängigkeitserklärung der USA und Verfassung des revolutionären Frankreichs), einflussreiches Werk *„Two Treatises of Government"*: eine Regierung ist nur legitim, wenn sie von allen Bürgern anerkannt wird und die Naturrechte Leben, Freiheit und Eigentum beschützt werden, sah in seiner Staatstheorie als Erster eine Gewaltenteilung vor. *53, 59*

Ludwig XVI. (1754–1793), französischer König, verheiratet mit der österreichischen Kaisertochter Marie Antoinette, von der Dynamik der Revolution überfordert, nach seinem Fluchtversuch ins Ausland als Landesverräter guillotiniert. *100, 102 f., 114*

Madison, James (1751–1836), US-amerik. Politiker; US-Präs. 1809–1817; hatte großen Einfluss auf die Verfassung der USA (1787). *61, 70 f., 81 f., 85*

Marx, Karl (1818–1883), dt. Philosoph und Volkswirtschaftler, begründete mit Engels den wissenschaftlichen Sozialismus. Nach dem Verbot der „Rheinischen Zeitung", deren Chefredakteur er war, emigrierte er 1843 nach Paris; 1845 aus Paris ausgewiesen, Übersiedlung nach Brüssel, 1848 Rückkehr nach Deutschland, nach gescheiterter Revolution lebte er bis zu seinem Tod in London. Unter seiner Mitwirkung Gründung der Ersten Internationale 1864 in London. *9, 92, 95, 98, 117, 119*

Montesquieu, Charles de Secondat, Baron de La Brède et de M. (1689–1755), französischer Intellektueller der Aufklärung, hatte mit seiner Schrift „Vom Geist der Gesetze" (1748) großen Einfluss auf die moderne Staatstheorie und Verfassungsentwicklung, besonders mit dem Grundsatz der Gewaltenteilung. *71, 105*

Nikolaus II. (1868–1918), letzter Zar Russlands, nach der Niederlage im Russisch-Japanischen Krieg halbherzig zu Reformen bereit, übernahm im Ersten Weltkrieg den Oberbefehl, trat angesichts der Februarrevolution zurück, 1918 von den Bolschewiki zusammen mit seiner Familie exekutiert, 2000 von der russisch-orthod. Kirche heiliggesprochen. *117 ff.*

Otis, James (1725–1783), US-amerik. Jurist, Politiker und Unabhängigkeitskämpfer, setzte sich für die Rechte der nordamerikanischen Kolonisten ein, wichtige Rolle im Stempelsteuerkongress (1765). *38*

Paine, Thomas (1737–1809), geb. in England, 1774 Auswanderung nach Nordamerika, gest. in New York; Politiker und Publizist; trat in seinen Schriften, u. a. *„The Common Sense Addressed to the Inhabitants of America"* (1776), für die Unabhängigkeit der USA ein; kämpfte seit 1786 in England für die Französische Revolution; floh 1792 nach Frankreich und wurde dort Mitglied des französischen Konvents. *37, 41 f., 49 f., 60, 114*

Peale, Charles Willson (1741–1827), US-amerik. Porträt- und Landschaftsmaler, besonders bekannt für seine Porträts wichtiger Persönlichkeiten der Amerikanischen Revolution. *38, 82*

Revere, Paul (1734–1818), US-amerik. Freiheitskämpfer aus Boston, Silberschmied, Buchdrucker, Nationalheld der Amerikanischen Revolution, berühmt für seinen Mitternachtsritt (1775) von Boston nach Lexington und Concord zur Warnung der Einwohner vor den britischen Truppen. *39, 41, 78, 83 f.*

Robespierre, Maximilien de (1758–1794), Rechtsanwalt, 1789 für den Dritten Stand in die Nationalversammlung gewählt, führendes Mitglied des Jakobinerklubs, betrieb die Hinrichtung des Königs und den Sturz der Girondisten, 1793 übte er über den Wohlfahrtsausschuss die Schreckensherrschaft aus, 1794 hingerichtet. *100, 105 f., 114*

Rogers, Robert (1731–1795), britisch-amerik. Offizier, Gründer der *„Rogers' Rangers"* (kämpften im Siebenjährigen Krieg und Amerikanischen Unabhängigkeitskrieg auf der Seite der Loyalisten). *22*

Roosevelt, Theodore (1858–1919), US-amerik. Politiker (Republikaner); erlangte Popularität als Anführer eines Freiwilligenregiments („Raue Reiter") im Krieg 1898; 1901 US-Vizepräs. unter McKinley; 1901–1909 US-Präs.: kämpfte gegen Trusts und Kartelle, war aber ein Vertreter der Expansion (Kontrolle des Panamakanals); bewirkte 1903 die Lösung Panamas von Kolumbien, um den begonnenen Kanal fertigstellen zu können. *81*

Rousseau, Jean-Jacques (1712–1778), französisch-schweizerischer Schriftsteller, Philosoph und Komponist, lernte in Paris Diderot kennen, nach R. verderbe die Gesellschaft den ursprünglich guten Menschen, im „Contrat social" (1762) entwirft er ein politisches Modell einer Gesellschaft, in der sich der Einzelne total dem Gesetz unterordnet. *103, 105*

Sherman, Roger (1721–1793), US-amerik. Anwalt, Politiker und Gründervater der USA. *58, 60*

Stuart, Gilbert (1755–1828), US-amerik. Maler, malte u. a. Porträts der ersten sechs US-Präsidenten. *82*

Tocqueville, Alexis de (1805–1859), frz. Staatsmann, Historiker und Schriftsteller, im Auftrag der frz. Regierung bereiste er 1831 die USA; aus seinen Beobachtungen resultierte sein Hauptwerk *„De la démocratie en Amérique"* („Über die Demokratie in Amerika", 1835/1840), er gilt heute noch als „Klassiker" der Politikwissenschaft. *9, 92 f., 107*

Townshend, Charles (1725–1767), britischer Politiker, Aristokrat und Finanzminister, führte neue Zölle für die Einfuhr verschiedener Waren aus Großbritannien in die amerikanischen Kolonien ein (*„Townshend Acts"*). *38 f.*

Trotzki, Leo (1879–1940), marxistischer Revolutionär und Politiker. *117, 121*

Trumbull, John (1756–1843), US-amerik. Maler, bekannt für seine historischen Gemälde während des Amerikanischen Unabhängigkeitskriegs, vier seiner Gemälde hängen heute im Kapitol in Washington, D.C. *58, 63, 82*

Washington, George (1732–1797), nordamerik. Pflanzer; Oberbefehlshaber der Truppen der aufständischen Kolonien gegen England; organisierte die nordamerik. Milizen mithilfe europäischer Berufsoffiziere (F.W. von Steuben, La Fayette); siegte im Unabhängigkeitskrieg gegen England 1777 bei Princeton, zwang die Engländer 1781 zur Kapitulation von Yorktown; 1787 Präs. des Verfassungskonvents, 1789 erster US-Präs. (bis 1789); 1797 Ablehnung einer dritten Wiederwahl, seither ist die Amtszeit der US-Präs. auf zwei Perioden begrenzt; gilt als Begründer der Unabhängigkeit der USA. *7, 11, 22, 37, 41, 48, 58 f., 61, 63 ff., 67, 72, 78–83, 85 f., 90 f., 114, 141 ff.*

Weber, Max (1864–1920), dt. Soziologe, Jurist und Nationalökonom, gilt als einer der „Klassiker" der Soziologie und trug maßgeblich dazu bei, das Fach institutionell zu begründen. Hauptwerke: „Wirtschaft und Gesellschaft" (1922 postum), „Wissenschaft als Beruf" und „Politik als Beruf" (beide 1919). *10, 72, 92, 97 ff., 107, 123, 131*

Wehler, Hans-Ulrich (1931–2014), dt. Historiker, seine fünfbändige *„Deutsche Gesellschaftsgeschichte"* zählt zu den Standardwerken der deutschen Geschichtsschreibung, Mitbegründer der sogenannten Bielefelder Schule, die die bis dahin hauptsächlich auf Politikgeschichte ausgerichtete Geschichtswissenschaft erneuerte zugunsten einer Gesellschaftsgeschichte. *10, 71, 92, 97 ff., 107*

Winthrop, John (1588–1649), geb. in England, 1630 Auswanderung nach Massachusetts; Gouverneur von Massachusetts; sein Tagebuch ist ein wichtiges Dokument für die Geschichte der puritanischen Neuenglandkolonien im 17. Jh. *20, 25, 35*

Sachregister

Bildquellen

Cover action press/ZUMA PRESS, INC.;

S.6 li. F1online/AGE/George Munday;
S.6 re. v.o.n.u. www.colourbox.de/Colourbox.com;
Sergio Pitamitz/National Geographic Image Collection/
Bridgeman Images; Adobe Stock/SMAK_Photo; www.
colourbox.de/Colourbox. com;
S.7 v.o.n.u. Bridgeman Images/© S.Bianchetti/
Leemage; Photo © CCI/Bridgeman Images; Granger/
Bridgeman Images;
S.8 M1 F1online/Imagebroker RM/Stefan Kiefer;
S.9 M2 akg-images;
S.14 M5 interfoto e.k./Danita Delimont/Walter Bibikow
S.17 M9 dpa Picture-Alliance/Con/Ron Sachs
S.18 M1 Tarker/ Bridgeman Images;
S.20 M1 Granger/ Bridgeman Images;
S.22 M3 akg-images/North Wind Picture Archives;
S.23 M4 akg-images/North Wind Picture Archives;
S.26 M7 mauritius images/imageBroker/H.-D. Falken-
stein, **M8** Bridgeman Images/De Agostini Picture Library;
S.28 M10 Peter Newark Western Americana/Bridgeman
Images;
S.31 M17 Granger / Bridgeman Images;
S.33 M2 akg-images/John Parrot/Stocktrek Images;
S.34 M2 Granger/Bridgeman Images;
S.35 M3 akg-images;
S.36 M1 interfoto e.k./Granger, NYC;
S.38 M1 Philadelphia History Museum at the Atwater
Kent/Courtesy of Historical Society of Pennsylvania Coll-
ection/Bridgeman Images;
S.39 M2 akg-images;
S.40 M3 Granger/Bridgeman Images;
S.41 M4 Granger/Bridgeman Images;
S.43 M7 Peter Newark American Pictures/Bridgeman
Images;
S.45 M11 Gilder Lehrman Collection, New York, USA/
Bridgeman Images;
S.48 M16 Granger/Bridgeman Images;
S.51 M23 Granger/Bridgeman Images;
S.57 M3 Private Collection/Bridgeman Images;
S.58 M1 Capitol Collection, Washington, USA/Bridge-
man Images;
S.59 M2 Granger/Bridgeman Images;
S.60 M1 Virginia Historical Society, Richmond, Virginia,
USA/Bridgeman Images;
S.63 M3 bpk;
S.67 M6 bpk/British Library Board;
S.68 M9 F1online/Imagebroker RM/H. Falkenstein;
S.72 M16 Photo © Christie's Images/Bridgeman Images;
S.76 M2 Granger/Bridgeman Images;

S.77 M3 Granger/Bridgeman Images;
S.78 M1 National Museum of American History, Smith-
sonian Institution, USA/Bridgeman Images;
S.79 M2 akg-images; © VG Bild-Kunst, Bonn 2018/René
Graetz, Plakat „Erzwingt den Frieden";
S.80 M1 akg-images/North Wind Picture Archives;
S.81 M2 akg-images/Album/Prisma
S.82 M3 mauritius images/Tetra Images;
S.84 M6 mauritius images/alamy stock photo/pictureli-
brary;
S.86 M10 Museo de la Real Academia de Bellas Artes,
Madrid, Spain/Bridgeman Images;
S.87 M12 mauritius images/alamy stock photo/Feature-
flash Archive
S.89 M1 Hall of Representatives, Washington D.C., USA/
Bridgeman Images;
S.90 M2 bpk/Smithsonian American Art Museum/Art
Resource, NY;
S.91 M3 bpk/adoc-photos;
S.100 M1 bpk/RMN – Grand Palais/Bulloz;
S.101 M2 action press/SIPA PRESS;
S.102 M1 akg-images;
S.105 M3 akg-images/Erich Lessing;
S.106 M4 akg-images;
S.110 M11 akg-images;
S.113 M16 shutterstock/ilolab, **M17** mauritius images/
COLIN Matthieu/hemis.fr;
S.114 M2 bpk;
S.115 M3 Chateau de Versailles, France/Bridgeman Ima-
ges;
S.116 M1 bpk/Alinari Archives/Alinari; © VG Bild-Kunst,
Bonn 2018/Aleksandr Michajlovič Gerasimov, Lenin auf
der Tribüne, 1947;
S.118 M1 Photo © Collection Gregoire/Bridgeman Ima-
ges;
S.120 M4 bpk/Scala/Pavel Fedorovich Nikonov, Lenin
im Oktober 1917 in Smolny;
S.124 M10 Everett Collection/Bridgeman Images;
S.127 M16 bpk/Münzkabinett, SMB/Reinhard Saczews-
ki;
S.129 M19 bpk/Voller Ernst – Fotoagentur/Jewgeni
Chaldej;
S.131 M3 akg-images/Erich Lessing;
S.141 M2 interfoto e.k./Granger, NYC;

Karten und Grafiken
Dr. Volkhard Binder, Telgte: S.21 M2; S.75 M1; S.104 M2;
S.118 M2; S.121 M5; S.124 M9
Carlos Borrell Eiköter, Berlin: S.73 M18; S.122 M6
Cornelsen/VDL: S.62 M2; S.96 M5; S.155; S.156